초등생을 위한
수학
공부몸
만들기

바른 교육 시리즈 20

수학 잘하는
아이로 키우는 3단계 코칭 전략

초등생을 위한 수학 공부몸 만들기

— 류유 지음 —

대치동 수학전문학원 '생각하는 황소' 강사가 밝히는
포기하지 않고 진짜 공부로 가는 방법

서사현

2005년 저는 아주 단순한 생각으로 작은 수학 학원 하나를 개원하였습니다. '개념은 내가 지도하고 문제는 학생들이 푼다.' 이것이 저의 단순한 생각이면서 이 학원의 확고한 원칙이었습니다. 이러한 생각에는 내가 아무리 정확하고 명쾌하게 문제 해설을 하여도 어설픈 방법으로나마 학생 스스로 해결한 효과에는 결코 미치지 못한다는 교사로서의 경험이 깔려 있었습니다.

'생각하는 황소'라는 다소 우스꽝스러운 학원명도 안 풀리는 문제를 붙잡고 끙끙거리며 씨름하는 학생들로 가득 찬 학원 풍경을 상상하다 떠오른 것입니다. 그리고 십수 년이 흐른 지금. 저의 상상은 현실이 되어 있습니다.

팬데믹 전에 '황소' 자습실에는 수업을 마친 학생들이 고3 수험생들처럼 앉아 소위 '미션'이라는 문제들을 혼자서 풀어내기 위해 안간힘을 쓰고 있었습니다. 그러다가 가끔 (아주 작게) 앓는 듯한 소리도, 낮은 탄성 소리도 들리곤 했습니다. 저에게는 이 모든 모습이 학생들의 수학 실력이 커가는 풍경으로 보여서 자습실을 지날 때마다 흐뭇하고 뿌듯한 감정이 차오르곤 했습니다.

처음에는 반발도 꽤 있었습니다. 학원을 보내는 이유가 자녀가 어려워하는 바로 그 문제들에 대한 지도를 받기 위함인데, 그걸 하지 않는다고 하니까요. 어쩌면 납득할 수 없는 것이 당연합니다. 하지만 시간이 지나면서 그런 과정을 잘 견뎌준 학생들의 수학 실력이 일반적인 방법으로 학습한 학생들과는 비교할 수 없을 만큼 좋아진다는 사례들이 하나둘씩 나오게 되었고, 그 결과 적어도 대치동에서 만큼은 이러한 '황소'의 학습법을 의심하는 사람들은 거의 없습니다.

얼마 전 선생님 한 분 (저자)이 저를 찾았습니다. 수학 공부 방법에 대한 책을 집필하였는데 감수를 해 줄 수 있겠냐는 것이었습니다. 원고를 다 읽고 저는 놀라움을 금할 수 없었습니다. 교사들의 일상에는 여유가 별로 없습니다. 종일 수업해야 하고, 수업이 끝나면 다음 수업을 준비해야 하고, 주말에야 겨우 시간이 나지만 대부분 가정을 꾸리고 있기에 가족들과 시간을 보내야 합니다. 그런데 어떻게 책을 쓸 짬이 있었냐고 하니 출퇴근하는 지하철에서 3년간 집필하였다는 것이었습니다.

　그 노력보다 더 놀라운 것은 이 책의 내용이었습니다. 학생들이 지금보다 더 수학을 잘할 수 있는 방법에 대하여, 또 그런 교육시스템을 만들기 위하여 저도 나름 끊임없이 고민해 왔다고 자부하고 있었는데, 선생님이 그간 성찰한 내용은 이런 제 고민의 틈새를 촘촘한 언어들로 메꾸어 주었고, 그중 일부는 제가 미처 간파하지 못하였던 것들이었습니다.

　이 책을 읽고 가장 먼저 생각난 것은 '황소'의 학부모님들이었습니다. 대부분 큰 틀에서는 학원의 교육시스템에 대하여 이해와 지지를 해 주고 있긴 하지만, 이 책에서 제시하는 세세한 부분들까지 공감한다면 자녀들을 지금보다 더 바른 방향으로 이끌어 줄 것이라 기대되었기 때문이었습니다.

　다음은 우리 선생님들입니다. 그간 구전 수준에서 '황소'의 공부 방법을 전수해 온 선생님들께 이 책은 비로소 체계적인 지침서가 되어 줄 것이기 때문입니다.

　그리고 우리 학생들……. 이 책이 학생들을 대상으로 쓰인 것은 아니지만 대부분은 이들이 반드시 깨닫고 실천해야 하는 내용으로 채워져 있습니다. 고학년이라면 직접 읽어보아도 좋을 것이며, 저학년이라면 부모님들이 적절한 방법으로 꼭 이끌어 주시기 바랍니다.

저는 다시 새로운 풍경을 상상합니다. 이렇듯 교육의 세 주체가 올바른 공부 방법에 대한 이해를 바탕으로 같은 방향을 바라보고 나아가면서 학생들의 공부몸이 하루가 다르게 성장하는 풍경을 말입니다.

이는 비단 '황소'만의 이야기는 아닙니다. 현재보다 더 나은 수학 실력을 갖추고 싶은, 또 그럴 수 있는 방법을 찾는 누구에게나 이 책의 제안들은 금과옥조가 되어줄 것이라 믿어 의심하지 않습니다. 어쩌면 이 책으로 누군가의 인생에서는 새로운 챕터가 시작될 것입니다.

생각하는황소 대표 이정헌

왜 안 되는 걸까?

초등 교육에 대한 관심이 나날이 높아지고 있습니다. 저는 초등학생을 가르치는 학원에서 근무하다 보니 이런 흐름을 피부로 느낄 수 있습니다. 초등뿐만이 아니죠. 걸음마를 뗄 무렵부터 한글을 배우고, 알파벳을 익히고, 셈을 하는 아이들도 많습니다. 그 이후로도 어마어마한 학습량이 이어집니다.

제가 근무하는 학원 '생각하는 황소(이하 황소)'에는 학습을 일찍 시작하고 공부량이 많은 학생이 모여듭니다. 그러다 보니 소위 수학 좀 한다는 초등학생이라면 관심을 갖죠. 황소는 시험을 통해 원활한 학습이 가능할 것으로 예상되는 학생을 선발합니다. 선발 고사는 선행학습을 하지 않아도 이해할 수 있는 개념을 바탕으로 출제하지만, 문제를 해결하려면 생각하는 힘을 많이 발휘해야 하기 때문에 학생들이 체감하는 난도는 매우 높습니다. 따라서 학생은 선발 고사를 통과했다는 사실만으로도 남다른 수학적 사고력을 입증하는 셈입니다. 하지만 떨어졌다고 해서 수학을 못한다는 뜻은 아닙니다.

황소에서 학생들의 일과는 '수업-미션-확인 학습' 사이클로 돌아갑니다. 등원하면 우선 교실에서 담임 교사와 개념 수업을 합니다. 수업이 끝나면 곧바로 자습실로 이동하여 '미션'을 수행합니다. 미션은 배운 내용과 관련된 12~16개의 문제를 혼자 해결하는 작업을 말합니다. 수업 시간에 배운 개념을 소화했다면 생각하는 힘을 더해 충분히 해결이 가능한 문제들입니다. 일정 시간(1시간 50분) 안에 모든 미션 문제를 맞혀야 하며, 한 번이라도 틀리거나 도움을 받아 해결한 문제는 오답 노트에 풀이 과정을 적어 담임 교사에게 확인을 받아야 합니다. 미션까지 마치고 집에 돌아가면 마지막으로 '확인 학습'이 남아 있습니다. 확인 학습의 결과물은 일주일 후 수업 시간에 검사하기 때문에 다른 과정보다 시간 여유는 있습니다. 하지만 혼자 해결해야 한다는 점은 미션과 같습니다.

이 정도면 '혼자서 끙끙거리기'가 황소 시스템의 핵심이라는 사실을 알아채셨을 겁니다. 수업에 열심히 참여해야 미션을 제대로 수행할 수 있고, 미션을 수행하는 과정에서 쌓인 경험은 확인 학습을 완성하는 힘이 됩니다. 이렇게 혼자 힘으로 과제를 해결하면서 개념은 정교해지고 생각하는 힘이 길러집니다. 이 과정이 수업마다 반복되면서 학생들의 수학 실력은 일취월장하죠.

분명 쉽지 않은 과정입니다. 하지만 많은 학생이 이러한 시스템을 통해 성장해 왔습니다. 처음에는 낯설어하다가도 결국 실력 향상에 도움이 된다는 사실을 깨달으면 점차 이러한 방식을 받아들입니다. 나중에는 즐기는 경지에 이르기도 하죠. 문제는 시스템을 충분히 활용하지 못하는 학생도 있다는 사실입니다. 이런 학생들을 오래 지켜보면서 의문이 생겼습니다. 왜 이들은 실력이 향상되지 않을까요? 누구는 즐기고 누구는 적응 못하는 차이가 발생하는 근본적인 원인은 뭘까요?

고민 끝에 제가 내린 답은 '공부몸이 다르기 때문이다.'입니다. 네? 공부몸이요? 아마 들어 본 적 없으실 겁니다. 제가 만든 말이거든요. 사실 '공부몸'이라는 개념을 소개하려고 이 책을 쓰기 시작했습니다. '왜 실력이 향상되지 않을까?'에 대한 답을 알고 싶으신 분 또는 공부몸을 온전히 이해하고 싶은 분이라면 꼭 마지막 페이지까지 정독하시길 바랍니다. 그래도 당장 궁금해하실 분들이 있을 테니 간단히 소개해 볼게요.

학생들과 보내는 시간이 많다 보니 학생들이 배워 나가는 과정을 유심히 관찰하곤 합니다. 오랜 관찰과 분석 끝에, 가르치는 내용이나 교사의 전달 방식보다도 순간순간 보이는 '학습자의 반응'이 더 중요하다는 사실을 깨달았습니다.

처음 보는 개념이 이해가 안 되거나 문제가 잘 안 풀리는 상황을 만나면 학생들은 저마다 다른 반응을 보입니다. 크게 분류하면 도망가거나, 그 자리에서 얼어붙거나, 문제와 싸웁니다. 싸우는 방식은 다양합니다. 보이는 수를 무조건 더하거나, 손을 들고 교사에게 질문을 하거나, 혼자서 끙끙거리며 자기가 알고 있는 것과 연결해 봅니다. 사소해 보이는 이러한 차이가 쌓이고 쌓여 그 학생만의 퍼포먼스를 만들고 있었습니다.

그렇다면 우리는 학습 과정에서 보이는 학생의 반응을 점검해 봐야 할 필요가 있습니다. 수업 시간에 어떤 태도로 임하는지, 수업 이후에는 어떻게 자기화 과정을 거치는지, 해결되지 않는 문제를 어떻게 처리하는지, 시험을 앞두고 어떤 준비를 하는지, 시험을 보면서 자신이 알고 있는 걸 어떻게 끄집어내는지 등을 보면 학습자의 가능성을 가늠할 수 있습니다.

이 세세한 반응들이 달라지지 않는다면 평범한 학생이 공부를 잘하는 학생이 되기는 어렵습니다. 결국 공부라는 자극에 대한 학습자의 종합적인 반응 방식이 공부의 질을 결정한다고 말할 수 있습니다.

이런 반응의 차이를 만드는 건 무엇일까요? 흔히 말하는 '공부머리'로는 설명되지 않는 부분이 많습니다. 타고난 역량과 상관없이 훌륭하게 반응하는 학생들은 많으니까요. 학생들을 지켜보면 하나의 결정적인 요소가 아니라 여러 요소가 어우러져 그 학생만의 반응을 만들어 낸다는 사실을 알 수 있습니다.

다양한 요소들로 이루어진 이 고유의 반응 시스템을 저는 '공부몸'이라 부릅니다. 여러 신체 기관이 모여 우리 몸을 이루고 그 몸의 유기적인 활동을 통해 우리가 살아가듯, 공부몸은 하나의 시스템으로써 공부와 관련된 모든 행위에 관여합니다.

공부몸은 겉으로는 보이지 않지만 공부할 때마다 등장해서 학습을 이끌어가는 실질적인 주인공 역할을 합니다. 공부할 때 깨어나는 또 다른 나라고 볼 수 있습니다. 대개 사람들은 상황과 상대에 따라 태도나 행동이 조금씩 달라지잖아요? 남편을 대할 때와 아이를 대할 때가 다르고, 직장에서와 집에서의 내가 다른 것처럼요.

기본적으로는 같은 사람이니 큰 틀은 유지하겠지만 활성화되는 지점이 미묘하게 다르니 그때그때 다른 사람이 된다고 말할 수 있겠죠. 이 상대나 상황을 '공부'로 바꿔 생각해 봅시다. 공부를 할 때 활성화되는 나, '실제로 공부를 하는 나'가 바로 공부몸입니다.

누구나 공부하면서 배운 지식을 씹다가 삼킵니다. 하지만 어느 정도 씹으며 어느 정도 맛을 느끼고 삼키는지는 사람마다 다릅니다. 같은 양의 지식이 투입됐다면 공부의 질은 공부몸의 상태가 결정합니다. 많은 학생을 관찰한 끝에 공부를 잘하고 못하고를 가르는 건 결국 공부몸이라는 결론을 내리게 됐습니다.

실제 나이와 신체 나이가 다르다는 이야기를 많이 하죠. 공부몸도 마찬가지입니다. 현재 성적과 상관없이 미래가 기대되는 학생이 있는가 하면, 3년 이상 앞선 선행학습을 하고 있지만 물가에 내놓은 아이처럼 불안하게 바라보게 되는 학생이 있습니다. 이 차이는 그들이 지금 몇 학년이냐가 아니라 공부몸이 얼마나 건강한지가 만듭니다.

그동안 만난 초등학생들을 두 부류로 나눌 수 있습니다. 우선 선행학습을 하면서도 건강한 공부몸을 유지하는 학생들입니다. 이들은 본인의 리듬에 맞춰 큰 무리 없이 배운 내용을 자기 것으로 만듭니다. 전에는 선행학습에 대해 막연하게 부정적인 자세를 취했지만 이 학생들을 보면서 꼭 그렇게 생각할 필요가 없다고 여기게 되었습니다.

반면에 엄청난 학습량에 파묻혀 그저 끌려다니는 학생들도 있습니다. 잘해 보려는 의지도, 학습량을 감당할 힘도 없어 순간순간을 모면하는 쪽에 중심을 두는 학생들이죠. 남들 눈에는 대단해 보일지 모르겠지만 알고 보면 공부몸이 아주 허약한 상태입니다.

수줍은 고백을 하나 하자면 저는 서른이 넘어서 수능을 본 적이 있습니다. 뒤늦게 한의사가 되고 싶었는데 그 나이에 한의대에 갈 수 있는 유일한 방법은 높은 수능 점수를 얻는 것뿐이었습니다. 치열하고 진지하게 임했지만 원하는 결과는 얻지 못했죠.

이 경험 덕에 수능을 바라보는 관점이 완전히 달라졌습니다. 그리고 '초등학교와 중학교 때 이런 것들이 갖춰지면 수능도 해 볼 만하겠구나.'라는 깨달음을 얻게 됐습니다. 그게 바로 건강한 공부몸입니다. 초등 때부터 공부몸을 탄탄하게 기른다면 고등학생이 되어 절박함을 느끼게 되었을 때 올바른 방향으로 움직일 수 있습니다.

공부몸의 관점에서 학생들을 바라보면 초등 시절이 다르게 보입니다. 초등 때는 공부몸을 키우는 공부를 해야 합니다. 그 학생이 가진 능력의 최대치를 끄집어내는 작업, 마지막 돌멩이 하나를 얹는 작업은 수험생 때 해도 늦지 않습니다. 초등은 그 작업을 위해 마땅히 갖춰야 할 역량을 마련할 때입니다.

이 책에서 저는 공부몸이 무엇인지, 초등이 왜 공부몸을 만드는 결정적 시기인지, 어떻게 하면 공부몸을 건강하게 만들 수 있는지에 대해 이야기하려고 합니다. 이 책을 통해 많은 초등 부모님들이 공부몸에 관심을 가지셨으면 합니다.

3장　공부몸 코칭 1단계: 하지 말아야 할 것을 멈춘다

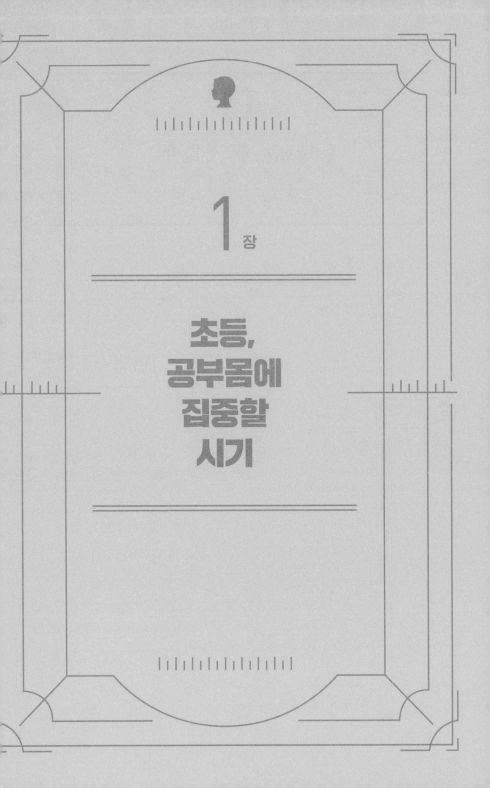

1 장

초등,
공부몸에
집중할
시기

공부를 잘하는 이유, 못하는 이유

"해금이나 시킬까 봐요."

동네 친구였던 민성이 아빠의 말입니다. 3학년이 된 민성이 때문에 이래저래 고심 중이라고 하네요. 새로 이사 간 동네에 있는 영어 학원을 갔더니 처음부터 다시 시작하라 해서 마음이 상했답니다. 수학 문제 좀 봐 주려다가 하도 답답해서 엉덩이를 한 대 때렸더니, 풀이 과정에 '아빠한테 엉덩이를 맞으면서 풀었다.'라고 썼다는 이야기가 웃프게 오갔습니다.

그러면서 민성이 아빠가 체념하듯 던진 이야기가 바로 '해금이나 시킬까 봐요.'였습니다. 직장 상사분 자녀가 해금을 하는데 일단 악기가 생각보다 비싸지 않고(20~30만 원 정도) 국악중, 국악고는 국립이라 학비가 없으며 대학 가기에도 유리한 편이라고 하네요. 나팔(제 배우자 별명입니다)도 전에 하프를 하는 학생을 과외한 적이 있다고 거듭니다. 하프는 스케일도 크지만 악기 가격이 워낙 비싸서, 그 당시에는 일단 시작만 하면 '인 서울' 가능성이 높았다고 해요.

'하프보다는 해금이 대학 입학에 현실적이겠군요. 좋은 정보 감사드립니다.'가 이 이야기의 결론일 리 없겠죠. 민성이 아빠뿐 아니라 꽤 많은, 아니 대다수의 사람이 공부머리는 따로 있다고 생각합니다. 공부를 잘하는 소수의 사람은 이미 정해져 있으니, 내 아이가 '그들'이 아니라는 판단이 서면 재빨리 음악, 미술, 체육 등으로 방향을 돌리는 게 낫지 않냐는 거죠. 얼핏 듣기에는 현실적이고 타당한 논리 전개입니다. 비슷한 맥락에서 우리는 이런 이야기도 쉽게 하곤 합니다.

'머리 좋은 애는 못 따라가.'
'쟤는 공부 쪽은 아니야.'
'머리가 안되면 노력이라도 해야지.'

여기에서 머리는 공부머리를 말하겠죠. 척 하면 탁 하고 알아듣는 징도까지는 아니어도 노력하면 어느 정도의 학업 성과를 기내할 수 있는 아이에게 흔히 '공부머리가 있다.'라는 표현을 씁니다. 조금 더 범위를 넓히자면 설명을 들었을 때 힘겹게라도 이해하고, 남들만큼 문제를 풀고, 적당한 성적이 나오는 상태 정도로 받아들일 수 있습니다. 한마디로 인지 학습 쪽으로 가능성이 보이는 상태, 투자든 푸시든 해 볼 만한 상태를 말합니다. 반면에 '공부머리가 아니다.'는 같은 내용을 접해도 받아들이기 힘들어하는, 인지 학습이 제대로 이뤄지기 힘든 상태를 가리키죠.

교실에서 보더라도 소위 '머리 좋은' 아이들이 있는 건 사실입니다. 이들은 이해가 빠를 뿐 아니라 숙달 과정도 오래 걸리지 않습니다. 이런 차이까지 부인할 필요는 없다고 봅니다. 상대적으로 적은 노력을 들이고도 학업 성취도가 좋은 건 분명 유리한 점입니다. 쉽게 이해하고 쉽게 문제를 풀 수 있으니 당장 이해조차 못하는 아이보다는 유리한 출발점에 서 있는 건 사실이니까요. 게다가 주변의 칭찬과 기대가 공부의 동기가 되어 나중에도 더 잘하게 될 가능성이 커집니다.

초기효과의 유효기간

말콤 글래드웰은 《아웃라이어》(노정태 역, 최인철 감수 | 김영사 | 2019년)에서 캐나다 아이스하키 선수들의 출생 월을 예로 들며 '초기 효과(출발

점 효과)'에 대해 언급한 바 있습니다. 같은 해에 태어났더라도 더 빨리 태어난 아이들은 다른 아이들보다 발육이 좋아서 더 많은 출전 기회와 칭찬을 받을 수 있고, 이런 선순환을 바탕으로 유리한 위치를 선점한다는 것이지요.

초반 단기전에서는 그들이 유리할 수 있습니다. 하지만 이 차이의 효과는 초등 과정까지입니다. 아무리 머리가 좋아도 공부몸을 단련하지 않고서는 '장기 레이스'에서 성과를 낼 수 없습니다.

머리가 좋은 아이들은 수업을 통해 학습의 전 과정이 한 번에 해결되는 패턴에 익숙한 경우가 많습니다. 쉽게 말해, 수업만 집중해서 들어도 훌륭한 퍼포먼스를 냅니다. 하지만 늦어도 중등 과정 이후에는 배움과 익힘이 함께 굴러가야 합니다. 절대적인 시간을 확보해서 치열한 시도로 가득 채워야 합니다. 그렇게 개념이 정교해지고 생각하는 힘이 강해지면서 생긴 성취감이 다시 자발적 시간 투자로 이어지게 됩니다.

이 거대한 사이클을 굴러가게 하는 여러 가지 요소들이 있고 그중 하나가 '좋은 머리'일 수는 있겠죠. 하지만 인간사 참 공평한 것이 그 좋은머리로만 공부 사이클을 돌렸던 아이들은 오히려 머리만으로 공부가 되지 않는 시기에 직면하면 당황하는 경우가 많더라는 겁니다. 이때 다른 공부 방식으로 전환하지 못하면 이른바 '공부 사춘기'에 빠져 허우적거릴 수 있습니다.

예를 들어 이들 중 일부는 풀이 과정 쓰는 걸 싫어하는데, 초등 고

학년 문제만 보아도 풀이 과정 없이 답을 적을 수 있는 문제는 거의 없습니다. 풀이 과정 적는 행동을 거부하다가 예전처럼 문제가 풀리지 않으니 몇 번 짜증 내고는 '나는 공부랑 안 맞나 봐.'라는 이상한 결론을 내는 경우가 생각보다 꽤 많습니다.

IQ 테스트의 진실

근대 철학자들은 개인의 지능은 고정되어 있으며, 바뀔 수 없다고 말해 왔습니다. 하지만 프랑스의 저명한 심리학자 알프레드 비네^{Alfred Binet}는 연습과 훈련을 통해 지능을 높일 수 있다고 주장했습니다. 비네는 바로 우리에게 익숙한 IQ 테스트를 개발한 사람입니다. 이런 사람이 노력을 통해 지능을 높일 수 있다고 주장을 한 점은 꽤 신선합니다.

그런데 애초에 비네가 IQ 테스트를 고안한 이유는 공립 학교에 잘 적응하지 못하는 아이들을 가려내어 그들을 위한 새로운 교육 프로그램을 개발하기 위해서였다고 하네요. 즉 IQ 테스트는 일종의 '선발 고사'였던 셈입니다. 효율적인 관리와 적절한 대응을 위해 개발한 테스트가 한 세기만에 '공부머리 감별 테스트'가 되어 버린 거죠.

요즘도 소싯적 IQ를 들먹이는 사람들이 종종 눈에 띕니다. 본인이 얼마나 똑똑한지 드러내고 싶은 마음이겠지만, 의도와는 다르게 성장에 대한 편협한 생각을 적나라하게 보여 줄 뿐입니다. 특정 시기의 단편적인 상태를 측정한 수치가 그 사람의 가능성을 온전히 드러낼 리 없습니다. 노벨상 수상자의 평균 지능만 찾아봐도 IQ 자랑이 헛헛한 일임을 금방 알 수 있습니다.

하워드 가드너Howard Gardner는 다중지능이론을 제시하면서 IQ라는 하나의 값을 9개의 독립된 영역으로 확장했습니다. 하지만 여전히 머리가 좋다/나쁘다, IQ가 높다/낮다는 프레임은 강력합니다. 문제는 좋든 나쁘든, 높든 낮든, 그 결과에 빠지는 순간 그 사람의 가능성은 닫힐 수밖에 없다는 사실입니다.

유형 검사에 흔들리기 전에

요즘 유행하는 MBTI 검사 해 보셨나요? 학습 코칭에 관심 있는 사람들의 이야기를 들어 보면, 대부분 학습 코칭을 '유형 나누기'로 받아들인다는 사실을 알 수 있습니다. MBTI 같은 성격 유형 검사를 이용하거나 그에 준하는 학습 유형 검사를 만들어서 유형별 공략법을 제시하는 식으로요. 이러한 접근법이 편리하고 유용한 면도 있지만 저는 선호하지 않습니다. 몇 가시 위험 요소가 있기 때문입니다.

유형별 분류는 나와 결과를 동일시하게 만들 가능성이 있습니다. 성격 유형 검사를 해 본 분이라면 아시겠지만, 결과를 보다 보면 '어! 맞아! 딱 내 이야기네.' 하면서 신기해할 때가 많습니다. 유형은 사람이 자의적인 기준으로 나눈 몇 개의 그룹일 뿐인데 너무 빠지면 마치 자기가 그 유형의 화신이 된 것처럼 여기기도 합니다. 급기야는 '알잖아. 나는 잔 다르크 형이라서 어쩔 수 없어. 엄마가 이해해!' 같은 소리를 하기도 합니다.

이게 왜 문제가 되는 걸까요? 유형별 분류는 학습자의 특질을 고정된 것으로 보는 오류에 빠지기 쉽기 때문입니다. 유형 검사는 학습자의 진짜 모습은 가리고 유형의 틀에 가둬 버립니다. 적절한 개입과 양육 환경에 따라 흥미는 물론 재능 역시 달라질 수 있음에도 다양한 가능성이 검사 결과에 갇히게 되는 거죠. 이런 식으로 검사 결과가 판단의 최우선이 되면 본말이 전도되는 사태가 벌어집니다. 검사 결과가 꼬리표처럼 붙어 무슨 일을 하고자 할 때나 어떤 결정을 내리려고 할 때 지속적으로 판단에 영향을 미칩니다.

애초에 이런 유의 검사가 의도하는 건 정확한 이해와 판단입니다. 이를 토대로 학습자의 어떤 부분이 부족하고 어떤 부분이 강한지 파악해서 효율적인 접근을 하자는 취지입니다. 그런데 거꾸로 검사 결과가 피검사자를 쥐고 흔들게 됩니다. 재미로 보는 신년 운세라면 모르겠지만 내 아이의 미래에 영향을 줄 수도 있는 일입니다. 그런 건 남들 이야기일 뿐이고 나는 다르다고 주장하고 싶을지도 모릅니다.

하지만 막상 결과 앞에서 객관적 거리 두기가 가능한 부모는 많지 않습니다.

"웩슬러 검사를 해 보니 아이가 이과 성향으로 나오더라고요."

부모 상담을 하면 초등학생 자녀에 대해 꽤 디테일하게 단정짓는 표현을 들을 때가 많습니다. 웩슬러가 얼마나 훌륭한 사람인지는 모르겠지만, 그 검사를 토대로 아이를 일찍부터 이과로 판단하는 건 어느 모로 보나 섣부른 단정입니다. 하지만 우리는 이런 표현들에 매우 익숙합니다.

"제가 학교 다닐 때 수학을 싫어했는데 아이도 그러네요."
"남편이랑 저랑 둘 다 문과라서 그런지 아이도 문과 체질이에요."
"영어는 잘하는데 수학은 못해요. 언어 쪽인가 봐요."

수학에 흥미가 있어 KMO(한국수학올림피아드)에 도전하려던 아이가 '당신은 문과입니다.'라는 결과를 받았을 때, 이 도전을 계속할 가능성은 얼마나 될까요? 초등 시기는 문과, 이과에 대한 판단은 물론이고 타고난 재능에 대해 단정을 내리기 이른 때입니다. 부모는 아이가 '이과냐 문과냐.' '공부머리가 있냐 없냐.'가 아니라 '지금 상태는 어떠하며 더 나은 상태로 가기 위해서는 무엇이 필요할까?'에 초점을 맞춰야 합니다. 공부를 머리로만 하는 행위라고 생각하면 타고난 지능과 성향이 결정적인 요소가 될 수밖에 없고, 어떤 결과가 나와도 도식에 짜맞춘 판단을 내리게 됩니다. 하지만 공부몸의 구성 요소가 타고난 것만 있는 게 아니라는 사실을 인정한다면 아이의 가능성은 훨씬 넓어집니다.

《팩트풀니스》(한스 로슬링, 올라 로슬링, 안나 로슬링 뢴룬드 공저, 이창신 역 | 김영사 | 2019년)에서도 우리가 비난 대상에 집착하느라 주목해야 할 곳에 주목하지 못한다고 말합니다. 마찬가지로 IQ나 MBTI에 주목하느라 우리가 주목해야 할 곳을 놓치는 건 아닐까요?

결과를 만드는 진짜 원인

앞서 언급했듯이 공부몸은 공부의 전 과정을 처리하는 시스템을 의미합니다. 인지적인 부분뿐만 아니라 성격, 정서, 경험 등 다양한 요소들의 영향을 받아 형성되며, 자극의 수준에 따라 얼마든지 공부몸의 처리 속도와 효율이 달라질 수 있습니다. 그럼에도 사람들은 한 사람의 학습 역량이 태어날 때부터 고정되어 있다는 편견을 가지고 공부몸을 바라봅니다. 그래서 공부몸의 극히 일부분, 그중에서도 특히 타고난 부분에만 집중해 잘하든 못하든 학습 결과를 머리 탓으로 돌럽니다.

원하는 학습 결과가 나오지 않는 이유는 진짜 공부의 강렬한 느낌을 경험해 보지 못해서일 수도 있고, 아직 생각하는 힘이 부족해서일 수도 있고, 가짜 공부에 사로잡혀서일 수도 있습니다. 그러므로 공부 몸 전체를 살피며 다각도로 원인을 찾아야 합니다. 머리를 탓하는 순간 이 모든 문제는 가려집니다. 문제에 직면하지 못하면 잘못된 진단을 내리고 엉뚱한 처방으로 이어지죠. 답답한 마음에 푸념처럼 던지는 말이라면 모르겠지만 '머리가 나쁘기 때문'이라는 단정이 위험한 이유입니다.

물론 많은 사람을 분류해야 하는 임무를 지닌 자는 IQ처럼 분류를 위한 엄밀한 기준을 마련해야 합니다. 병아리 감별사가 손에 쥔 병아리가 암컷인지 수컷인지를 분명하게 이야기할 수 있는 기준을 갖추는 것처럼 말이죠. 하지만 부모 또는 교사처럼 아이의 성장에 직접적인 영향력을 끼치는 사람이라면 이런 식의 접근은 바람직하지 않습니다. 아이를 단정하는 순간 열려 있던 가능성의 문이 닫히기 때문입니다.

뇌는 변할 수 있다

최신 뇌과학 역시 섣부른 단정이 위험할 수 있음을 이야기하고 있습니다. 과학이 밝혀낸 사실 중 새삼스럽지만 가장 강조하고 싶은 것은 '뇌의 발달은 평생에 걸쳐 이루어진다.'라는 사실입니다. 이는 '머리는 타고난다.' '공부머리는 정해져 있다.'라는 거짓 통념에 대한 통쾌한 반격입니다. 타고난 인지 능력의 차이는 어느 정도 인정할 수밖에 없다 하더라도 적절한 자극을 통해 뇌가 일생에 걸쳐 변화할 수 있다는 점은 시사하는 바가 큽니다. 출발점이 다르다고 해서 그 차이가 도착점까지 이어질 거라 단정할 수 없다는 이야기입니다. 실제로 훈련을 통해 뇌의 활용도가 올라갈 수 있다는 증거는 많습니다. 이를 현실로 만들기 위해서는 부모가 우선 그렇다는 사실을 인정하고 믿어야 합니다.

영화 〈마이너리티 리포트〉는 최첨단 기술을 이용해 어떤 사람이 범죄자가 될 가능성을 파악하여 사전에 범행을 차단하는 미래 세계를 그리고 있습니다. 이런 기술이 정말 등장할지는 모르겠지만 그렇게 되더라도 부모를 위한 버전은 나오지 않았으면 합니다. 사람은 변할 수 있고, 그 변화의 가능성을 마지막까지 놓지 않아야 할 사람이 바로 부모이기 때문입니다. 모두가 "이 아이는 공부로 성공할 가능성이 없어요. 미리 결단을 내리세요."라고 해도 "나는 이 아이의 가능성을 믿어요. 하는 데까지 해 보겠습니다."라고 말할 수 있는 건 부모뿐이지 않을까요?

공부가 안되는 세 가지 이유

상담을 하다 보면 자주 반복되는 레퍼토리 중 하나가 '승급'입니다. "아, 우리 아이가 별 문제없다는 말씀이네요. 그러면 승급도 가능하다고 봐야 할까요?" 이 정도 뉘앙스면 겸손한 편이라 할 수 있습니다. "도대체 우리 애처럼 훌륭한 아이가 승급을 못 하는 이유가 뭔가요? 애는 쉽다는데요?"처럼 저돌적인 경우도 있습니다. 사실 표현의 차이는 중요하지 않습니다. 승급에 관심을 보이는 부모들은 대부분 비슷한 마음으로 승급을 원하니까요.

제가 지켜본 바로는 승급할 아이들은 알아서 승급합니다. 마개를 빼면 욕조의 물이 중력의 힘을 받아 빠져나가듯 일어날 일은 마땅히 일어납니다. 승급을 못 하는 아이들에게는 가지각색의 이유가 있습니다. 간단히 말하자면 안 될 만하니까 안 되는 겁니다. 욕조에 담긴 물을 빼려면 마개를 여는 한 가지 방법만 있지만 구멍을 막는 방법은 수만 가지인 것과 마찬가지입니다. 구멍이 막혀 있음을 인정하고, 막고 있는 무언가를 걷어낼 생각은 하지 않으면서 왜 물이 내려가지 않느냐고 짜증을 내 봤자 달라지는 건 없습니다.

톨스토이는 《안나 카레리나》의 첫 문장을 이렇게 시작합니다.

"행복한 가정은 모두 엇비슷하고, 불행한 가정은 불행한 이유가
제각각 다르다."

이 문장을 이렇게 바꿔 보면 어떨까요?

"공부를 잘하는 학생은 모두 엇비슷하고, 공부를 못하는 학생은 못
하는 이유가 제각각 다르다."

공부를 못하는 아이들의 양상은 일일이 분석하기도 어렵고, 하나
로 특정하여 이야기하기도 힘듭니다. 그렇다고 손을 놓고 있을 수는
없지요. 그들을 '공부 못하는 아이'라고 단정 짓고 마는 건 부모나 아
이 모두에게 도움이 되지 않는 '납작한 접근'입니다. 그렇다면 공부가
되지 않는 무수히 많은 이유를 간단하게라도 뭉뚱그려 이야기해 보
면 어떨까요? 그래야 우리가 뭐라도 할 때 의미 있는 방향으로 나아
갈 수 있을 테니까요. 공부가 안되는 이유를 우리가 대응할 수 있는
수준으로 추리고 추리면 다음 세 가지로 정리할 수 있습니다.

첫째, 공부량이 충분하지 않음

둘째, 공부를 수행하는 주체인 공부몸이 아직 성숙하지 않음

셋째, 공부가 아닌 것을 하고 있음

① 부족한 공부량

살을 빼겠다는 목표를 세웠으면 다이어트를 해야 합니다. 아무것도 하지 않으면 살이 빠질 리가 없습니다. 입맛이 당기는 대로 먹기만 하고 세 발짝 이상 걷는 것도 질색하는 사람이 살이 안 빠진다고 투덜거려선 안 됩니다. 하다못해 '인풋(먹는 것)'과 '아웃풋(운동)'의 중요성을 의식이라도 하고 있으면 저녁 늦게 무언가 먹고 싶을 때 주의를 돌린다든가, 엘리베이터 앞에 사람이 많을 때 계단으로 향하는 선택이 가능해집니다.

나에게 맞는 학습법을 몰라서, 학군지에 살지 않아서, 아직 '그분'이 오지 않아서 공부를 못하는 걸까요? 어떤 식으로든 일단 공부를 하면 어느 정도의 성적은 나오기 마련입니다. 공부를 안 하니까 성적이 안 나오는 거지 공부를 하는데도 성적이 안 나오는 경우는 거의 없습니다. 원하는 성적이 나오지 않는다면 '공부량'이 충분하지 않은 경우가 대부분입니다. 효율은 일단 내버려 두고 공부에 투자한 절대 시간, 교재의 양을 냉정하게 따져 봐야 합니다.

② 건강하지 않은 공부몸

공부를 잘하는 학생들, 즉 공부몸이 건강한 학생들은 몇 가지 공통

점이 있습니다. 첫째, 공부에 대한 바른 견해를 가지고 있습니다. 시간과 에너지를 옳은 방향에 투입할 수 있으므로 훨씬 효율 높은 공부를 합니다. 둘째, 자신의 공부몸에 대한 믿음이 있습니다. 이 믿음은 낯선 내용을 마주해도 결국 내 것으로 만들겠다는 확신을 불러옵니다. 셋째, 개념을 정교하게 만들 줄 압니다. '앎'이 어떤 상태인지 알고, 그 상태에 이르기 위해 무엇을 해야 할지 압니다. 넷째, 생각이 움직이는 공부를 합니다. 생각하는 힘이 있고 적재적소에 그 힘을 사용할 줄 압니다. 다섯째, 스스로 끌고 나가는 공부를 합니다. 공부 자체의 재미를 느껴 봤기 때문에 그 재미를 동력 삼아 자신을 밀고 나갑니다.

하지만 사람은 기계가 아니기에 적절해 보였던 인풋이 기대했던 아웃풋으로 이어지지 않는 경우가 다반사입니다. 인풋이 충분한데도 아웃풋이 만족스럽지 않다는 건 공부몸이 인풋을 제대로 처리하지 못한다는 뜻입니다. 공부를 해도 한 것 같지가 않고 뭔가 헛도는 느낌이 드는 건 허약한 공부몸 때문입니다. 아픈 사람은 만사가 귀찮고 아무것도 하고 싶지 않죠. 공부몸이 안 좋으면 일단 열심히 하고 싶은 마음이 안 생기고, 주도성도 떨어집니다. 그래도 해야 하니 꾸역꾸역 책상 앞에 앉더라도 공부가 아닌 걸 하고 있을 가능성이 큽니다.

③ 유사공부행위

대부분의 사람은 문제에 부딪히면 '어떻게 해결할까?'를 고민합니다. 그리고 그 고민의 해결 방법은 어떤 행동을 전제로 합니다. 아이의 수학 성적이 '폭망'했다 치죠. 부모에게는 여러 가지 선택 사항이 있습니다. 그중에서 '아무것도 안 하기'는 상대적으로 많은 에너지를 요구합니다. 알아서 하겠거니 하고 신경 끄고 있자니 자꾸 초조해지고 걱정이 되니까요.

아이 친구 부모들을 만나면 "뭐 시켜요?"라는 질문을 주고받습니다. 내 아이만 뒤처지면 어쩌나 하는 두려움, 조금 더 유리한 출발점에서 편안하게 갔으면 하는 욕망은 부모를 무언가라도 하게 만듭니다. 문제는 그 무언가가 항상 도움이 되는 행동은 아니라는 사실입니다.

공부와 성장에 대한 부모의 믿음은 중요합니다. 부모가 공부가 아닌 것을 공부라 생각하면 아이에게 엉뚱한 노력을 강요하게 됩니다. 그렇게 되면 당연히 공부몸은 제대로 성장하지 않습니다. 많은 학생과 부모가 "공부를 한다고 하는데 왜 나아지질 않을까요?"라고 하소연합니다. 노력이 부족한 게 아니라면 '엉뚱한 곳에 에너지를 쏟고 있는 경우'가 대부분입니다. 이처럼 공부를 하고 있다는 착각을 하게 만드는 행위를 저는 '유사공부행위'라 부릅니다.

유사공부행위는 양치기(양으로 승부하기), 학원 순례처럼 누구나 알아볼 수 있는 특정한 행위만을 말하는 건 아닙니다. 학습이 일어나지 않는 모든 공부를 말합니다. 머리를 굴리지 않는 공부, 생각의 경계가 넓어지지 않는 공부, 아는 것과 모르는 것이 구분되지 않는 공부는 모두 공부가 아닙니다.

공부를 못하는 이유 세 가지를 자세히 살펴보았습니다. 이 중 제일 먼저 따져 봐야 할 것은 부족한 학습량입니다. 대부분 안 해서 안 되는 겁니다. 공부를 충분히 하지도 않으면서 원하는 결과가 나오지 않는다고 투덜대는 거죠. 그러고 보면 공부에 대한 간섭도 대부분 하냐/안 하냐 차원에서 이뤄집니다(하라는 공부는 안 하고 뭐 하는 거니?).

그렇다면 단순히 학습량만을 따지는 게 맞을까요? 저는 아니라고 생각합니다. 공부몸과 공부 방향에 문제가 있으면 학습량을 채우기가 쉽지 않습니다. 이건 단순히 노력과 의지의 문제가 아닙니다. 실제로 학습량 부족은 원인이 아니라 결과인 경우가 많습니다. 학습량이 부족하다는 사실 자체가 그 사람의 공부몸이 충분히 성숙하지 않았고, 그래서 성과가 없는 공부를 한다는 사실을 반영할지도 모릅니다. 건강하지 않은 공부몸으로 효과적이지 않은 공부를 하다 보니 공부가 잘되지 않고, 그러다 보니 점점 내키지 않아서 공부를 '안' 하게 됐을 가능성이 꽤 있다는 이야기입니다.

건강한 공부몸으로 제대로 된 공부를 한다면, 공부량을 늘리는 건 어렵지 않습니다. 마음만 있다면 말이죠. 공부몸과 방향이 제대로 갖춰진 아이라면 스스로 공부에 대한 탄력이 붙어서 공부 시간을 늘리는 선순환이 일어날 수 있습니다. 그런데 처음부터 양으로 승부를 걸면 나머지 요소에서 문제가 생길 가능성이 많아집니다. 공부몸과 방향에 문제가 생기면 공부를 하지 않게 되는 악순환이 시작됩니다. 공부가 안 된다면 대부분 이런 패턴을 보입니다. 정리하면 이렇습니다. 학습량도 중요하지만 공부몸과 공부 방향이 먼저입니다. 공부몸과 방향이 해결되면 학습량을 늘리는 건 어렵지 않습니다.

공부는 공부몸이 한다

그래서 공부몸이 뭘까?

열과 성을 다해 4번 문제 설명을 마치자마자 바로 동재가 손을 들고 질문합니다.

"선생님, 4번 문제 잘 모르겠어요."

"응, 4번 문제 어디?"

"전부 다요."

"어디를 모르는지 모르면 내가 어떻게 도와줄 수 있니? 그럼 앞에 있는 문제들은 알겠어?"

"네, 그건 알겠는데 4번은 모르겠어요."

동재가 상대적으로 흡수가 느리다는 건 잘 알고 있습니다. 아무리 그렇다 하더라도 한 문제를 통째로 모른다는 건 말이 안 됩니다. 만약 정말 모르는 거라면 기본 개념이 잡혀 있지 않다는 말인데, 앞에 있는 문제는 안다고 하네요. 개념을 모르면 '어, 이걸 몰랐구나. 설명 듣느라 힘들었겠다. 자, 다시 이야기해 볼게.'라고 하겠지만 동재의 태도에서는 '알 듯 말 듯 한데 알기 쉽게 다시 한 번 이야기해 보슈~'가 느껴졌습니다. 움직이기 귀찮으니 일단 그 자리에 주저앉고선 교사를 불러서 자기를 안고 한 발짝씩 움직이라는 거죠. 그래도 학생이 질문을 했으니 마음을 가다듬고 다시 차근차근 설명을 했습니다. 설명이 끝나자마자 "그다음은요?" 이럽니다. 마치 그 정도는 처음부터 알고 있었다는 말투로요.

아이에게 "모르는 거 있으면 선생님한테 물어봐."라는 이야기 많이 하시죠? 틀린 이야기는 아니지만 '모르면'과 '물어봐' 사이에 학생이 해야 할 일들이 있습니다. 우선 시도해야 할 것은 '자문자답自問自答'입니다. 놓친 부분은 없는지, 잘못 생각한 부분은 없는지, 관련 개념을 제대로 알고 있는지 등을 찬찬히 따져 봐야 합니다. 할 수 있는 모든 점검을 여러 번 했는데도 상황이 달라지지 않았다면 그때 질문을 하는 게 맞습니다.

이때도 요령이 필요한데, 무작정 "모르겠어요."라고 할 게 아니라 자신의 탐색 과정을 먼저 밝힙니다. 이건 질문을 받는 사람에 대한 예의이기도 하지만, 제대로 된 답을 받기 위해 사전 설문지를 제출하는 것과 비슷합니다. 교사는 학생이 어떤 시도를 했는지만 들어도 어디가 문제인지 어떤 자극을 줘야 할지 보이기 때문입니다.

이러한 지침은 수업 이외의 시간에도 적용되어야 합니다. 황소에서는 미션과 확인 학습에 대해 질문을 할 수 있는 제도가 있습니다. 혼자 힘으로 해결하는 게 기본 원칙이지만 도저히 해결되지 않는 문제가 있다면 '쿠폰'을 써서 질문할 수 있습니다. 이때 그냥 "모르겠어요."라고 하면 별 도움을 받을 수 없습니다. 어디까지 알고 있는지, 그걸 문제 조건과 어떻게 연결하려 했는지를 연습장에 자세히 써 가야 비로소 문제에 대한 대화를 시작할 수 있습니다.

이런 식으로 질문을 한다면 비록 도움을 받아서 문제 상황을 해결했다 하더라도 실력이 늘 수밖에 없습니다. 질문을 준비하고 피드백을 받아들이는 과정에서 자연스럽게 학습이 일어나고 있기 때문입니다. 가급적이면 이러한 과정 안에서 스스로 해결해야 합니다. 머릿속에서 적극적인 움직임을 만들어 상황을 해결하고, 질문은 정말 최후의 수단으로 아껴 둔다고 생각하는 겁니다.

그런데 어떤 학생들은 모르겠다 싶으면 바로 질문부터 하려 듭니다. 스스로 경계를 넓혀야 할 타이밍에 주저앉아 도움을 청하는 게 이들의 루틴입니다. 모르겠을 때의 첫 반응이 '물어봐야지~'라면 당장 성적은 좋을지 몰라도 장기적으로는 실력이 늘지 않을 수밖에 없습니다.

초등생을 위한 수학 공부몸 만들기

멀리서 보면 사람 사는 게 다 거기서 거기처럼 보입니다. 하지만 조금 더 배율을 높여 바라보면 사람 수만큼 사는 방식도 각각 다릅니다. 공부도 마찬가지입니다. 자세히 들여다보면 같은 자극에도 학생 수만큼 다양한 반응을 관찰할 수 있습니다.

제가 특히 관심 있는 건 무언가 잘 안 될 때 학생이 보이는 반응입니다. 마음처럼 잘 안 될 때 진짜 모습이 드러나기 마련이니까요. 인생에 비할 바는 아니겠지만 공부도 마음처럼 안되기는 마찬가지입니다. 그리고 안 될 때의 반응은 동재의 사례에서 보듯이 이미 정해져 있는 경우가 많습니다. 그래서 잘 안 될 때의 반응을 통해 이 학생이 공부를 잘하는 학생인지 아닌지를 분별할 수 있습니다.

문제가 안 풀리면 그 순간 딱 멈추는 학생들이 의외로 많습니다. 아직 시간이 많이 남아 있는데도 이들은 끙끙거릴 의사가 전혀 없습니다. 지나치게 조심스러운 학생도 있습니다. 돌다리를 두드려 보기만 할 뿐 건널 생각은 없는 스타일입니다. 문제만 읽어 봐도 혼자서 충분히 정리할 수 있는데 매번 확인을 요구하는 건 스스로를 믿지 못한다는 뜻이고 모험하기 싫다는 이야기입니다. 자신이 공부했던 내용과 조금만 달라져도 포기를 선언하는 학생도 있습니다. 문제의 구조를 파악해서 알고 있는 것과 연관성을 찾아보려 하지 않고 처음 보는 문제라며 어쩌지 못하겠다고 뒷걸음칩니다.

이런 반응들은 너무 소소해서 공부를 잘하고 못하고 여부와는 별 관계가 없는 것으로 여겨지기 쉽습니다. 그러나 하루하루를 어떻게 살아 내느냐가 우리 인생의 품격을 결정하듯, 이런 작은 태도의 차이가 모여 학생의 실력과 장기적인 결과물의 질을 결정합니다. 이러한 차이를 만드는 근원을 찾아 조금 더 깊은 탐색을 해 보면 그 학생만의 공부몸을 만나게 됩니다. 머리부터 발끝까지 모범생 분위기를 풍겨도 결정적 순간에 몸을 돌리는 공부몸을 가진 학생이라면 공부를 잘할 수 없습니다. 장난기 가득한 얼굴이지만 진지하게 수업에 임하고 끊임없이 연결을 시도하는 학생의 공부몸은 결국 성과를 냅니다.

공부몸의 구성 요소에 주목하자

앞서 언급했듯 공부몸은 공부의 전 과정을 관장하는 고유의 시스템입니다. 그러다 보니 우리에게 익숙한 '공부 습관' 또는 '학습 태도'와 비슷하게 느껴지는 면이 있습니다. 저녁을 먹고 그날 배운 내용을 복습하는 습관, 수업 시간에 교사의 설명에 진지하게 집중하는 자세, 어떻게든 숙제를 마무리하려는 태도를 가진 학생이라면 당연히 좋은 습관, 좋은 태도를 가졌다고 말할 수 있습니다. 공부를 잘할 확률도 높습니다. 그러나 이러한 공부 습관과 학습 태도는 구체적이고 개별적인 행위에 가깝습니다. 반면 공부몸은 구체적인 행동과 반응을 넘어 그것들을 만들어 낸 본질적인 지점을 가리킵니다.

건강한 공부몸은 공부라는 과정을 잘 이해하고 있으며, 공부를 하기 위해서 공부몸의 구성 요소를 어떻게 활용해야 하는지 알고 있습니다. 그리고 실제로 그에 맞춰 공부를 합니다. 운동선수가 자기 종목의 특징과 본질을 정확히 이해하고, 그에 부합하는 최상의 퍼포먼스를 내기 위해 자기 몸을 적절한 방법으로 단련하는 것과 비슷합니다.

공부몸은 구성 요소들의 유기적인 결합으로 짜인 하나의 체계입니다. 그래서 한다/안 한다 또는 있다/없다의 관점이 아니라 '어떠한 상태인가'의 관점으로 접근해야 합니다. 몸이 아예 없는 사람은 없듯이 공부몸이 없는 학생은 없습니다. 다만 각 요소의 활동이 왕성한지, 요소들끼리 조화롭게 어울리는지에 따라 공부몸의 상태가 달라집니다.

공부몸을 구성하는 요소는 우리 몸을 구성하는 기관만큼이나 다양합니다. 그중에서 제가 주목하는 핵심 구성 요소는 다섯 가지입니다. '공부 마인드셋' '공부 자존감' '개념의 정교성' '생각하는 힘' 그리고 '주도성'입니다.

공부 마인드셋은 어느 방향으로 노력을 기울여야 할지를 결정합니다. 공부 자존감은 자신의 공부몸에 대한 근거 있는 믿음입니다. 개념의 정교성은 알고 있는 개념의 양과 질을 의미합니다. 생각하는 힘은 개념을 정교하게 다듬고 개념과 문제를 연결할 때 사용하는 힘입

공부몸의 핵심 구성 요소는
'공부 마인드셋' '공부 자존감' '개념의 정교성'
'생각하는 힘' '주도성'입니다.

생각하는 힘

공부 마인드셋

주도성

공부 자존감

개념의 정교성

니다. 주도성은 공부 과정 전체를 돌리는 에너지가 됩니다.

　이 다섯 가지 요소가 어우러지며 그 학생만의 움직임을 만듭니다. 공부 마인드셋이 바른 방향을 잡고 주도성을 동력 삼아 앞으로 달려 나갑니다. 그 과정에서 발휘되는 생각하는 힘이 개념을 다듬고 넓힙니다. 개념이 정교해지면 생각하는 힘 역시 강해집니다. 이 과정 자체가 즐거움이 되어 공부 자존감이 향상될 뿐만 아니라 주도성이 더욱 강해집니다. '배움이란 이런 거구나.' 하는 깨달음을 얻으며 스스로 미세하게 공부의 방향을 수정해 나갑니다.

　이 사이클이 반복되는 과정에서 각 요소들은 탄탄해지고 호흡도 척척 맞아갑니다. 각자의 역할을 하면서도 서로 영향을 주고받고 전체를 위해 기여한다는 점에서 공부몸은 하나의 유기체와 같습니다.

공부몸은 달라질 수 있다

이러한 요소들로 구성된 유기체로서 공부몸을 바라봤을 때 유리한 점은 문제가 생겼을 때도 생산적인 대처가 가능하다는 점입니다. '공부머리가 아닌가 보다.'라는 단정 대신 '어떤 요소에 문제가 생겼을까?'라는 질문을 던질 수 있습니다. 학생의 반응을 살피다 보면 공부몸의 상태가 보이기 마련입니다. 특정 요소의 문제라는 게 밝혀졌다면 그 문제를 해결하기 위한 시도를 하면서 여유를 가지고 지켜봅니다.

예를 들어 열심히 하는데 원하는 성과가 나오지 않는 학생이라면 노력의 방향을 점검해 볼 수 있습니다. 많은 학생이 공부가 아닌 행위를 공부라 믿으며 하고 있습니다. 공부는 이렇게 해야 한다는 올바른 방향을 제시하면서 생각하는 힘을 발휘하는 경험을 하면 죽어 가던 주도성이 살아나면서 공부몸 전체를 깨우는 경우가 있습니다.

공부몸이 유기체라는 사실을 인정하면 자녀 교육에 대한 접근 자체가 달라집니다. 타고난 부분에만 주목하는 건 당장은 편리할지 몰라도 그다음을 이야기하기가 곤란합니다. 공부머리가 없으니 억지로 시켜서라도 하게 만들겠다는 수준의 솔루션을 넘어서기 힘듭니다.

하지만 공부몸이 달라질 수 있다는 사실을 받아들이면 어릴 때부터 '건강한 공부몸을 만들어 간다.'라는 계획을 세울 수 있습니다. 적절한 자극을 통해 공부몸이 변할 수 있다는 사실을 받아들이는 것만으로도 아이를 대하는 부모의 마인드가 달라집니다. 부모의 마인드는 고스란히 아이에게 전달됩니다. 본인이 성장할 수 있다는 가능성을 믿는 아이는 새로운 상황에 쉽게 적응하며 당장 눈앞에 펼쳐지는 결과에 흔들리지 않을 수 있습니다.

초등학교 때 다녔던 서예 학원에 특이한 형이 한 명 있었습니다. 학원에 도착하면 자리에 앉기 무섭게 붓을 들고 글씨를 써 내려 가곤 했습니다. 말 그대로 '일필휘지一筆揮之'였습니다. 아무런 고민도 성찰도 없어 보였습니다. 그저 붓은 움직였고 화선지는 쌓여 갔습니다. 두꺼운 안경 너머로 눈을 감고 있을지도 모른다고 생각한 적도 있습니다. 당연히 글씨는 개판이었고 발전은 거의 없었습니다. 열한 살이었던 제가 '저래서 큰 인물이 되겠나…… 쯧쯧.' 하고 탄식할 정도였습니다.

그 형이 성실하다는 이야기는 들었을지 모르겠네요. 학원에 빠지는 일이 없었고 일단 오면 어마어마하게 써 댔으니까요. 하지만 추측건대 그 형은 공부를 못했을 겁니다. 새로운 것에 익숙해지고 잘하게 되는 과정은 무엇이든 비슷합니다. 한 분야에 능숙해지기 위해 어떻게 하는가를 보면 앞으로의 인생에서 어떤 태도를 갖추고 살아갈지 대강 예측할 수 있습니다.

우리 모두 서예 학원의 그 형 같은 존재를 알고 있습니다. 교실 맨 앞에 앉아서 누구보다 열심히 질문하고 날마다 밤새 공부하느라 코피까지 흘리지만, 이상하게 시험만 보면 납득할 수 없는 성적이 나오는 가슴 아픈 사례는 생각보다 많습니다. 이 학생들의 문제는 뭘까요? 앞서 언급했듯 공부머리가 아니라는 흔한 답은 누구에게도 도움이 안 됩니다. 이들의 문제점은 성실함을 성과로 연결하지 못한다는 점입니다. 구체적으로 말하자면 '학습이 일어나지 않는 공부'를 했던 거죠.

'학습의 일어남'에 대한 설명이 조금 더 필요하겠네요. 공부몸의 구성 요소들이 적극적으로 움직이면서 학생의 머릿속에서 진짜 공부가 진행될 때 저는 '학습이 일어난다.'라고 표현합니다. 어떤 문제집을 푸는지, 사교육인지 엄마표인지는 중요하지 않습니다. 학습의 일어남이 있는 공부를 하느냐가 더 중요합니다.

그런 의미에서 모든 공부는 둘로 나눌 수 있습니다. '학습의 일어남이 있는 공부'와 '학습의 일어남이 없는 공부'입니다. 겉으로 봐서는 설렁설렁하는 것 같아도 학습의 일어남이 있으면 공부이고, 진짜 열심히 하는 것처럼 보이지만 학습의 일어남이 없으면 공부가 아닙니다.

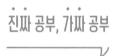

진짜 공부, 가짜 공부

공부에 대한 가장 기본적인 분별은 공부와 공부행위의 구별에서 시작합니다. 공부행위는 외형적으로 공부처럼 보이는 행동을 말합니다. 공부와 관련된 무언가를 하고 있는 모습, 즉 공부와 관련된 액션

초등생을 위한 수학 공부몸 만들기

입니다.

우리가 드라마 PD가 되었다고 가정해 보죠. 아역배우가 공부하고 있는 장면을 촬영하려고 합니다. 어떤 식으로 연출을 해야 할까요? 장소는? 아이의 행동은? 표정은요? 또 다른 질문을 해 보겠습니다. 부모 중 한 명이 아이의 방문을 열었다가 흡족한 표정으로 살며시 다시 닫습니다. 방금 어떤 장면을 봤기 때문일까요? 두 질문에 대한 답을 조합해 보면 내가 생각하는 공부행위의 이미지를 알 수 있습니다.

의자 사이에 걸려 밖으로 나오지 못하는 로봇 청소기를 보면 대견하다는 생각 대신 안타까운 마음이 듭니다. 프로그램된 대로 '열심히' 바퀴를 굴리고는 있지만, 우리가 청소기에게 기대하는 건 '제대로' 바닥을 닦는 일입니다. 이처럼 공부행위는 공부의 시작일 수는 있으나, 마땅히 일어나야 할 일을 담보하지는 않습니다.

공부행위가 단순한 행위에 머무르지 않고 그 학생의 진짜 공부에 도움이 되기 위해서는 반드시 학습이 일어나야 합니다. 즉, 공부행위가 아니라 학습이 일어났는지의 여부가 중요합니다. 학습이 일어나지 않는 공부행위는 가짜 공부, 죽은 공부입니다. 그런 의미에서 "우리 애는 한다고 하는데 성적이 왜 이 모양일까요?"라는 이야기는 이미 답이 정해진 질문입니다. 공부행위를 하지만 진짜 공부는 하지 않는 상태이기 때문입니다.

'학습의 일어남'이라는 표현은 '코칭의 일어남'에서 빌려 왔습니다. 코칭은 전문가의 조언을 받거나 정해진 답을 향해 달려가는 여타 솔루션과는 다릅니다. 코칭의 주요 수단은 지시나 통제가 아닌 '질문'과 '경청'의 형태인 경우가 많습니다. 스스로 눈을 뜨게 해서 있는 그대로를 바라보게 하는 거죠. '아~ 하고 벌리세요. 한 방울도 흘리면 안 돼요!'가 아니라 '당신의 모습을 직접 볼 수 있도록 도와드릴게요. 저를 거울이라고 생각하세요.'에 가깝습니다. 결론을 열어 두고 상대의 문제에 온전히 에너지를 쏟으며 질문과 답을 이어갈 때 코칭이 일어납니다. 학습도 마찬가지입니다. 배우는 내용에 맞닿은 상태로 의미 있는 시도를 반복하면 학습이 일어납니다. 변화의 핵심이 '코칭의 일어남'이라면 공부의 핵심은 '학습의 일어남'이라 할 수 있습니다.

코칭의 일어남은 코치와 의뢰인이 질문과 대답을 주고받는 과정에서 만들어 낸 무형의 무언가입니다. 학습의 일어남 역시 수업을 듣고 문제를 푸는 구체적인 공부행위보다 훨씬 내밀한 차원에서 생기는 현상입니다. 문제는 학습자의 내면에서 일어나는 일이다 보니 겉에서는 보이지 않는다는 점이죠. 보이지 않기 때문에 제대로 작동하는지 판단하기 쉽지 않습니다. 반면에 공부행위는 눈에 띕니다. 아이가 학교에 다녀오고 학원 강의를 듣고, 문제를 풀고, 무언가를 열심히 쓰고 있으면 공부를 한다고 말하기 쉽습니다. 하지만 한 귀로 듣고 한 귀로 흘린다면? 학교나 학원에 갔다는 것만으로는 공부를 한다고 볼 수 없습니다. 문제 의도와 상관없이 얼렁뚱땅 답만 맞힌다면 제대로 맞혔다고 볼 수 없습니다. 하고 있지만 하는 게 아닌 상황, 맞혔지만 맞힌 게 아닌 상황에 대한 분별이 있어야 합니다.

공부를 잘하는 학생은 학습이 일어나는 공부를 합니다. 공부에 실패하는 대부분의 이유는 눈에 보이지 않는 중요한 요소는 간과하고 보이는 부분에만 집중하기 때문입니다. 공부행위보다 더 내밀한 차원에서 공부가 진행되는지를 따져 봐야 합니다.

공부행위는 학습의 일어남으로 연결되어야 하고 학습이 일어나기 위해서는 공부몸의 요소들이 활발하게 움직여야 합니다. 보이지 않는 부분이 건강해지면서 보이는 부분이 살아나는 광경을 저는 매일 목격하고 있습니다.

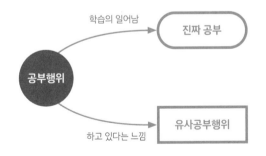

적절한 개입의 어려움

자연스럽게라는 착각

"씨만 뿌리면 알아서 자라는 거 아닌가요?" "먹을 수 있는 것만 거 둬서 먹으면 되잖아요." 저처럼 농사를 알지도 못하면서 유기농 운운 하는 사람들이 쉽게 하는 이야기들입니다. 비슷한 맥락에서 "공부는 자기가 하는 거죠." "일단 열심히 뛰어놀고, 자기가 할 마음이 생기면 하겠죠."라는 이야기를 심심찮게 듣게 됩니다. 기본적인 전제는 이렇습니다.

"공부해 봐서 알잖아요. 억지로 시켜서 하는 공부가 얼마나 효과

초등생을 위한 수학 공부몸 만들기

있겠어요. 공부는 자기가 내킬 때 자연스럽게 하는 거죠."

공부에 대해 '자연스럽게'를 강조하는 부모와 대화를 나눠 보면 대부분 본인의 경험에 기반한 나름의 논리가 있었습니다. 크게 두 가지 경우로 나눠서 살펴보겠습니다.

① 부모 자신이 자연스럽게 공부를 했다고 믿는 경우

특별히 주변의 압박은 없었으나 어려서부터 공부 잘한다는 소리를 들었고, 무난하게 중상위권을 유지하다가 입시를 앞두고 본격적으로 파고들어 괜찮은 결과로 이어지는 스토리의 주인공이죠. 이런 분들은 자녀가 본인과 비슷한 궤적을 그리기 바라면서 개입을 망설입니다. 그리고 바로 그 지점에서 스트레스가 시작됩니다. "이렇게 저렇게 하다 보면 재미를 느끼고 자기가 알아서 할 텐데…… 그걸 안 하더라고요." 여기에서의 '재미'는 성공적인 공부 경험에서 오는 긍정적인 느낌입니다. '자기가 알아서 하는' 공부는 자기주도학습일 테고요. 이는 분명 학습의 일어남을 경험해 봤기 때문에 할 수 있는 통찰력 있는 한탄입니다.

문제는 맨 앞에 나오는 '이렇게 저렇게'입니다. 정확하게 이야기하기는 힘들지만 공부의 재미를 느끼기 위해서는 다양한 시도들이 필요하다는 이야기입니다. 이분들은 이 시도를 위한 개입마저도 자연스럽게 이뤄지는 게 맞다고 생각합니다. 본인이 그랬듯이 말입니다. 명확하게 기억나는 외부 개입은 없었을지도 모릅니다. 하지만 이

분들 역시 분명히 학습이 일어날 수 있는 적절한 도움을 받았을 겁니다. 단지 '이것 때문'이라고 이야기할 만한 계기나 자극이 기억 속에 명확히 남아 있지 않을 뿐인 거죠. 좋은 결과가 나왔을 때 받은 부모님의 칭찬, 훌륭한 선생님과의 만남, 수업 내용에 흠뻑 빠졌던 기억, 준비를 열심히 해서 성적이 오른 경험처럼 공부와 관련한 소소한 경험들이 자신도 모르게 공부에 재미를 느끼는 데 영향을 줬을 수 있습니다.

② 부모에게 공부 상처가 있는 경우

가영이 엄마는 애초에 가영이에게 공부를 많이 시킬 생각이 없었습니다. 들리고 보이는 건 많지만 초등 과정에서는 부담을 주고 싶지 않으셨답니다. 초등 입학 후부터 문제 수가 많지 않은 문제집을 골라, 가영이가 매일 풀도록 관리한 게 전부입니다. 수학 학원에 다닌 것도 이번이 처음입니다.

그런데 흥미롭게도 가영이 아빠는 가영이 엄마의 개입을 탐탁지 않게 여기고 있었습니다. 이야기를 들어 보니 가영이 아빠는 어린 시절 공부에 대한 부모의 압박을 큰 스트레스로 기억하고 있었습니다. 그래서 부모의 개입에 대해 상당히 부정적 반응을 보였던 거죠. 다른 아이에 비하면 공부를 훨씬 적게 하는데도 엄마의 주도로 문제집을 푸는 행위 자체를 못마땅하게 여길 정도였습니다.

많은 사람들이 가영이 아빠처럼 학창 시절 공부에 대한 좋지 않은 기억을 가지고 있습니다. 대부분 의무감으로 공부에 매달렸고, 즐거움보다는 패배감으로 공부를 기억하죠. 잘하면 더 잘하라고 혼나고, 못하면 못한다고 혼났습니다. 얼른 이놈의 공부를 끝내 버리자는 심정으로 입시를 향해 몸을 굴렸습니다. 저 터널의 끝을 통과하기만 하면 다시는 돌아보지 않으리라 다짐하면서요. 그 아픈 기억을 자식한테 물려주고 싶지 않은 겁니다. 공부 상처의 반작용이라 볼 수 있겠네요. 이분들은 아이가 공부하는 모습 자체를 안쓰럽게 바라보기도 합니다. 자신이 힘들게 통과했던 시절의 느낌이 떠오르기 때문입니다.

하지만 세상 대부분의 일은 노력 없이 이뤄지지 않습니다. 젓가락질을 잘하기 위해서도 노력이 필요합니다. 공부 역시 노력 없이 이뤄지지 않습니다. 공부를 잘하려면 특별한 의지가 필요합니다. 자연스럽게 이뤄질 거라고 생각한다면 오산입니다.

말을 배워서 사용하는 능력은 타고납니다. 발성 기관에 문제가 없다면 어떤 언어를 쓰는 문화권에서 태어나든 자연스럽게 말을 하게 됩니다. 반면에 진화심리학적으로 봤을 때 문자를 읽고 해독하는 능력은 자연스럽게 생기지 않습니다. 인지신경과학과 아동발달을 연구하는 매리언 울프는, 《책 읽는 뇌》(이희수 역 | 살림출판사 | 2009년)에서 뇌의 학습 역량이 진화하는 과정에서 일어나는 독서 행위는 결코 자연스러운 현상이 아니라고 언급한 바 있습니다. 그래서 시동을 거는 별도의 작업이 필요한 거죠. 읽고 쓰는 과정이 공부와 연결된다는 점을

감안하면 공부는 인간의 본성에 따르는 자연스러운 행위가 아니라고 볼 수 있습니다. 즉, 가만히 아이를 놔둬도 어느 순간 정신 차리고 공부에 빠져들 거라 기대해서는 안 됩니다.

인간의 유전자는 불확실한 환경에서 살아남는 방향으로 진화해 왔습니다. 유전자의 목적은 분명합니다. '생존!' 살아남기 위해서는 알아야 했습니다. 모르는 영역이 많으면 생존에 불리할 수밖에 없으니까요. 먹어도 되는지, 상대가 우리 편인지, 싸워서 이길 수 있는지에 대한 근거 있는 판단을 할 수 있어야 했습니다. 그러니 인간의 호기심과 모르는 것에 대해 알고자 하는 욕망은 생존 욕구에 기반하고 있다고 봐야 합니다.

이러한 발생학적 이유로 누구나 미지의 영역에 대한 호기심이 있습니다. 문제는 우리 아이들이 감당해야 할 내용은 그 호기심의 수준을 한참 넘어선다는 점입니다. 그러니 현재의 교육 과정을 '자연스럽게' 이수할 거라 생각하면 곤란합니다.

무언가를 배우기 위해서는 공부몸의 경계가 넓어져야 합니다. 그런데 자연스러움을 강조하는 사람들은 애초에 그 경계를 넓힐 생각이 없는 경우가 많습니다. 기존의 경계 안에서 무언가가 일어나길 기대하면서 자연스러운 때를 기다립니다. '하다 보면 자연스럽게 늘지 않겠어요?' '시간이 해결해 주겠죠.'와 같은 이야기를 하면서 말입니다.

무슨 일이 일어나긴 할 겁니다. 우리가 원하는 탁월한 성과와 연결

초등생을 위한 수학 공부몸 만들기

되지는 않겠지만요. 오래 한다고 자연스럽게 잘하게 되지 않습니다. 성장을 원한다면 평소와 다른 상태의 마음가짐이 필요합니다. 주체적인 움직임이 있을 때 새로운 시각을 얻게 되고, 대상과 내가 얽히기 시작합니다. 의도적으로 마음을 쓸 때 성장이 시작됩니다.

공부를 잘하기 위해서는 공부몸을 건강하게 키우면서 긍정적인 학습 경험을 쌓아야 하는데 이걸 아이가 알아서 할 거라 기대하면 곤란합니다. 물론 그냥 맡겨도 될 부분, 기다려 줘야 할 부분도 있지만 엄연히 부모의 역할이 필요한 부분도 있습니다. '자연스럽게'를 '아무것도 안 해도 된다.'로 오해하면 안 됩니다.

'내 아이가 공부 때문에 고생 안 했으면 좋겠다.'라는 생각 자체를 탓할 수는 없으나, 거기에만 머무르면 부모가 마땅히 해 줘야 하고 해 줄 수 있는 역할마저 놓칠 수 있습니다. 우리나라의 교육 현실에서 자기주도학습만 기대하는 건 주말 농장을 하면서 살아남는 것만 먹겠다는 이야기랑 비슷합니다. 상추 같은 채소를 조금씩 먹을 수는 있겠죠. 하지만 우리가 그 정도를 기대하고 주말 농장을 꾸리지는 않습니다. 공부에서 말하는 '자연스럽게'는 '방임'의 또 다른 이름일 뿐입니다.

물론 결국에는 자기주도학습의 비율을 점차 늘리고 혼자서 공부하는 힘이 필요하기는 합니다. 하지만 처음부터 혼자 해낼 수는 없습니다. 시동을 걸고 혼자서 시스템을 돌릴 수 있을 때까지 지켜보는 기간이 필요합니다. 이 기간이 짧은 학생이 있을지는 몰라도 필요 없는 학생은 없습니다.

자기주도학습은 타고나는 역량이 아니라 도달해야 하는 지향점입니다. 처음부터 알아서 자기주도학습을 할 거라 기대하면 곤란합니다. 그런 아이가 있을 수도 있지만 그걸 정상 또는 표준이라고 생각하지는 않아야 합니다. 무작정 시켜서 어떻게든 원하는 결과물을 만들어 내겠다는 욕망을 비판하기는 쉽습니다. 하지만 '시키지 않는 부모'라는 우아한 환상에 머물러 있으려는 욕심도 바람직하지 않기는 마찬가지입니다.

이런 부모들이 '자연스럽게라는 착각' '자기주도학습이라는 신화'에 빠지기 쉽습니다. 성장 과정에는 '안에서 미는 힘'과 '밖에서 당기는 힘', 둘 다 필요합니다. 결국엔 안에서 밀고 나오는 힘이 주된 힘이 되어야 하지만, 그 힘을 기르는 동안에는 경계를 넓힐 수 있는 적당한 힘이 밖에서 당겨 줄 필요가 있습니다. 긍정적인 초기 경험을 위해 부모가 나서는 건 의무에 가깝습니다. 이걸 하지 않으면서 '자기가 알아서' 하길 기대하는 건 자녀 교육을 운에 맡기는 셈입니다. 자기주도학습은 맨땅에서 마법처럼 피어오르지 않습니다.

성장 과정에는 '안에서 미는 힘'과
'밖에서 당기는 힘'이 모두 필요합니다.

얼마 전 〈사교육걱정없는세상(사걱세)〉에서 보낸 문자를 받았습니다. 학원의 비교육적 영업 실태에 대해 토크 콘서트를 연다고 합니다. 내용 중 '자물쇠 반 운영'은 들은 적이 있는데, '투명 의자 체벌' '화장실 사용 금지'는 처음 듣는 소리라 찾아봤습니다. 의자가 있는 것처럼 다리를 구부리고 앉아 있는 자세로 세우는 벌이 '투명 의자 체벌'이었습니다. '화장실 사용 금지'는 학생의 화장실 사용을 제한하는 체벌입니다.

이 정도는 아니어도 학원에 아이를 보내는 부모라면 '엄격한 관리'를 원합니다. 널브러져 있는 집에서와는 달리, 책만 보며 미친 듯이 뭔가를 끄적거리는 모습을 기대하며 학원에 보내는 거죠. 그걸 아는 학원 입장에서는 '유레카'를 기다리며 한가롭게 멍 때리는 아이를 놔둘 수 없습니다. 부모에게 무언가 하고 있다는 느낌을 주기 위해 머리를 쥐어짜다 보면 저런 엇나간 케이스들이 등장하게 됩니다.

공부는 시켜야 하는 거고 아이는 시키면 해야 하는 존재라는 믿음은 우리 주변에서도 어렵지 않게 발견할 수 있습니다. 과장해서 말하면, 그들에게 학습자의 이미지는 자극에 반응하는 1차원적인 객체인 경우가 많습니다. 이는 중세의 아동청소년관과도 매우 유사합니다.

〈교육학 고전강독〉이라는 무시무시한 제목의 수업에서 아이들이 등장하는 중세 시대 그림을 본 적이 있습니다. 그림 속 아이는 몸은 작은데 얼굴은 어른입니다. 어린이를 몸집만 작은 어른으로 바라보던 관점이 그대로 녹아 있다고 볼 수 있습니다. 중세에는 아이들을 노동 수단으로만 여겼기 때문에 나이를 고려하지 않았다고 합니다. 일을 시키면 해야 하는 존재였던 겁니다. 유감스럽게도 21세기 한국에서 아이를 바라보는 이미지가 중세와 크게 다르지 않은 경우를 종종 보게 됩니다.

시키면 해야 하는 존재로 아이를 바라보는 관점은 아이의 주도성을 인정하지 않습니다. 심하게는 아이를 '말하는 반려동물' 정도로 여기고 있다는 느낌을 받기도 합니다. 먹여 주고 재워 주고 예뻐해 주니 '손!' 했을 때 마땅히 손을 내밀어야 하는 존재. 낳아 주고 길러 준 부모가 하라면 해야 하는 존재. 하지만 아이 역시 자신만의 권리를 타고난 엄연한 독립적 인격체입니다. 사랑하지만 일정한 선을 지켜야 하는 대상입니다. 내가 온전히 컨트롤할 수 있는 대상으로 여겨서는 곤란합니다. 단지 윤리적인 측면만을 이야기하는 건 아닙니다. 사람을 움직인다는 건 게임 캐릭터를 조작하는 것처럼 간단한 일이 아닙니다.

tvN 예능 〈신서유기〉에 신선한 '방탈출' 게임이 등장한 적이 있습니다. 규칙은 간단합니다. 제한 시간 내에 스마트폰 인공지능 비서에게 '사랑해.'라는 말을 들으면 성공입니다. 출연자들은 외국어 번역,

고민 상담 등 다양한 시도를 해 봤지만 결국 실패했습니다.

사람이 만든 프로그램인데도 원하는 답을 얻기가 쉽지 않습니다. 하물며 살아 움직이는 사람을 내 마음대로 움직인다는 건 얼마나 힘든 일일까요? 지금은 아이가 시키는 대로 할지 몰라도 그런 시기는 얼마 남지 않았습니다.

"아이가 사춘기인지 너무 말을 안 듣네요. 무슨 이야기만 하면 싸우게 돼요."

많은 부모님들이 이렇게 이야기하곤 합니다. 아이들은 고작 초등학교 고학년인데 말입니다. 무조건 시켜야 한다고 생각하는 이유는 점수 효과 때문일 겁니다. 당장은 점수가 오를지도 모릅니다. 하지만 단기간의 효과를 얻으려다 많은 걸 잃을 수도 있습니다.

잠깐 야구 이야기를 해 볼게요. 야구에서 선발 투수의 역할은 최대한 오래 버티면서 상대의 공격을 틀어막는 일입니다. 물론 한 명이 끝까지 막아 주면 좋겠지만, 특별한 경우가 아니면 100개 정도 던졌을 때 다음 투수로 바꿔 줍니다. 잘 던진다는 이유로 계속 던지게 하면 어깨가 금방 망가지기 때문입니다.

이 상식적인 이야기가 저 어렸을 적 국내 프로 야구에는 적용되지 않았습니다. 그 유명한 선동렬과 최동원의 선발 맞대결에서는 각각 232개, 209개의 공을 던지게 했고, 이때 선동렬의 최다 투구 수 기록은 지금까지 깨지지 않고 있습니다. 프로 야구가 이 정도니 학생 야구는 어땠을까요? 특출난 한 명이 있으면 계속 우려먹는 일이 다반사였습니다. 대회라도 나가면 오늘 완투(처음부터 끝까지 혼자 던지기)하고 내일도 선발로 나오는 식입니다. 그러다 보니 유망주라 불리다가도 정작 대학, 프로에 가서 부상 및 실력 저하로 고생하다 조용히 사라지는 경우가 많았습니다.

다행히 몇 년 전부터 아마추어 야구에서도 투구 수 제한이 시행되고 있다고 합니다. 규모가 크지 않은 학생 야구단을 꾸려 가는 경우에는 탁월한 소수에게 의지하고픈 유혹이 들 수밖에 없겠죠. 결과만으로 판단하는 경향이 강한 우리나라에서는 어떻게든 일단 이기고 보자는 합리화를 피하기가 쉽지 않습니다. 그럼에도 선수 보호에 대한 확실한 철학이 있는 고교 감독이 있었습니다. 유신고의 이성열 감독입니다.

이성열 감독은 투수에게 변화구 투구를 금지했다고 합니다. 저도 잘 안다고 이야기할 수는 없지만 직구에 비해 변화구는 타자가 예측하기 어려워 안타를 맞을 확률이 낮다고 합니다. 하지만 변화구를 던지기 위해서는 손목, 팔꿈치, 어깨에 부담이 되는 동작을 사용할 수밖에 없습니다. 몸이 완전히 성장하기 전에 이런 부담이 쌓이면 금방 몸이 상할 수 있죠.

변화구를 쓰면 안타를 덜 맞을 수는 있습니다. 하지만 여러 부작용을 감수해야 합니다. 당장의 성적을 위한 대안은 많습니다. 문제를 푸는 스킬을 알려 주면 점수는 잘 나옵니다. 일방적으로 알아들을 때까지 설명해 주는 게 가르치는 입장에서도 편합니다. 하지만 수능이 목표라면 그런 꼼수는 통하지 않습니다. 오히려 공부몸이 일찌감치 망가질 수 있습니다.

부모가 자녀에 대해 갖는 절대적 권위를 이용하면 어떻게든 원하는 결과를 만들어 낼 수는 있습니다. 하지만 부작용을 생각해야 합니다. 공부에 대한 안 좋은 기억이 쌓이는 것은 물론이고 아이 주도성으로의 전환이 더딜 수밖에 없습니다. 공부몸은 고려하지 않은 채 '어쨌든 네가 움직이게 해 주마.'라는 식으로 접근하는 개입은 득보다 실이 많습니다.

개입의 필요성을 느끼기는 하지만 어떻게 해야 하는지 막막한 건 어느 부모나 마찬가지입니다. 스스로 자연스럽게 공부하지 않으니 어떻게 해서든 일단 하게 만들고 싶습니다. 이때 떠올리는 솔루션은 부모가 가진 공부 마인드셋의 영향을 받지 않을 수 없습니다. 그래서 일단 떠밀고 보는 수준에서 크게 벗어나지 않습니다.

하지만 아이를 위한다는 명목으로 이루어지는 선택들이 결국 누구에게도 도움 되지 않는 결론으로 향할 수 있다는 사실은 항상 명심해야 합니다. '자연스럽게' 공부하게 만드는 건 환상입니다. 학습이 일어나도록 부모의 '개입'이 필요한 것은 맞습니다. 하지만 개입의 필요성을 부모가 아이에게 어떤 식의 강요를 해도 상관없다는 뜻으로 오해해서는 곤란합니다. 공부몸은 기계가 아니기 때문입니다.

초등생을 위한 수학 공부몸 만들기

초등의 목표는 완성이 아니다

초등이라는 잠복기

성찬이는 모든 지표가 좋습니다. 과제도 잘 해 오고 시험 성적도 나쁘지 않습니다. 그런데 수업 시간에 칠판을 잘 보지 않습니다. 수업 내용을 잘 따라오는지 확인하려고 질문하면 깔끔하게 답을 하지 못합니다. 제가 던진 질문만 소리 내어 반복하면서 시간을 끄는 경우가 많습니다. 또 시험지에 써 놓은 풀이 과정을 깨끗하게 지웁니다. 풀이 과정을 남겨 놓아야 어떤 생각으로 이 문제를 풀었는지 알 수 있고 어떻게 도움을 줘야 할지 알 수 있다고 이야기해도 흔적을 남기지 않습니다.

성찬이를 보면 온전히 알고 있다는 느낌보다는 아는 것처럼 보이려고 노력한다고 느낄 때가 많습니다. 지금으로서는 딱히 나무랄 거리가 없긴 하지만 불안한 마음이 드는 건 어쩔 수 없습니다. 지금의 상황이 언제까지 유지될 수 있을까요?

초등 과정에서는 공부몸을 많이 움직이지 않고도 일정 수준 이상의 성취를 이루기가 쉬운 편입니다. 감각이 있는 아이들은 수업에 집중하고 숙제를 완성하는 것만으로도 충분합니다. 의지가 없더라도 부모가 강요하거나 살살 달래면 괜찮은 점수를 만들어 낼 수 있습니다. 양치기 또한 어느 정도 먹힙니다. 그러다 보니 그럴듯한 성적에 가려 공부몸의 실체가 잘 보이지 않습니다. 겉으로는 잘 하고 있는 것처럼 보여도 아닐 수 있고, 그 반대일 수도 있습니다. 그야말로 '공부몸 잠복기'입니다.

중등 과정, 특히 고등 과정에서는 이런 접근이 불가능합니다. 김용관 저자는 《수냐쌤의 중학수학, 이렇게 바뀐다》(궁리출판 | 2018년)에서 초등학교를 졸업하는 순간 "수학의 세레나데는 끝났다."라고 말합니다. 실제로 중학교 첫 중간고사 후 수많은 학생이 학원을 바꿉니다. 분명 잘하던 아이가 받아 온 납득하기 어려운 점수를 부모들은 인정하기 싫은 겁니다.

초등이라는 잠복기 동안 베일에 가려져 있던 공부몸이 드디어 모습을 드러냈다고 보는 편이 맞습니다. 미숙한 공부몸으로 중등 과정까지 어찌어찌 버텼다 하더라도 고등 과정을 견디기는 쉽지 않습니다. 학년이 올라갈수록 내용은 논리적으로 엄밀해집니다. 수업을 듣는 능력부터, 수업 후 자기화 과정 및 시험 준비 노하우, 시험 시간 운영 능력, 검토의 기술 등이 필요합니다. 이 모든 것이 능숙해야 고등 과정을 헤쳐 나갈 수 있습니다. 공부몸의 모든 요소들이 유기적으로 움직여야 합니다.

공부에도 사춘기가 있다

타고난 재능 또는 부모의 주도로 초등 과정에서 성과를 내던 아이들은 하던 대로 하는데도 먹히지 않는 시점이 오면 당황하기 마련입니다. 지켜본 바로는 대부분의 학생이 이 시점에 멈칫하는 경험을 합니다. 이른바 '공부 사춘기'입니다. 이때 그들의 선택은 크게 두 가지로 나뉩니다.

먼저 길게 가기 위해서는 공부몸을 업그레이드해야 한다는 사실을 받아들이는 겁니다. 뒤늦게라도 공부의 실체를 받아들이고 그간 사용하지 않았던 공부몸의 요소들을 갈고 닦으면 훌륭한 학습자로 거듭나게 됩니다.

반면에 과거의 영광에 취해 현실을 부정하면서 마땅히 해야 할 일을 하지 않는 학생들도 있습니다. 학습의 일어남이 있는 공부로 전환이 일어나지 않으면 사춘기의 방황은 길어집니다. 실제 사춘기와 마찬가지로 공부 사춘기 역시 심리적 요소에서 원인을 찾아야 합니다. 말이 안 통하는 중국이나 이탈리아에 갑자기 떨어졌다고 상상해 보죠. 낯선 상황에서는 누구나 막막하고 짜증 나고 그 순간을 벗어나고 싶어 합니다. 갑자기 확 달라진 내용을 배워야 하는 우리의 아이들은 어떨까요? 어른들이 보기엔 별것 아닐지 몰라도 아이들에게는 지금 배우는 내용이 위협으로 느껴질 수 있습니다.

낯선 대상을 알게 되기까지 넘어야 할 산은 여러 개입니다. 먼저 만나는 산은 '두려움'입니다. 알지 못하니 두렵습니다. 두려우니 실제보다 훨씬 커 보입니다. 힘겹게 두려움을 넘으면 '짜증'이라는 산이 기다리고 있습니다. 봐도 봐도 이해가 안 되고, 해도 해도 결과가 안 나오는 경험이 쌓이면 어느 순간 돌아서게 됩니다. 겉으로는 게으름을 피우거나 회피하는 것처럼 보일 수도 있지만 사실 이런 행동에는 안 좋은 느낌을 다시 경험하지 않겠다는 적극적인 의지가 반영되어 있습니다.

《공부 상처》(김현수 저 | 에듀니티 | 2015년)에서는 아이들이 공부를 포기하는 이유가 상처를 받았기 때문이라고 말합니다. 더 상처받고 싶지 않아서 끝내 포기하길 택하는 거죠.

"지금까지 잘하던 아이가 막상 제대로 해야 하는 때 왜 이러는지 모르겠어요."

주변에서 흔히 볼 수 있는 이런 사례가 내 이야기가 되지 않으려면, 초등은 잠복기라서 아직 증상이 드러나지 않았을 뿐임을 명심해야 합니다. 잠복기 동안 신경 써야 하는 건 점수나 진도가 아니라 공부몸입니다. 공부의 과정을 이해하는 부모라면 개입의 초점을 당장의 결과가 아닌 '공부몸의 성장'에 맞춰야 합니다. 그런데 일부 부모들은 반대로 행동합니다. "다 됐고, 진도부터 빼자."라고 하죠. 한가한 초등 시절에 최대한 많이 채워 넣어야 한다고 생각합니다. 하지만 급하게 먹으면 체하기 마련입니다. 초등학생이 고등 과정을 마치면 뭘 하나요. '그런 걸 배운 적은 있지요.' 수준에 머문다면 말입니다.

길게 본다면 결국 필요한 것은 혼자서 공부하는 능력입니다. 어느 과정까지 끝냈는지는 중요하지 않습니다. 만약 공부하는 능력이 이미 있다고 생각하거나 아무래도 상관없다고 생각하고 진도만 쭉쭉 빼면 어떻게 될까요? 아이는 혼자 학습하는 능력이 갖춰지지 않은 상태로 그 많은 내용과 빠른 속도를 감내해야 합니다. 집 없는 달팽이 상태로 풀밭에 던져진 꼴입니다. 이러한 상황은 공부 상처로 이어지기 쉽습니다.

무엇보다 우려해야 할 것은 급하게 진도를 빼는 과정에서 공부몸이 망가질 가능성입니다. '이런 게 공부구나.' '이런 게 아는 거구나.'를 잘못된 느낌으로 기억하면 본격적인 공부를 해야 할 때 제대로 역풍을 맞게 됩니다. 초등학생은 엄마가 가라는 학원에 군말 없이 갑니다. 고등학생이 되면 부모의 손을 떠나 자기가 공부를 끌어가야 합니

잠복기 동안 신경 써야 하는 건
점수나 진도가 아니라 공부몸입니다.

초등생을 위한 수학 공부몸 만들기

다. 물론 일부 관리형 부모는 예외겠지만 아이의 학년이 올라갈수록 부모가 개입할 여지는 줄어듭니다. 따라서 중학교 졸업 전까지는 공부행위를 학습의 일어남으로 연결시킬 수 있는 건강한 공부몸이 완성되어야 합니다.

더하기보다 빼기 먼저

상수와 수업한 지는 얼마 되지 않습니다. 하지만 공부에 큰 관심이 없는 학생이라는 건 금세 파악할 수 있었습니다. 공부에 관심 없는 아이들은 공부 이외의 것에 민감하게 반응합니다. 눈은 책을 향하고 있으나 의식은 저 어딘가를 떠돌고 있습니다. 그러다가 누가 지우개라도 떨어뜨리면 누구보다도 빠르게 반응합니다. 수업 중에는 약간 멍한 상태일 때가 많습니다. 지우개 가루를 문지르거나 교재 스프링을 긁기도 합니다. 주의를 끌어오려고 질문을 하면 세상 착한 고양이 표정을 하곤 저를 바라봅니다. 답은 못한 채 눈만 끔뻑거리면서요.

미션 시간에도 크게 다르지 않습니다. 약간 비스듬하게 한쪽 턱을 괸 자세로 뭔가를 끄적거리다가 채점받으러 나온 친구와 눈이 마주치면 생기가 돌기 시작합니다. 질문을 하고, 주의를 줘도 크게 달라지시 않습니다. 공부를 안 하고 있는 거나 마찬가지이니 성적이 좋을 리 없습니다. 상수 어머니는 상수의 성적이 마음에 들지 않습니다. 나름 교재도 풀게 하고 시험 준비도 하는데 점수가 왜 이 모양인지 모르겠다고 합니다. 그러면서 어느 파트가 부족한지 콕 찍어서 알려 달라 합니다.

"전에 말씀드렸듯이 상수의 문제는 특정 내용에 있는 게 아니에요. 학원에 있는 시간을 비효율적으로 보내기 때문에 수업 이후에 배운 내용을 복구하는 과정이 힘들고 오류도 생기는 거죠.

상수는 지금 하는 일에 온전히 집중하는 능력을 가장 먼저 신경 써야 합니다. 집중력을 따로 키울 수 있는 방법은 없고 공부를 해 나가는 과정에서 긍정적인 공부 경험을 유도하는 게 최선이에요. '아, 이런 게 공부구나. 이런 게 알아 가는 거구나.' 하는 느낌을 경험하게 하는 거죠.

지금은 공부를 자발적으로 하는 게 아니라 떠밀려서 하는 것처럼 보여요. 그러다 보니 사소한 외부 자극에도 민감하게 반응하는 거겠죠. 긍정적 공부 경험을 하면서 주도성을 끌어올려야 해요. 교사 입장에서 보면 수업 시간에 보여 준 모습에 비해 잘 나온 점수입니다."

제가 보기에 잘 나온 점수라는 이야기가 살짝 충격이었나 봅니다. 허탈한 웃음이 짧게 지나간 후 질문이 이어집니다.

초등생을 위한 수학 공부몸 만들기

"과외 같은 걸 통해서 공부하는 자세를 먼저 잡아야 할까요? 부모가 뭘 해 줘야 할까요?"

"지금 진행 중인 과정을 통해서도 얼마든지 학습 태도를 가다듬을 수 있어요. 물론 상수의 의지도 중요하겠지만 무엇보다 상수에게는 충분한 시간과 마음의 여유가 필요해 보여요. 뭔가 시도해 볼 수 있는, 자신의 의지를 발휘해 볼 수 있는 안정적인 환경이 먼저 마련되면 좋겠어요. 상수에게 물어볼 때마다 시간이 없다는 이야기를 많이 합니다. 어머니 말씀을 들어 봐도 실제로 그런 거 같고요.

너무 많은 인풋이 오히려 상수가 어찌할 여지를 막고 있을지도 몰라요. 처음에는 자습실에서 딴짓도 하고 비효율적으로 지내는 것처럼 보이겠지만 차차 그 시간을 자기만의 것으로 채워가는 감각을 배워 갈 거예요. 믿고 지켜 봐 주시면 어떨까요?"

부모에서 학습 코치로

흔히 문제가 생기면 솔루션을 찾습니다. 나에게는 없는, 내 밖에 있는 솔루션이 이 문제를 해결해 줄 거라 믿습니다. 반대로 코칭에서는 '이미 답이 그 사람 안에 존재한다resourceful'고 봅니다. 존재하지만 아직 발견되지 않은 답을 코치와의 협업을 통해 발견하는 과정이 코칭입니다. 코칭이 다른 도움 제공 시스템(상담, 컨설팅, 치료, 힐링 등)과 차별화되는 지점이 있다면 바로 이 부분일 겁니다. 코치가 가지고 있는 무언가를 주는 게 아니라 의뢰인이 이미 지니고 있는 무언가를 드러나게 도와줍니다.

코칭은 본질적으로 분별의 과정입니다. 뱀이라고 생각했던 것이 알고 보니 밧줄이라면 더 이상 피하거나 도망 다닐 필요가 없어집니다. 강요하지 않고, 스스로 눈을 뜨게 해서 있는 그대로를 바라보게 하는 작업이 코칭입니다.

바이런 케이티는 《네 가지 질문》(김윤 역 | 침묵의향기 | 2013년)에서 "고통을 일으키는 것은 생각이 아니라, 생각에 대한 집착이다."라고 이야기합니다. 스트레스를 받을 때 그 스트레스 자체에 대응하기보다 그 뒤에 있는 생각을 조사해 보라고 하죠. 그리고 우리에게 이렇게 묻습니다.

"그것은 진실인가요 Is it true?"

단순해 보이는 이 질문이 강력한 이유는 우리의 일상을 둘러싸고 있는 검증되지 않은 믿음을 알아차리게 해 주기 때문입니다. 밧줄을 뱀으로 보고 있는 사람에게는 뱀이 '현실'입니다. 이때 내가 경험하고 내가 만든 환상을 떨칠 수 있도록 일깨워 주는 질문이 바로 "그것은 진실인가요?"입니다.

그럴듯해 보이지만 사실이 아닌 개념들이 우리를 장악하고 있습니다. 특히나 자녀 교육처럼 우리의 욕망과 감정이 개입되는 분야라면 더욱 그러합니다. '교육은 필요하다.' '공부는 해야 한다.' 여기까지는 모두가 동의합니다. 하지만 저마다 생각하는 교육과 공부의 정의가 다르고 분별의 수준이 다르다 보니 누군가의 눈에는 다른 누군가가 한심해 보입니다. 누구는 그렇게 손 놓고 있다가 애를 망칠 수 있다고 하고, 한편에선 그렇게 애를 잡다가 애가 죽을 수 있다고 하죠.

동기, 공부, 지능, 개입, 생각, 노력. 모두 다 아는 개념들입니다. 혹은 안다고 생각하는 개념들입니다. 그래서 곱씹어 본 적이 없고 막연히 뭉뚱그린 이미지로 소비됩니다. 하지만 하나하나 들여다보면 이제껏 알지 못했던 새로운 내용들이 쏟아져 나옵니다. 잘못 알고 있는 내용이 많다는 사실에 놀랄 수도 있습니다.

몇 가지만 제대로 분별해도 자녀 교육에 긍정적인 영향을 줄 수 있습니다. 분별이 일어나면 전과는 다르게 교육을 보게 됩니다. 최소한 일방적으로 아이를 추궁하거나 엉뚱한 곳에서 원인을 찾는 오류는 범하지 않습니다. 오히려 이 거대한 그림 속에서 내가 할 수 있는 영역이 그리 많지 않음을 겸손하게 받아들이게 됩니다.

'모든 사람에게는 무한한 가능성이 있다.'라는 문장은 코칭 철학의 일부이지만 왜 공부에서 더하기보다 빼기가 먼저인지 일러 줍니다. 대부분의 학생들은 이미 잠재력이 충분한 공부몸을 가지고 있습니다. 다만 안 좋은 공부 습관, 공부 상처, 그리고 공부에 대한 편견 등으로 그 힘을 발휘하지 못하고 있을 뿐입니다. 그 상황을 알아차리고 학습자가 스스로 장애물을 떨칠 수 있도록 도와주는 사람이 바로 학습 코치입니다.

그렇다면 누가 학습 코치 역할을 할 수 있을까요? 바로 '부모'입니다. 아이의 가능성을 진심으로 믿는 부모라면 아이를 문제 상태가 아닌 이미 충만한 상태로 바라보려는 노력이 필요합니다. '내가 도울 일은 덜어 내는 일뿐이다.'라는 확신을 주기적으로 점검해 볼 필요도 있습니다. 아이의 브레이크를 밟고 있는 당사자가 부모일 수 있으니까요.

때로는 무언가를 하지 않는 게 도움이 될 때도 있습니다. 이미 너무 많은 게 진행되어 상황이 안 좋게 흘러가는 경우가 그렇습니다. 공부몸의 상태를 고려하지 않은 과도한 인풋을 부모가 인지 못하는 경우를 자주 봅니다. 이렇게까지 하는데 생각만큼 결과가 나오지 않으니, 여기에 무엇을 더 '얹어야' 하는지 두리번거리게 되는 거죠.

충분히 하고 있는데도 원하는 결과가 나오지 않는다면 들인 노력이 어딘가로 새고 있다는 이야기입니다. 일단은 멈추고 무엇을 내려놔야 할지를 따져 보면 어떨까요? 너무 많은 인풋이 되레 공부몸을 괴롭히고 있을지도 모릅니다.

초등생을 위한 수학 공부몸 만들기

세계적인 미래학자 앨빈 토플러Alvin Toffler가 한국 교육을 비판해서 화제가 된 적이 있습니다. "한국 학생들은 학교와 학원에서 미래에 필요하지도 않은 지식과 존재하지도 않을 직업을 위해 하루에 10시간 넘게 낭비하고 있다."라는 것이죠. 그는 2001년 우리나라 정부가 의뢰한 보고서에서 다음과 같이 이야기했습니다.

"한국 교육은 학생들이 21세기에 맞는 24시간 유연한 작업 체계보다는 사라져 가는 산업 체제의 시스템에 알맞도록 짜인 어긋난 교육 시스템을 고수하고 있다."

그로부터 약 20년 후 구본권은 《공부의 미래》(한겨레출판 | 2019년)에서 크게 다르지 않은 주장을 합니다. "지식의 구조가 바뀐 디지털 세상에서는 독립적이고 자발적인 학습자가 되어야 살아남을 수 있고 새로운 지식을 스스로 탐구해 나가야 한다."고 말이죠.

바야흐로 4차 산업 혁명 시대를 맞아, 급격하게 변화하는 미래를 어떻게 맞이할 것인가가 화두입니다. 그런데도 우리 때와 크게 다르지 않은 교육 현실이 답답하게만 느껴집니다. 사실 우리나라 교육을 비판하는 것보다 쉬운 일이 있을까요? 우리나라 교육을 경험한 사람은 물론 외국인조차도 조금만 관심을 기울이면 우리나라 교육을 깎아내리고 조롱할 수 있습니다. 문제는 비판 다음입니다. 21세기 역량을 키워 줄 수 있는 무지개 너머 어딘가로 데리고 가서 아이를 키울 게 아니라면 대안이 있어야 하지 않을까요? 꼼짝없이 '어긋난 교육 시스템' 속에 아이를 밀어 넣어야 하는 부모는 아이가 '독립적이고 자발적인 학습자'로 자라나도록 무엇을 어떻게 해 줘야 할까요?

살면서 계속 절감하는 건 배우는 능력이 중요하다는 사실입니다. '4차 산업 혁명 시대'에 어떤 직업이 유망할 거냐에 대해서는 답하기 곤란하지만 '21세기형 인재'가 잘 배울 수 있는 사람이어야 한다는 건 분명합니다. 평생 학습 또는 평생 교육에 대해 이야기하지 않더라도 이 불확실하고 급변하는 시대를 살아가기 위해서는 배우는 역량을 갖춰야 한다는 사실은 분명합니다. 그런 관점에서 저는 제 아이가 잘 배울 수 있는 사람이 되기를 바랍니다. 학습 능력이 뛰어난 사람이 되길 바랍니다. 배우는 법을 알고 배우는 과정을 즐기는 사람이 되었으면 좋겠습니다. 절대적인 학습량만 채워진다면 다른 건 문제 될 게 없는 사람, 자신의 공부몸에 대한 파악을 객관적으로 할 수 있고 공부몸의 활용 능력을 계속 키워 갈 수 있는 사람이 되었으면 좋겠습니다.

그런데 이러한 역량은 수능이 요구하는 바와 크게 다르지 않습니다. 수능의 정식 명칭은 '대학 수학 능력 시험'입니다. 대학에서 수학할 수 있는 능력, 즉 제대로 배울 수 있는 능력이 있는지를 측정하기

초등생을 위한 수학 공부몸 만들기

위한 시험입니다. 과목별로 소재는 다르지만 배운 내용을 제대로 알고 그걸 새로운 상황과 연결 지을 수 있는지를 테스트합니다. 이걸 할 수 있어야 대학에서 배우는 내용을 내 것으로 만들 수 있을 테니까요.

그렇다면 수능을 바라보는 시선도 조금은 달라질 수 있습니다. 논리적으로 생각하고 표현할 줄 아는 사람, 주어진 교육 환경을 활용할 줄 아는 사람, 무엇보다도 공부몸이 건강한 사람이 목표라면 수능을 준비하는 과정을 소모적으로만 받아들일 필요는 없지 않을까요? 그럴 수 있다면 나중을 위해 지금을 희생해야 한다는 논리에 아이를 떠밀지 않아도 될지 모릅니다. '어쩔 수 없는 현실'이라며 울며 겨자 먹기 식으로 남들 뒤를 따라나서지 않아도 되겠죠. 지금 내가 옳다고 생각하는 걸 아이에게 권할 수 있습니다.

우리의 입시 문화를 긍정적으로 보자는 이야기는 아닙니다. 학창 시절 전체를 입시로 끌어들이자는 이야기도 아닙니다. 나중에 고등학생이 되면 입시를 생각하며 점수와 직결되는 요령이나 스킬도 습득해야겠지요. 그 이전에는 공부몸을 가꾸고 기르기 위한 연습 상대로 수능을 바라보자는 이야기입니다. 그렇게 만들어진 공부몸을 나중에 어떤 분야에서 어떻게 활용하느냐는 그때 가서 고민해도 늦지 않다고 봅니다. 그런 아이라면 본인이 원할 때 스스로 수능을 준비해서 대학에 갈 수 있지 않을까요? 물론 본인이 대학을 원하지 않을 수도 있습니다. 하지만 우주 비행이든, 애견 미용이든 혹은 살림이든, 분야에 상관없이 익숙해지고 잘하게 되는 과정은 필요합니다.

건강한 공부몸이 갖춰진 아이는 본인이 무엇이 될 것인지, 무엇을 할 것인지를 선택할 수 있습니다. 미국의 학생 체육 엘리트들은 고등학교까지 여러 종목을 겸하는 경우가 종종 있습니다. 미식 축구와 야구 또는 농구를 같이 하다가 프로 세계에 들어가면서 종목을 선택하는 식이죠. 저도 제 아이가 그런 선택을 할 수 있는 입장이었으면 좋겠습니다. 부모로서 제가 할 일은 아이가 무언가가 하고 싶고 무언가가 되고 싶은 순간이 왔을 때 스스로를 활용해서 원하는 것을 얻는 능력을 갖추도록 도와주는 일이라 생각합니다.

• 자꾸 오답을 내는 아이, 정답을 알려 줘야 할까?

처음 강사 생활을 시작했을 때 가장 큰 스트레스는 중고등학생들의 내신 성적이었습니다. 중간/기말고사를 앞두고 중요한 문제를 여러 번 설명해도 계속 틀리는 아이들을 보면서 고민에 빠졌습니다. 그 문제가 중요하다는 건 아이들도 알고 있었지만 사실상 거의 같은 문제를 다르게 보았고, 신기한 방식으로 답을 비껴갔습니다.

방학을 맞이하여 새로운 시도를 해 봤습니다. 이미 배운 내용을 바탕으로 충분히 해결이 가능한 문제들을 추려서 '미션'이라 부르고 정해진 시간 안에 풀어 오도록 했습니다. 정해진 시간 안에 못 푸는 친구들은 몇 시간이고 다시 도전하게 했습니다. 질문은 한 시간에 한 번씩만 할 수 있다고 못을 박았습니다. 조금은 가혹해 보이는 이 방식을 통해, 학생들이 문제를 풀어 내기 시작했습니다. 스스로의 힘으로 경계를 넘지 못하면 의미가 없다는 것을 그때 깨달았습니다.

황소 학원이 학생이 해결하지 못하는 문제에 대해 도움을 주는 방식 역시 친절하지 않습니다. 일단 도움을 받을 수 있는 문제 수가 정해져 있습니다. 여기에 어떤 방식으로 고민했고 어디에서 막혔는지를 연습장에 써서 교사에게 보여 줘야 겨우 도움을 받을 수 있습니다. 학생 입장에서는 못마땅하게 생각할 만합니다. 다른 학원에서는 "몰라요!"라고 하면 "잘 봐~" 하면서 친절히 설명해 주지만 여기는 일단 물어보는 절차부터 자존심을 상하게 만듭니다. 힘들게 도움받을 요건을 완성하고 자기 차례가 되었는데도 해 준다는 이야기가 고작, "문제는 잘 읽어 봤어?" "수업 중에 다뤘던 문제 중에 비슷한 문제는 보고 온 거야?"라면 힘이 빠지겠죠(항상 이렇진 않습니다).

그래서 정말 못 푸는 문제가 아니고서는 본인 힘으로 해결하겠다는 마인드를 가지는 편이 정신 건강에 이롭습니다. 이렇게 해야 생각을 하고, 생각을 해야 실력이 늘기 때문입니다. 생각을 움직이기 위한 방식을 친절, 불친절의 프레임으로 접근하거나 안 쓰럽다는 이유로 무시해 버리면 공부몸은 경계를 넓히지 않습니다.

그럼에도 일부 부모님은 이런 취지를 온전히 받아들이지 못합니다. 학원에서 처리하지 못한 미션 문제를 집에서 완벽하게 완성해 오는 학생이 있습니다. 이 학생에게 테스트 겸 유사한 다른 문제를 풀어 보라고 하면 손도 못 대는 경우가 많습니다. 물론 심증일 뿐이지만 부모님이나 과외 선생님의 도움을 받아 해결한 겁니다. 이 경우 공부는 누가 한 걸까요? 이 학생은 학습의 일어남을 경험했을까요? 혼자서 몇 시간씩 문제를 붙들고 있는 아이를 안쓰럽게 생각하는 마음은 이해합니다. 이번에도 미션 완성이 안 되면 과제 벌점이 쌓여 강급될 수 있으니 일단 급한 불부터 끄자고 생각할 수도 있습니다. 하지만 아이를 학원에 보내는 이유가 '아이가 고생하지 않게 하려고.' 또는 '학원에 오래 다니게 하려고.'라면 곤란합니다.

일반적으로 두 시간 안팎으로 진행되는 강의식 수업의 경우, 개념 위주의 전달이 주가 될 수밖에 없습니다. 공부몸이 이미 완성 단계인 학생이라면 모르겠으나 대부분은 수업이 끝나면 알 것 같기도 하고 아닌 것 같기도 한, 해 봐야 알 것 같은 미완의 상태에 머물러 있습니다.

아이들은 미션을 통해서 배운 내용을 제대로 소화했음을 증명하고 스스로 문제 풀이가 가능하다는 것을 경험합니다. 배운 내용과 섞일 수 있는 충분한 시간과 기회를 주면 공부몸이 움직이기 시작합니다. 이 과정에서 훅 불면 날아갈 상태였던 개념은 단단해지고 정교해집니다. 생각하는 힘은 더욱 강해집니다. 하지만 기다려 주지 않고 부모가 먼저 움직여 버리면 공부몸이 성장할 기회는 사라집니다.

'모르는 문제를 스스로 해결한다.'가 원칙이 되어야 합니다. 따라서 몰라도 질문하지 않고 질문을 받아 주지도 않습니다. 처음에는 다양한 방식으로 거부하겠지만 일관성 있게 대응하면 아이도 받아들입니다.

질문을 못하게 됐을 때 무슨 일이 벌어질까요? 혼자서 골똘히 생각하게 됩니다. 배운 개념들이 제대로 적용이 되지 않거나 이렇게 해도 되나 망설여질 때, 그 상황에 맞는 전략을 세우고 시도하게 됩니다. 생각처럼 안되면 막혔던 지점으로 돌아가서 상황을 다시 살피고 새로운 가설에 따라 움직여 봅니다. 드디어 문제 푸는 시간을 제대로 활용하기 시작하는 겁니다.

"자연수 N에 대하여 (N-4)(N+8)이 소수일 때, 이 소수를 구하여라."

중학교 3학년 과정에 등장하는 문제입니다. 1학년 과정에서 '소수'를 배웁니다. 자연수를 계속 다른 자연수의 곱으로 쪼갰을 때, 더 이상 쪼개지지 않는 알맹이 몇 개가 남게 되는데 그것이 소수입니다. 당연히 분수의 친구 '소수'와는 이름이 비슷할 뿐 완전히 다른 개념입니다. 그러다 보니 위와 같은 문제를 만나면 질문하는 친구들이 등장합니다.

"그 소수예요, 저 소수예요?"

대개 질문을 한 학생은 평소에도 문제를 읽다가 뭔가가 걸리면 주저하지 않고 손을 드는 편입니다. 저는 답을 해 주는 대신 이렇게 말합니다.

"궁금할 수는 있을 거 같아. 그런데 한 단어 한 단어 천천히 다시 읽어 볼래?"

시작이 '자연수 N'입니다. 자연수에 8을 더한 수는 자연수겠죠. 수의 크기에 따라서 4를 빼면 자연수가 아닌 경우도 있겠지만 최소한 정수라고 이야기할 수는 있습니다. 그렇다면 정수와 자연수의 곱의 결과는 정수라는 자연스러운 결론에 도달합니다. 다시 말해 저 값은 분수의 친구일 리가 없단 이야기죠. 여기까지의 생각의 흐름을 스스로 만들어 낼 수 있다면 처음에 들었던 의문에 스스로 답을 할 수 있습니다. 선수 학습에서 다뤘던 개념을 숙지하고 있다면, 이 정도 논리를 끌어내는 건 무리가 아닙니다. 이게 바로 생각하는 힘입니다.

모든 학생들은 이렇게 혼자서 자기 생각을 굴려 나갈 수 있는 힘을 가지고 있습니다. 딱 궁금한 순간에 생각의 끈을 놔 버리고 손을 드는 학생은 그렇게 습관이 들었을 뿐입니다. 혼자서 질문하고 혼자서 답하는 과정에 익숙한 학생은 자신이 어디에 약한지, 어느 개념이 두루뭉술한지 알 수 있으며 그 두루뭉술함을 명료함으로 바꾸기 위한 시도를 멈추지 않습니다. 그리고 더 이상 질문과 답의 주고받음이 진행되지 않을 때 교사의 도움을 청합니다. 지금 성적은 어떨지 모르겠지만 이 학생이 바로 공부를 잘하는 학생입니다.

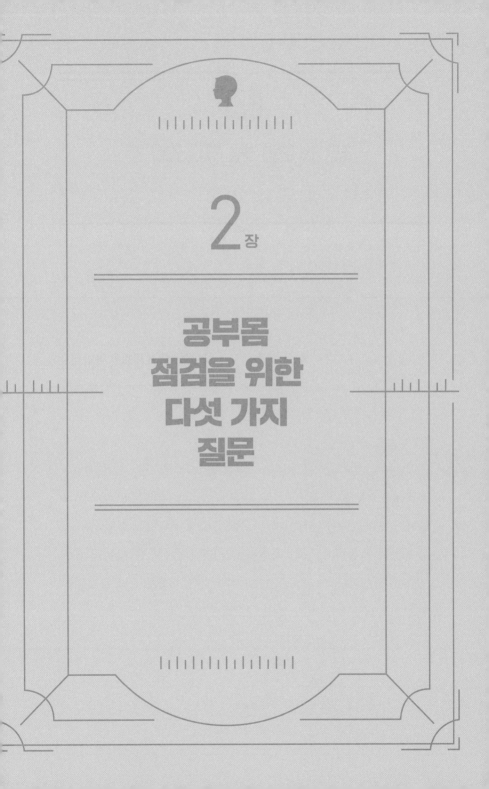

2장

공부몸
점검을 위한
다섯 가지
질문

어떤 공부 마인드셋을 가지고 있는가?

• • • •
우선순위가 바뀌지 않는 이유

"복습은 왜 안 했니?"

숙제를 검사할 때 제가 자주 하는 말입니다. 숙제는 반드시 해야 하지만 복습은 권장 사항입니다. 그래서 숙제는 하고 복습은 하지 않는 경우가 많습니다. 그런 학생들은 "시간이 없어서요."라는 이유를 가장 많이 댑니다. 더 구체적으로는 "다른 학원 숙제가 있어서요."라고 하기도 합니다. 그러면 제 긴 잔소리가 시작되지요.

"영호는 복습이 선택이라고 생각하는구나. 그런데 복습은 이것저것 다 하고 시간이 남을 때 하는 게 아니라 숙제처럼 꼭 해야 하는 거야. 복습을 왜 하냐면……."

이미 여러 번 했던 이야기를 정색하며 다시 한번 전달하고는 노트에 '복습은 숙제'라고 빨간펜으로 써 줍니다. 아이들이 바쁜 건 압니다. 없는 시간을 억지로 쥐어짜라는 이야기는 아닙니다. 우선순위를 지적하고 싶은 겁니다. '하루에 10분만 투자하면 원어민처럼……'. 분명 맞는 이야기인데 우리에게 먹히지 않는 이유는 정작 짬이 났을 때 대부분 그 행동을 하지 않기 때문입니다. 훨씬 더 재미있는 일이 널려 있고 가만히 쉴 수도 있는데 굳이 그걸해야 할 이유가 없죠(해야 할 이유가 없다기 보다는 하기 싫은 거 아닐까요?). 이런 식으로 우리는 매 순간 무엇을 할 것인지, 하지 않을 것인지를 선택합니다. 그런 선택들이 모여 오늘 하루와 우리의 인생을 만듭니다.

선택의 기준은 각자의 우선순위이고 이 우선순위를 결정하는 배후가 바로 '마인드셋'입니다. 마인드셋은 대상을 바라보는 관점, 또는 사고방식입니다. 어떤 마인드셋을 갖느냐에 따라 다른 해석을 하게 되고 그 해석은 그에 걸맞은 현실을 낳습니다. '숙제는 필수지만 복습은 선택'이라는 마인드셋을 가진 학생은 아무리 시간이 없어도 숙제는 하겠지만, 시간이 남을지언정 복습을 해야겠다고는 생각하지 않습니다. 숙제와 복습 사이 어디쯤에 속한 수많은 다른 선택지들이 '이때다!' 하고 그 틈을 파고듭니다.

공부몸은 공부 마인드셋의 영향을 받을 수밖에 없습니다. 각자의 공부 마인드셋에 따라 실제로 하게 되는 공부는 다를 것이고, 너무나 당연하게도 어떤 공부를 하냐에 따라 공부의 질은 달라집니다. 예를 들면, '공부란 모름지기 책상 앞에 허리 빳빳이 세우고 앉아 엉덩이 오래 붙이고 앉아 있기 싸움이지.'라고 믿는 사람에게는 침대에 누워 배운 내용을 중얼거리는 방식은 공부가 아닙니다. 또는 '유명하다는 문제집 열 권은 풀어야 공부했다고 할 수 있지 않겠어?'라는 생각을 가지고 있는 사람에게는 문제집 한 권을 열 번 푸는 건 바보 같은 짓입니다.

공부할 때 마주하는 수많은 선택의 순간마다 마인드셋은 고집을 부립니다. 우선순위가 쉽게 바뀌지 않는 이유는 마인드셋의 고집 때문입니다. 마인드셋 탓에 우선순위에서 밀린 리스트들은 의식의 수면 아래로 가라앉습니다. 한번 내려간 리스트가 다시 올라오기는 쉽지 않습니다. 스스로 마인드셋을 점검하는 일은 거의 일어나지 않기 때문입니다. 내 행동이 마인드셋에서 비롯됐다는 생각조차 하기 쉽지 않습니다. 그래서 복습을 하지 않고 시간이 없었다는 핑계를 댑니다.

공부 마인드셋에 따라 고생은 고생대로 하면서 성과 없는 공부만 할 수도 있습니다. 복습만 해도 그렇습니다. 누구나 자기 나름의 복습에 대한 정의를 가지고 있습니다. 문제만 보고서 자기 힘으로 다시 풀어 보고, 필기 노트와 면밀히 비교하며 놓친 부분을 반성하고 기존의 전략을 수정하는 게 제가 요구하는 진짜 복습입니다. 그런데 아무 생각 없이 필기 노트를 그대로 베껴 오는 학생도 있습니다. 이런 학생도 "복습했어요."라고 대답합니다. 당연히도 "복습은 꾸준히 하는데 왜 성적이 오르지 않을까요?"라며 의아해하는 학생도 이 학생입니다.

공부를 잘하는 사람이 되기 위해서는 무엇보다 공부에 대한 '오해'가 없어야 합니다. 타고난 재능을 가진 아이들이 언젠가부터 눈에 띄지 않는 이유는 자신의 직관과 경험만을 따르다 공부몸이 서서히 무뎌지기 때문입니다. '공부를 해야겠다.'라고 생각했을 때 떠올리는 이미지가 엉망이라면 공부몸은 그에 맞춰 '삽질'을 시작합니다. 코끼리 등 위에 올라탄 기수의 방향이 코끼리의 도착지를 결정합니다. 옳은 곳을 보고 옳은 노력을 한다면 반드시 목적지에 도착합니다.

공부 마인드셋은 간단히 말해 공부의 여정에 대한 이해입니다. 생각보다 많은 학생들이 공부를 한다는 게 무얼 의미하는지 명확히 답하지 못합니다. '그냥 열심히 하는 거죠.'라는 수준에서 공부에 대한 이미지가 멈춘다면 하면 할수록 힘이 빠지는 신기한 경험을 하게 됩니다. 세 가지 질문을 통해서 바른 공부에 대한 분명한 방향을 잡아 보겠습니다.

① 수업 후 자기화 과정이 필요하다는 것을 알고 있나요?

교사는 내용을 전달하고 학생은 내용을 전달받는 일이 우리가 수업이라고 부르는 학습 활동에서 벌어지는 일입니다. 하지만 아무리 훌륭한 강사가 매력적인 강의를 하더라도 곧바로 강사의 머릿속과 학습자의 머릿속이 동기화되지는 않습니다. 내용의 전달은 학습의 시작일 뿐이라고 말해도 지나치지 않습니다.

영화 〈매트릭스〉에서는 주요 인물 중 한 명인 트리니티가 헬리콥터 조종법을 다운로드받는 장면이 나옵니다. 조금 전까지 헬리콥터를 다루지 못했던 그가 몇 초 만에 갑자기 헬리콥터를 능숙하게 조종합니다. 언젠가 이런 세상이 올지는 모르겠지만 아직까지는 전달받은 내용을 내 것으로 만드는 별도의 작업이 반드시 필요합니다.

그렇다면 수업과 앎 사이의 공백은 어떻게 채워야 할까요? 아득한 질문입니다. 아쉬운 대로 답을 해 보자면 이렇습니다. 일단 내버려 둔다고 저절로 공백이 채워지지 않는다는 걸 인정해야 합니다. 교사와 학생은 힘을 합쳐 공백을 적극적으로 메우려고 노력해야 합니다. 이런 노력은 수업 중은 물론 수업 이후에도 이어져야 합니다. 노력이 옳은 방향을 향한다면 개념은 정교해지고 생각하는 힘은 강해집니다.

수업 이후에 이뤄지는 이러한 노력을 저는 '체화 과정' 또는 '자기화 과정'이라고 부릅니다. 초등 과정의 경우 소위 '똑똑한' 학생들은 수업만으로도 많은 것이 해결되기 때문에 수업 후에 하는 공부에 대한 필요성도 못 느끼고 관심도 없습니다. 그런데 중등 과정 이후에도 이런 태도를 유지하려다가 벽에 부딪히는 경우가 많습니다. 당연히 상위 과정이 될수록 수업 후 자기화 과정의 중요성은 증가합니다. 고등 과정에 가면 수업은 자기화 과정을 위한 준비 단계라고 보는 편이 맞습니다.

수업 이후에 이어지는 공부가 훨씬 길고 깊어야 하며, 수업 후 이뤄져야 하는 자기화 과정을 위해서라도 수업을 잘 들어야 합니다. 이러한 인식의 전환이 초중등 과정을 거치면서 서서히 일어나지 않으면 공부를 잘할 수 없습니다. 공부의 무게 중심이 수업 자체에서 수업 후의 자기화 과정으로 넘어오도록 초등 시절부터 격려하고 도와주는 일이 부모의 역할 중 하나입니다.

② '안다'의 정확한 뜻을 알고 있나요?

"명수야~ 5개의 직선이 한 점에서 만날 때 맞꼭지각은 몇 쌍 만들어질까?"

많은 학생이 어려움을 겪는 문제입니다. 이 문제에 어떤 답을 하는가를 보면 수학 공부를 어떤 마인드로 접근하는지 파악할 수 있습니다. 두 개의 직선이 한 점에서 만나면 두 쌍의 맞꼭지각이 생깁니다. 그렇다면 한 점을 지나는 여러 개의 직선 중 두 개의 직선을 고르는 방법이 몇 가지인지 알면 맞꼭지각이 몇 쌍인지 이야기할 수 있습니다.

물론 한 번에 이해되기 어려운 상황인 건 인정합니다. 맞꼭지각에 대한 분명한 개념과 더불어 적용 능력이 필요합니다. 그래서 수업 시간에 천천히 다양한 예시를 보여 주고 혼자서 여러 번 해 볼 것을 강조합니다. 결국 명수는 답을 하지 못했습니다. 잠시 기다려 주다가 다시 두 개의 직선부터 시작했습니다.

"이렇게 두 쌍이 생기는 거 보이지? 자, 그러면 3개의 직선이 한 점에서 만나면 맞꼭지각 몇 쌍이 만들어질까?"

답답하다는 표정으로 명수가 말했습니다.

"그건 아는데요……."

뭘 알겠다는 걸까요? 3개의 직선이 한 점에서 만날 때의 상황을 '안다'면 5개가 지나건 50개가 지나건 어떻게 접근해야 하는지 말할 수 있어야 '안다'라고 이야기할 수 있는 것 아닐까요? 그러나 자기는 여기까지는 분명히 알지만 저건 모르겠답니다. 그러면서 당당하게 '그

건 안다'라고 이야기합니다.

명수는 '안다'의 뜻을 잘못 알고 있습니다. 배운 내용을 잘 기억하고 있으면 아는 걸까요? 설명을 듣고 이해가 되면 아는 걸까요? 맞꼭지각을 배웠으면 그 맞꼭지각을 적용할 수 있는 상황에서 자유롭게 생각을 펼칠 수 있는 상태가 진짜 '안다'의 상태입니다. 즉, 할 수 있어야 '안다'라고 이야기할 수 있습니다. 명수는 맞꼭지각을 아는 것과 그것을 적용하는 것 사이 어딘가에 머물러 있습니다. 그러면서도 아예 모르는 건 아니니 '그건 안다'라며 억울해하는 것이죠.

곱셈이 같은 수를 여러 번 더한 셈이라는 걸 배운 학생이 있습니다. 이 학생이 한 변의 길이가 3인 정육각형의 둘레를 구하는 식을 '3+3+3+3+3+3'으로 세운다면 곱셈을 안다고 이야기할 수 있을까요? 개념을 안다는 것은 그 개념으로 할 수 있는 모든 것들에 대해 능통하다는 이야기입니다.

③ '공부행위'와 '진짜 공부'를 구별할 수 있나요?

공부행위에만 빠져 있는 아이들이 생각보다 많습니다. 이 아이들은 신림동이나 노량진에서 슬리퍼를 끌고 다니며 고시생, 공시생 코스프레를 하는 이들과는 결이 다릅니다. 이들의 공부행위는 그보다 진지합니다. 수업도 듣고 문제도 풀고 질문도 합니다. 당사자는 물론 지켜보는 사람도 열심히 공부한다고 인정할 만합니다. 그런데 이상합니다. 한다고 하는데, 분명히 열심히 하는데 성적은 오르지 않습니다.

가만히 보고 있으면 이들이 고집을 부리고 있음을 알 수 있습니다. 자신들의 방식이 맞다고 생각하니 누가 뭐라 하건 계속 그 방식을 고수합니다. 그럴수록 더더욱 하고 있다는 느낌에 깊이 빠져듭니다.

"자, 이 문제는 이렇게 해도 답은 나오는데 이번에는 다각형의 외각으로 접근해 보자. 다음 시간까지 생각해서 풀이 과정 써와 봐."

이 이야기를 정무에게 똑같이 세 번 했습니다. 정무는 당당하게 세 번 모두 예전 풀이를 써 왔습니다. 제가 정무에게 바랐던 건 새로운 관점에서의 접근이었지만 정무는 기존의 관점을 확인하는 작업만 세 번 했을 뿐입니다. 그 세 번의 풀이를 하는 동안 공부행위는 있었을지언정 '학습이 일어났다.'고 말할 수는 없습니다.

아직은 초등학생이라서 스스로 자기 생각을 내려다보고 전환을 이끌어 내는 게 쉽지 않다는 건 알고 있습니다. 시간이 해결해 줄 거라 믿는 면도 있죠. 제가 우려하는 부분은 이들의 고집스러운 공부행위가 진짜 공부와의 만남을 막을 수도 있다는 점입니다. 어린 학습자일수록 자신의 공부행위 자체가 공부라고 착각하기 쉽습니다. 공부를 하고 있다는 느낌에 빠져 있을수록 진정한 학습이 일어나는가를 살피기 어려운 상태가 됩니다.

학교에 다녀옵니다. 인터넷 강의를 듣습니다. 문제를 풉니다. 책상에 앉아 연필을 쥐고 무언가를 열심히 씁니다. 모두 일상적인 공부행위입니다. 공부했어/공부 안 했어를 나눌 때 "했어."라고 말할 수 있는 행동이죠. 하지만 이게 핵심이 아님을 지금쯤은 눈치채셨을 거라 믿습니다. 공부행위가 학습의 일어남으로 연결될 때 그 공부행위는 진짜 공부가 됩니다. 학습의 일어남으로 연결되지 않는 공부행위는 유사공부행위일 뿐입니다. 학습의 일어남은 공부몸이 만듭니다. 공기의 흐름이 있어야 바람이 일듯, 공부몸이 움직여야 학습이 일어납니다.

공부 자존감은 어떤 상태인가?

· · · · ·

'공부하는 나'를 바라보기

    공부몸이 건강한 학생은 공부는 물론 스스로의 학습 능력에 대한 감이 있습니다. 자기 자신을 어떻게 활용해서 실력을 키워야 하는지 압니다. 주도적으로 공부 과정 전반을 확인하고 통제합니다. 공부 과정에 대한 자기만의 확신이 있어서 당장의 결과에 흔들리지 않습니다. 이와 같이 공부하는 주체로서의 자기 자신을 어떻게 바라보는가가 공부 과정에 미치는 영향은 지대합니다. 공부 자존감 개념을 통해 공부하는 자신을 바라보는 건강한 시선에 대해 알아보도록 하겠습니다.

제가 공부를 잘한다고 인정하는 아이들은 '독특한 아우라'를 풍기는 경우가 많습니다. 약간 다듬어지지 않고 길들지 않은 느낌입니다. 자기 색깔이 분명하달까요? 무농약, 유기농으로 길러서 볼품은 없지만 건강한 에너지를 뿜어내는 채소 같습니다. 어디선가 예습해 온 답을 매끄럽게 뱉어 내는 아이들과 분명히 결이 다릅니다. 이들의 색깔을 만드는 건 스스로에 대한 확신입니다. 이들은 공백이 생겼을 때 그 공백을 처리하는 자신만의 '리듬'과 '방식'이 있습니다. 위기가 왔을 때 어떻게 반응해야 하는지에 대한 '감'이 있습니다. 그리고 결국 해낼 거라는 '자신감'이 있습니다.

된장국을 성공적으로 끓여 본 경험이 충분하다면 '이렇게 하면 맛있는 된장국이 된다.'라는 확신이 생깁니다. 요리책에 쓰여 있는 구체적인 레시피와는 조금 다를지 몰라도, 물을 어느 정도 넣고 된장과 채소를 어느 타이밍에 넣어서 얼마나 더 끓여야 하는지에 대한 저마다의 느낌이 있기 마련입니다. '된장국을 끓여야지.'라고 마음먹은 순간, 이 느낌이 살아나고 그에 맞춰 모든 과정이 흘러가게 놔두기만 하면 실패할 일은 거의 없습니다.

공부도 마찬가지입니다. '잘 안 될 때는 이렇게 해야겠다.' '문제를 틀렸을 때는 이렇게 해야겠다.' '그러려면 수업을 들을 때는 이런 게 필요하고, 시험 준비를 할 때는 이런 것들을 챙겨야겠네.' 하는 저마다의 감이 있습니다. 공부 대상을 물리적, 화학적으로 변화시켜 가는 과정에 대한 현실적인 감각, 여기에 더해 결국 이렇게 해서 나는 이 내용을 자유자재로 다룰 것이라는 믿음. 이런 것들이 공부 자존감을 이룹니다. 즉, 공부와 그 공부를 다루는 나에 대한 실증적인 감각이 바로 공부 자존감입니다.

나는 이 정도 되는 사람이라고 생각했는네, 그 생각과 크게 차이가 나는 일을 겪게 되었을 때 그 간극을 채우려는 힘이 작동합니다. 진공 상태를 채우려는 자연의 힘처럼 말입니다. 일종의 평형 작용이라 볼 수 있습니다. 공부 자존감도 평형 작용을 일으킵니다. 위기에 몰리는 순간을 만났을 때 '나는 이 정도는 하는 사람이야.'라는 생각에 불이 들어오면 그 불균형을 균형 상태로 바꾸기 위한 움직임이 시작됩니다. '뭔가 이상하다. 찜찜하다.' '하지만 나는 이것을 바로잡을 것이다.' '그런 경험을 충분히 겪었다.' '나는 결국 해낼 것이다.' 공부 자존감이 만들어 내는 평형력은 흐트러진 균형을 잡는 바로잡는 힘이라고 볼 수도 있습니다. 공부를 하다 보면 수많은 위기 상황에 휘청거리게 마련입니다. 어쩌면 깨진 균형을 회복하는 과정의 반복이 공부가 아닐까 싶을 정도입니다. 균형을 잡는 힘이 약한 상태라면 이때 쉽게 무너집니다. 그래서 공부 자존감이 필요합니다. 공부 자존감이 높은 아이들은 쉽게 균형을 잃지도 않고 잠시 놓친 균형을 금세 회복합니다.

공부 자존감이 높은 아이들은
쉽게 균형을 잃지도 않고
잠시 놓친 균형을 금세 회복합니다.

제임스 클리어는 《아주 작은 습관의 힘》(이한이 역 | 비즈니스북스 | 2019년)에서 "진정한 행동 변화는 정체성 변화에 있다."고 말했습니다. 질문 쿠폰을 유독 많이 쓰는 학생들은 '나는 모르면 물어봐서 해결하는 사람이야.'라는 정체성이 강합니다. 어쩌면 '나는 혼자서 해결할 수 없는 사람이야.'일 수도 있겠네요. 이들은 공백이 느껴지는 순간 교사를 찾습니다. 그 고비를 자기가 직접 넘어 본 경험이 실력을 만들고 공부 몸을 살찌우는데 그 기회를 매번 스스로 버리는 셈이니 공부를 잘할 리 없습니다. 제가 이 학생들에게 바라는 건 그 고통스러운 기다림 속에서도 결국 자신의 경계를 확장시키고 그 경험을 토대로 스스로에 대한 새로운 정체성을 찾는 겁니다. '나는 시간이 조금 걸리더라도 도움 없이 문제를 해결할 수 있는 사람이다.' 이런 정체성이 조금씩 힘을 발휘하게 되면 '시간이 조금 걸리더라도'는 어느 순간 떨어져 나갈 수도 있습니다.

건강한 공부 자존감은 하루 종일 "나는 혼자 힘으로 문제를 해결하는 사람이다."라고 중얼거린다고 생기지 않습니다. 혼자서 해결한 실제 경험들, 소소하지만 확실한 느낌들이 모여 자연스럽게 스스로를 그렇게 바라보게 됩니다. 처음엔 막막했지만 반드시 풀릴 거라는 믿음을 가지고 자신만의 매뉴얼대로 하다가 정말 문제가 풀린 경험. 처음 배운 개념을 찌고 굽는 과정을 거쳐 결국 내 것으로 만든 경험. 이런 경험들이 쌓이면 내가 배우는 과정에 대한 신뢰가 생깁니다. '지금은 모르겠지만 이렇게 하면 될걸? 지금까지 그렇게 해 왔으니까.' 자신의 공부몸에 대한 근거 있는 신뢰가 쌓이면 공부 자존감이 달라집니다.

그렇다면 건강한 공부 자존감을 위해 무엇이 필요한지 떠올려 보는 건 어렵지 않습니다. 부모는 자녀가 작은 성공을 경험할 수 있도록 충분한 기회를 주어야 합니다. 이때 중요한 것은 결과가 아니라 노력하는 자세, 즉 혼자서 해결해 보려고 애썼던 태도임을 강조해야 합니다. 그 과정에서 성적은 요동칠 수 있으나 크게 신경 쓰지 않아도 된다고 이야기해 줘야 안심하고 도전할 수 있는 환경이 갖춰집니다.

위기의 순간을 만났을 때 자존감의 방향을 잡아 주는 일도 중요합니다. 인정하기 힘든 점수가 나왔을 때가 분기점이 되는 경우가 많습니다. 스스로 공부를 잘한다 생각했던 아이는 믿음과 현실의 격차 앞에서 당황합니다. 이때 부모가 '성적이 좋은 사람' '다른 아이보다 앞서는 사람'이 아니라 '공부를 잘하는 사람'이 되기 위해 무엇이 필요한지 이야기를 나눌 수 있다면 이 경험을 좋은 약으로 승화시킬 수 있습니다.

건강한 공부 자존감이 만들어지기까지는 무수히 많은 과정이 필요하지만 한번 만들어진 공부 자존감은 복잡한 상황을 한 번에 정리하는 힘을 가지고 있습니다. 공부 과정에서 느끼는 성취감과 그 과정을 만들어 낸 스스로에 대한 신뢰, 그렇게 만들어진 공부 자존감이 학습을 끌어가면 자잘한 문제는 저절로 해결되는 경우가 많습니다. 게다가 건강한 공부 자존감은 확장성이 있어서 '내가 저걸 했으니 이것도 할 수 있지 않을까?'라는 생각을 쉽게 할 수 있습니다. 인생에 공부 아닌 것이 없으니 건강한 공부 자존감을 갖춘다면 평생 자산을 얻게 되는 셈입니다.

개념을 정교하게 다듬는 공부를 하고 있는가?

초등 6학년에게 5학년 때 배운 도형의 합동에 대해 "이거 알아?" 하고 물으면 "당연히 알죠!"라며 어이없다는 반응을 보입니다. 한참 전에 배웠는데 자존심 상하게 뭘 그런 걸 물어보냐는 뜻입니다.

학원에서 만나는 일부 학생들도 비슷한 생각을 하고 있습니다. 자신은 이미 어딘가에서 중등 수학을 수강 중인데 아무리 심화라 해도 초등 과정을 다시 하는 건 시간 낭비랍니다. 이들에게서 '초등 수학은 벌써 다 배웠으니, 나는 초등 수학은 이미 정복했다.'라는 강한 믿음을 봅니다. 흠, 과연 그럴까요?

'배웠으니 내 것이 되었다.'는 흔히 볼 수 있는 학습자의 착각입니다. 6학년이 도형의 합동을 제대로 알고 있는지, 중등 과정을 선행학습 중인 학생이 초등 과정을 제대로 소화하고 있는지 알아보는 일은 어렵지 않습니다. 몇 가지 간단한 질문만 던져 봐도 실상은 '그런 게 있다는 걸 들어 본 적은 있어요.' 수준인 경우가 많습니다. 그 적나라한 결과를 받아들이느냐 아니냐의 문제가 남을 뿐이죠.

많은 학생이 이미 지나온 과정에서 벽돌이 듬성듬성 빠진 탑을 쌓았지만 그 사실 자체를 쉽사리 인정하지 않습니다. '배웠으니 내 것이 되었다.'라는 믿음은 우리 눈을 멀게 합니다. 객관적인 실체 파악이 안 되면 삽질이 시작되기 쉽습니다. 물론 상위 과정을 진행하는 중에 빠진 벽돌이 자연스럽게 채워지는 경우도 많습니다. 하지만 중3 과정을 진행하면서도 이등변삼각형의 정의나 함수의 뜻을 시원하게 이야기하지 못하는 경우가 많다는 사실을 가볍게 지나쳐서는 안 됩니다. 학년이 올라가면 갈수록 본인도 모르게 이런 문제들이 겹겹이 쌓일 거라는 건 어렵지 않게 짐작할 수 있습니다.

학교든 학원이든 '진도를 빼는' 행위는 낮은 학년에서 높은 학년 방향으로 이뤄집니다. 그 과정에서 당연하게도 앞에서 배운 내용은 알 거라 가정하고 수업을 진행합니다. 그런데 제가 만난 많은 학생들은 앞서 배운 내용에 대해 저마다 잘못 알고 있거나 아예 개념이 없는 경우도 있었습니다. 정도의 차이는 있겠지만 예외는 없다고 보는 게 맞습니다. 부모든 교사든 심지어 당사자인 학생도 '배웠으니까 안다'라는 착각에 쉽게 빠집니다. 모르는 상태가 드러나지 않았을 뿐인데 말입니다.

빠진 벽돌을 채우지 않은 채 쌓아 올린 건물이 건강할 리 없습니다. 빠진 벽돌이 너무 많으면 불안한 마음에 한 층 한 층 올리는 행위조차 불가능해질지 모릅니다. 함수의 개념조차 아리송한데 이차함수를 배워야 한다면 어떤 기분일까요? 내 앞에 커다란 벽이 가로막고 있는 기분이 들지 않을까요?

빠진 벽돌은 개념에 대한 이야기지만 개념의 문제가 생각하는 힘의 문제로까지 번질 수 있습니다. 이른바 '수포자(수학 포기자)'가 양산되는 기본적인 메커니즘이기도 합니다.

'영과후진盈科後進'이라는 한자성어가 있습니다. 물이 흘러가다가 구멍을 만나면 일단 그 구멍을 채워야 계속 앞으로 나갈 수 있습니다. 배웠다고 해서 아는 게 아니라는 걸 인정한다면 구멍이 발견될 때마다 적절한 처방을 통해 메우는 작업을 해야 합니다. 어떻게 메울 거냐는 중요하지 않습니다. 중요한 것은 처방이 아니라 '진단'입니다. 제대로 진단할 수만 있으면 초등 수준에서는 어느 정도 커버할 수 있습니다. 가장 큰 문제는 벽돌이 빠진지도 모르고 넘어가는 상황입니다.

빠진 벽돌을 채우지 않은 채
쌓아 올린 건물이 건강할 리 없습니다.

초등생을 위한 수학 공부몸 만들기

"결국은 개념이에요."

수학 공부에 대해 이야기하다 보면 꼭 나오는 말입니다. 누구나 쉽게 하는 이야기고 대부분 "아유~ 당연하죠."라고 대꾸합니다. 그렇다고 이 말을 받아들이는 정도까지 같지는 않을 겁니다.

유명한 강사의 개념 수업을 들으면 "우와~" 소리가 절로 나기는 합니다. 그래서 수업을 받고 나면 안다고 생각하기 쉽습니다. 누군가의 머릿속에 있는 매끈한 개념이 그대로 무언가를 타고 내 머릿속으로 흘러들어 올 수 있다면 얼마나 좋을까요? 정말 배움의 과정이 이렇다면 몇 초 만에 무술의 고수가 되는 것도 영화에서만 일어나는 일은 아닐 겁니다. 과학 기술의 발전이든 뭐든 도움을 받아 그 배움의 과정을 촉진시키기만 하면 될 테니까요.

하지만 개념은 옮기거나 쌓을 수 있는 성격의 것이 아닙니다. 배운 내용이 입자 형태로 뇌세포 어딘가에 콕 박혀 있다면 그럴 수도 있겠네요. 복사 후 붙여넣기 같은 게 가능할 테니까요. 하지만 최신 뇌과학은 그렇지 않다고 이야기합니다. 《빅브레인》(김권수 저 | 책들의정원 | 2018년)에서는 이렇게 설명합니다.

"뇌의 대다수 부위에서는 정신적 도전에 반응하여 일어나는 변화에 새로운 뉴런 생성은 포함되지 않는다. 대신에 뇌는 신경 조직망을 다양한 방법으로 재배열한다. 뉴런들 사이의 연결을 강화 또는 약화시키고, 새로운 연결을 추가하거나 이전의 연결을 제거하는 등의 일이 일어나는 것이다."

어지러운 말들이 많지만 핵심은 '뉴런들 사이의 연결'입니다. 예를 들어 비례식에 대해 처음 배운 학생이 있다고 해 보죠. 기존에는 없었던 비례식이라는 새로운 개념은 '입자'의 형태로 이 학생의 머릿속에 탄생하는 게 아니라 '길' 형태로 만들어집니다. 그냥 무성한 숲이었는데 없던 길이 하나 새로 생긴 겁니다. 이게 무언가를 처음 배웠을 때 벌어지는 일입니다.

멋진 수업을 들었다고 해서 갑자기 길이 '뿅' 하고 나타나지는 않습니다. 수업을 듣는 내내 감탄했을지 몰라도 수업은 기껏해야 머릿속에 흔적을 남길 뿐입니다. 흔적이 금방 길이 되지도 않습니다. 풀과 나무로 덮이기 전에 몇 번 더 오가야 제법 길의 형태가 생깁니다. 그 후로도 오랫동안 그 길을 이용해야 처음 숲에 온 사람도 알아볼 정도로 분명한 길이 됩니다.

개념에 대한 여러 가지 이야기를 할 수 있겠지만, 적어도 누군가의 머리에서 다른 누구의 머리로 개념이 옮겨 가는 방식이 불가능하다는 건 분명합니다. 없던 개념이 '짜잔~' 하고 어디선가 나타나는 게 아니라 학습자의 머릿속에서 조금씩 만들어져 간다는 인식은 중요

초등생을 위한 수학 공부몸 만들기

합니다.

도자기 빚는 과정과 비교해 봐도 좋겠네요. 회반죽에서 시작해서 물레를 돌려 모양을 잡고 무늬를 새기는 과정은 배우는 동안 우리 머릿속에서 벌어지는 일과 비슷합니다. 처음에는 누구나 하나의 덩어리에서 출발합니다. 다양한 경험과 시행착오를 통해 점차 그럴듯한 작품이 되어 가는 겁니다. 이 과정에서 머릿속에 있던 해당 개념은 변하기 시작합니다. 한번 달라진 개념은 예전의 모습으로 쉽게 돌아가지 않습니다. 숙성시킨 커피콩을 볶고 갈아서 뜨거운 증기에 통과시킨 액체를 이전 단계로 되돌릴 수 없는 것과 마찬가지입니다.

무언가를 배웠다면 막연하게나마 그 분야에 해당하는 개념이 생깁니다. 다만 수업 후에 별다른 조치가 없으면 오개념을 많이 포함한 반죽 덩어리 상태로 남아 있을 뿐입니다. 오개념을 바로잡고 여러 맥락에서 개념을 다루는 과정에서, 즉 물레를 돌리며 반죽을 매만지는 과정에서 개념은 점점 정교해집니다. 그렇습니다. 개념은 정교해집니다. 그런 의미에서 "개념 좀 장착하고 와!"는 틀린 말입니다. "개념을 정교하게 만들어 오렴!"이 공부의 본질에 더 가까운 표현이라 할 수 있습니다.

유전의 법칙이나 선거 제도에 대해 들어 본 사람은 많겠지만 각각에 대해 어떤 수준의 개념을 가지고 있는지는 천지 차이일 수 있습니다. 우리 모두 북한의 존재를 알지만 북한에서 살다 온 사람이 아는 북한과 신문과 방송으로만 북한을 접한 사람이 머릿속에 그리는 북한이 같을 리 없습니다.

앞서 말했듯 개념이 없는 사람은 없습니다. 다만 해당 분야에 대해 얼마나 정교한 개념을 갖췄는지 차이가 있을 뿐입니다. 이 차이는 상황을 해석하는 것뿐만 아니라 대처하는 방식에도 영향을 줍니다. 정교한 개념은 상황을 순식간에 파악하고 합리적인 대처를 할 수 있게 도와줍니다. 예기치 못한 상황이 벌어졌을 때 무엇을 어떤 우선순위로 따져야 할지, 그래서 어떻게 반응해야 할지 알려 주기도 합니다.

방정식을 처음 배우게 된 학생을 예로 들어 보겠습니다. 방정식의 뜻을 처음 들었을 때는 머릿속에 방정식에 대한 둥그런 이미지가 하나 생깁니다. 등식이 뭔지는 대충 알겠는데 미지수가 뭔지는 아직 확실치 않네요. 설명을 들으면서 초등 과정에서 네모를 사용해서 만들었던 식이 방정식과 연결될 수 있겠다는 생각을 합니다. 방정식과 방정식이 아닌 것을 구별하는 문제를 풀어 봤더니 틀렸습니다. "흠, 미지수를 포함한 등식이라고 방정식은 아니구나." 자, 이제 방정식을 풀어 볼까요? 방정식의 해를 구하는 과정은 결국 맞는 열쇠를 찾는 거랑 비슷하네요. 그런데 이 문장으로 된 문제는 뭔가요? 이런, 주어진 상황에 맞게 직접 방정식을 만들어야 하는군요.

　이런 과정을 거치면서 방정식에 대한 개념은 점점 정교해집니다. 처음과는 비교할 수 없을 정도로요. 머릿속 주고받음을 거쳐 방정식에 대한 개념을 정교하게 만든 학생과 주어진 문제에 대해 선생님이 알려 준 대처법을 떠올리며 매뉴얼을 뒤적거리듯 답을 찾아가는 학생을 같은 수준으로 볼 수는 없습니다. 당연히 우리는 개념을 정교하게 만드는 쪽을 향해야 합니다. 방정식에 대해 학습이 일어난다면 당연히 그 결과로 개념은 정교해집니다. 문제를 만났을 때 단순히 답만 맞히는 정도를 넘어서게 됩니다. 출제 의도를 정확히 분석하고 문제에 녹아 있는 개념들의 연결 관계를 논리적으로 풀어 낼 수 있습니다.

　《어떻게 공부할 것인가》(헨리 뢰디커, 마크 맥대니얼, 피터 브라운 공저, 김아영 역 | 와이즈베리 | 2014년)에 따르면, 충분한 연습을 하면 서로 관련된 생각들이 하나의 전체로 결합하여 일종의 '두뇌 앱'이 형성된다고 합니다. 머릿속 개념이 얼마나 신속하고 정확하게 상황을 파악하고 필요한 조치를 제시하느냐에 따라 학습자의 퍼포먼스가 달라집니다. 개념이 정교해지면 정교해질수록 자연스럽게 해당 주제에 자신이 생깁니다. 심지어 관련된 문제를 더 풀어 보고 싶다는 생각이 들기도 하고(이게 먹히는지 안 먹히는지 확인해 보고 싶다!) 다음 개념에 대한 궁금증이 생기기도

합니다(오호라, 이차방정식이라는 게 있단 말이지!). 개념이 정교해지는 학습이 거듭될수록 학습의 선순환이 이뤄집니다.

또래에 비해 많이 배웠고 진도를 많이 나갔다는 사실은 중요하지 않습니다. 공부를 잘하는 학생은 배운 내용에 대해 정교한 개념을 가지고 있고 어떻게 개념을 정교하게 만드는지 압니다. 개념을 정교화시키지 않은 배움은 안다는 착각만 남긴 채 한 귀로 빠져나갈 뿐입니다. 아무리 좋은 내용, 훌륭한 정보라 하더라도 나의 것이 되지 않으면 그저 찰흙 덩어리에 지나지 않습니다. 이 덩어리를 갈고 닦아 섬세하게 만드는 작업을 해야 잘 안다고 할 수 있고, 잘한다고 할 수 있고, 궁극적으로는 '고수'라고 말할 수 있습니다. 이 작업이 없으면 향상이 없는, 성장과는 무의미한 시간을 보내고 있는 셈입니다.

생각하는 힘을 키우는 공부를 하고 있는가?

늦은 나이에 수능을 준비하면서 만난 신세계는 '인강(인터넷 강의)'이었습니다. 수험 생활에 대해 우리 때와 가장 다른 점을 하나만 꼽으라면 주저하지 않고 인강을 꼽겠습니다. 학습자가 어디에 있건 인터넷 환경을 갖추고 한 달 학원비 정도만 투자하면 유명 강사의 강의를 1년 내내 접할 수 있습니다. 원할 때 볼 수 있고, 이해가 안 되는 부분은 몇 번이고 돌려 볼 수 있습니다. 예전에는 극소수에게만 허용되던 콘텐츠가 두메산골에서도 접근 가능해진 겁니다. 서울이 아니라서, 좋은 학원이 없어서 공부를 못한다는 핑계를 댈 수 없게 됐습니다.

'이제 교육의 민주화가 왔구나.'라며 살짝 감동까지 할 정도였습니다.

인강의 콘텐츠는 정말 훌륭합니다. '나 학교 다닐 때 이런 게 있었으면 얼마나 좋았을까?' 이 생각을 몇 번이나 했는지 모릅니다. 한 인강 강사의 수강 후기 중에 "도서관 컴퓨터 자료실에서 헤드셋 끼고 보다가 일어나서 손뼉을 쳤습니다."라는 말이 있었는데 전혀 과장이라고 생각하지 않습니다. 저도 미분 강의에 빠져서 새벽 어스름을 만난 적도 있고 드라마를 몰아 보듯 종일 여러 개의 강의를 들은 적도 있습니다. 그만큼 몰입감 있고 흥미진진합니다.

수능 인강의 역사도 거의 20년이 넘어가고 있고 지금은 초등 인강도 나왔습니다. 과목별로 다양한 콘텐츠가 있고 취향에 따라 얼마든지 원하는 강사의 강의를 선택할 수 있습니다.

하지만 인강의 등장이 해피엔드로 연결되지 않았다는 것을 우리 모두 알고 있습니다. 이렇게 좋은 점만 있다면, 인강이 진정으로 교육의 민주화를 성취했다면 제가 이런 글을 쓰고 있지 않을지도 모릅니다. 인강이 일반화된 지금도 여전히 아이들은 잘되는 케이스와 안되는 케이스로 나뉩니다. 교육 콘텐츠와 상관없이 고통받는 학습자들은 예나 지금이나 널려 있습니다. 좋은 도구이고 괜찮은 기회인 건 확실하지만 인강이 다가 아니라는 이야기입니다.

그 이유를 단적으로 말할 수는 없지만 몇 가지만 지적해 보겠습니다. "인터넷 강의의 최대 단점은 인터넷이 된다는 것."이라는 우스갯소리가 있습니다. 강의를 들으려고 컴퓨터를 켰다가 '게임 만렙(최고 레

116

초등생을 위한 수학 공부몸 만들기

벨)'이 되었다는 이야기도 있죠. 스스로 학습 과정을 통제해야 하는 부담은 공부몸이 허약한 학생에게는 버겁습니다. 인강은 바른 마인드셋과 주도성을 겸비한 학생에게는 최상의 콘텐츠가 될 수 있지만 그렇지 않은 학생에게는 공부를 하고 있다는 착각만 불러일으킬 수 있습니다. 그래서 많이 어리거나 공부몸이 허약한 학생에게는 추천하지 않습니다.

인강을 듣는 것 자체가 공부일 리 없습니다. 이 당연한 이야기가 받아들여지지 않는 경우를 많이 봅니다. 아무리 훌륭한 인강도 학습자에게는 단지 도구일 뿐입니다. 결국 머릿속에서 학습을 일어나게 만드는 주체는 학습자 자신입니다.

저는 수험생 시절에 인강을 듣고 나면 들은 내용을 정리하는 시간을 갖곤 했습니다. 정리하는 시간은 보통 수업 시간의 두 배가 걸렸습니다. 그리고 나서 관련된 문제를 풀어 봤습니다. 그런데 이렇게 하지 않는 학생들이 많습니다. 강사가 워낙 설명을 잘하니까 본인이 이해했다고 착각하는 겁니다. 그래서 수업만 듣고 끝입니다. 하지만 진정한 학습은 수업 이후에 일어납니다.

"공부했어요."라고 주장하려면 "인강 들었어요." 말고 다른 대답이 필요합니다. 저 역시 꽤 많은 시행착오를 겪었습니다. 수업을 들었으니 내 것이 되었다는 착각을 한 적도 있고, 좋은 강사의 강의를 듣고 있으니 나는 훌륭한 학생이라는 느낌에 빠진 적도 있습니다. 더 나은 강의는 없을까, 이 사람보다는 저 사람이 낫지 않을까 비교하느라 시간을 빼앗긴 적도 많습니다. 프리패스를 끊어 놓고 언제든 들을 수 있다고 합리화하며 끝까지 못 들은 수업은 부지기수입니다.

구슬을 보배로 만드는 비법

하지만 여전히 인강은 '가능성'입니다. 부작용이 있다고는 하나 무시 못 할 장점이 더 많으니까요. 인강이 저에게 준 숙제가 있습니다.

'어떻게 콘텐츠를 내 머릿속에서 살아 숨 쉬게 만들 것인가?'

인강은 구슬입니다. 하지만 아무리 예뻐도 구슬 자체가 보배는 아닙니다. 구슬을 보배로 만들기 위해서는 꿰야 합니다. 이 훌륭한 도구를 어떻게 하면 학습의 일어남으로 연결할 수 있을지 고민하면서 공부에 대한 시름이 한층 깊어졌습니다.

그러다 한 강사를 알게 됐습니다. 대부분의 인강 강사들은 자기 커리큘럼을 잘 따라오면(보통 '풀커리를 탄다.'고 표현합니다) 성적이 오를 거라 이야기합니다. 그런데 자신의 인강도 굳이 다 들을 필요 없다고 이야기하는 강사가 있었습니다. 이분이 하는 이야기들은 좀 낯설고 과격합니다. 일단 배웠으면 실제 상황에 뛰어들어 보라고 합니다. 부딪치는 과정에서 개념이 정교해지는데 왜 강의만 듣고 있냐는 것이죠. 필요한 강의가 있으면 그 부분만 찾아 들어도 충분하다는 겁니다. 흔한 '개념 완성-문제 풀이-파이널'의 도식을 거부합니다.

냉정하게 이야기해서 강의력으로 승부하는 스타일은 아닙니다. 매끄럽고 유머러스한 다른 강사들과는 결이 다릅니다. 투박하달까요. 대신 교과서에 있는 내용으로만 수업하고 교과서에 있는 정의, 개념, 성질을 이용하여 문제를 푸는 연습을 강조합니다. 고로 평가원이 지향하는 방향과 일치합니다. 누구보다도 평가원을 잘 이해한다는 평을 받고 있어서 별명이 '걸어다니는 평가원'입니다. 이분이 강조하는 게 바로 '행동 영역'입니다. 행동 영역은 인강으로 수능 준비를 하면서 처음 들어 본 말이었습니다.

수능과 생각하는 힘의 상관관계

〈한국교육과정평가원〉에서 운영하는 수능 안내 사이트(www.suneung.re.kr)에 들어가면 최신 버전의 '대학수학능력시험 학습 방법 안내'를 확인할 수 있습니다. 영역별로 평가 요소가 나와 있는데 주로 내용 영역과 행동 영역으로 제시됩니다.

1) 내용 영역

수학 영역의 시험은 공통과목과 선택과목으로 구분되며 공통과목의 출제 범위는 '수학Ⅰ', '수학Ⅱ'이고, 신택과목의 출제 범위는 '확률과 통계', '미적분', '기하'이다. 위계성과 연계성이 강한 수학 교과의 특성상 수학 영역의 경우 출제 범위 이외 선택 중심 교육과정의 공통과목인 '수학'의 내용은 간접적으로 출제 범위에 포함되며 내용 영역은 2015 개정 수학과 교육과정을 기준으로 세분된다.

- 수학Ⅰ: 지수함수와 로그함수, 삼각함수, 수열
- 수학Ⅱ: 함수의 극한과 연속, 미분, 적분
- 확률과 통계: 경우의 수, 확률, 통계
- 미적분: 수열의 극한, 미분법, 적분법
- 기하: 이차곡선, 평면벡터, 공간도형과 공간좌표

2) 행동 영역

수학적 사고력은 크게 계산 능력, 이해 능력, 추론 능력, 문제해결 능력으로 구분된다.

계산 능력　　계산 능력은 연산의 기본 법칙이나 성질을 적용하여 주어진 식을 간단히 하는 능력, 수학의 기본적인 공식이나 계산법을 적용하는 능력, 수학의 전형적인 풀이 절차(알고리즘)를 적용하는 능력을 의미한다.

이해 능력	이해 능력은 문제에 주어진 수학적 용어, 기호, 식, 그래프, 표의 의미와 관련 성질을 알고 적용하는 능력, 주어진 문제와 관련된 수학적 개념을 파악하고 적용하는 능력, 교과서에 나오는 기본 예제나 정형화된 응용문제를 해결하는 능력, 주어진 문제 상황을 수학적으로 표현하는 능력, 수학적 표현을 다른 표현으로 바꾸어 표현하는 능력을 의미한다.
추론 능력	추론 능력은 나열하기, 세어보기, 관찰 등을 통해 문제 해결의 핵심 원리를 발견하는 능력, 유추를 통해 문제 해결의 핵심 원리를 발견하는 능력, 수학의 개념·원리·법칙을 이용하여 참인 성질을 이끌어 내거나 주어진 명제의 참·거짓을 판별하는 능력, 주어진 정의를 이해하고 참인 성질을 이끌어 내는 능력, 반례를 들어 주어진 명제가 거짓임을 판단하는 능력을 의미한다. 조건 명제의 증명, 삼단 논법에 의한 논리적 추론, 반례에 의한 증명, 귀류법, 등치 명제의 증명, 수학적 귀납법에 의한 증명 등을 이해하는 능력과 주어진 증명을 읽고 결론을 도출하는 능력 등도 이에 해당한다.
문제 해결 능력	문제해결 능력은 두 가지 이상의 수학적 개념·원리·법칙의 관련성을 파악하고 종합하여 문제를 해결하는 능력, 두 단계 이상의 사고 과정을 거쳐서 문제를 해결하는 능력, 실생활 상황에서 관련된 수학적 개념·원리·법칙 등을 파악하고 이를 적용하여 문제를 해결하는 능력, 타 교과의 소재를 사용한 상황에서 관련된 수학적 개념·원리·법칙 등을 파악하고 이를 적용하여 문제를 해결하는 능력을 의미한다.

내용 영역은 수능에서 평가하는 개념의 범위를 말합니다. 행동 영역에 대한 소개는 내용 영역에 비해 확 와닿지는 않습니다. 일단 주요

키워드만 뽑아 보죠.

#적용 #파악 #표현 #발견 #판별 #도출 #해결

여전히 추상적이긴 하지만 능동적이면서도 냉철해야 할 것 같고, 도전해야 할 것 같은 느낌을 줍니다. 하나같이 적극적인 움직임을 주문하고 있습니다. 특정 지역의 건물과 도로의 생김새가 내용 영역이라면, 낯선 목적지를 찾아가기 위한 각종 대응과 시도가 행동 영역이라 할 수 있습니다. 그렇다면 행동 영역을 사고력, 즉 생각하는 힘이라 받아들여도 되지 않을까요?

수능이 처음 도입됐을 때 참 다양한 반응이 있었습니다. 학력고사 때와 다르게 점수가 확 떨어진 경우도 있었고, 반대로 엄청 오른 경우도 있었습니다. "머리가 좋은 애들이 수능을 잘 본다."라는 속설이 돈 적도 있었지만 지금 돌이켜 보니 둘을 가른 건 다름 아닌 생각하는 힘이 아니었을까 싶습니다. 생각이 활발하게 움직이던 학생은 개념이 조금 부족하더라도 새 평가 제도를 만나서 빛을 발했던 것이죠.

그만큼 수능에서 생각하는 힘은 무시할 수 없는 위상을 가지고 있습니다. 생각하는 힘은 잘 드러나지 않습니다. 아마도 상대적으로 명확한 실체로 다가오지 않아서가 아닐까 싶습니다. 평가원 안내 자료에서 느낄 수 있는 것처럼 말이죠. '이차방정식의 해를 구하는 방법'에 대해서는 '안다/모른다' 세 가지 방법이 있다.'와 같은 방식으로 이야기할 수 있지만 "이 문제에 적용된 계산 능력, 이해 능력, 추론 능력, 문제해결 능력에 대해 이야기해 보자."라는 주문에는 쉽게 말을 꺼내기가 어렵습니다.

학력고사와 수능이 다른 것처럼 내신과 수능도 다릅니다. 내신도 수능 느낌을 내려고 노력하기는 합니다. 하지만 학교나 선생님마다 강조하는 포인트나 난이도 등이 다르기 때문에 개별적 접근이 필요합니다. 현직 고교 교사의 말에 따르면 학교별 출제 경향과 기출문제를 꿰고 있는 내신 전문 학원을 다니면 확실히 내신에서 유리한 위치를 점할 수 있다고 합니다. 아무래도 내신에서는 내용 영역에 초점을 둔 접근이 먹힌다는 이야기입니다.

그런데 수능은 다릅니다. 생각하는 힘을 갖추지 않고 수능과 맞설 수는 없습니다. 어설픈 암기나 유형별 접근으로는 '킬러 문제'는 고사하고 3점짜리 문제에서 막힙니다. 정교한 개념도 필요하지만 그러한 개념을 능수능란하게 다루는 능력, 즉 생각하는 힘 역시 공부몸의 필수 구성 요소입니다.

한때 '교사 무용론'에 가까운 주장을 하기도 했습니다. 자기주도학습에 깊게 빠져 있던 시절입니다. 학습자에게 적절한 학습 콘텐츠만 건네주고 물리적인 공간과 충분한 시간을 제공하면 학습이 일어날 수 있다고 생각했습니다. 요즘 유행하는 과외식 학원이 이런 콘셉트를 따르는 경우가 많습니다. 내용 전달은 거의 하지 않고 각자 알아서 공부하다가 질문만 가끔 받아 주는 식이죠.

시간이 지나면서 이런 티칭 없는 수업 방식은 이미 공부몸이 탄탄한 학생들에게 유리한 시스템이 아닐까 하는 생각이 강해졌습니다. 자신을 활용하는 기술이 부족한 학생일수록 이런 식의 접근이 별 효과가 없다는 걸 알게 된 겁니다. 눈부시게 화려한 교육 콘텐츠라 하더라도 누군가에게는 여전히 빛 좋은 개살구일 수 있습니다.

수많은 자발적 시도와 시행착오의 과정에서 개념이 정교해져야 제대로 된 공부를 한다고 말할 수 있습니다. 한 마디로 학습의 일어남이 있는 공부를 해야 한다는 이야기입니다. 그런데 그게 안 되는 사람이 있습니다. 구슬이 수없이 굴러다녀도 꿰지 못하는 사람이 있습니다. 콘텐츠를 내 것으로 만드는 능력이 없으면 아무리 훌륭한 교재와 강의가 눈앞에 있어도 그림의 떡이 되고 맙니다.

온라인 공개 수업을 뜻하는 '무크Massive Open Online Course, MOOC'가 21세기의 새로운 교육 대안으로 주목받은 적이 있습니다. 우리나라에도 경기도 온라인 평생학습서비스인 〈지식GSEEK〉 등 많은 온라인 강의 사이트가 있습니다. 무료지만 훌륭한 교육 플랫폼입니다.

하지만 《공부의 미래》에서 구본권 저자는 무크가 "95%에 이르는 대다수 학생에게는 효율적이지 않다."라고 이야기합니다. "강한 학습 동기와 탄탄한 학습 능력을 갖춘 5% 학생들에게만 적합한 도구이며 기술과 도구보다 중요한 것은 학습 동기와 학습 능력."이라고 역설합니다. 콘텐츠 자체는 좋고 접근도 편하지만 학습의 일어남으로 연결되지 않으면 소용이 없지요. 생각하는 힘은 의심할 여지가 없는 공부 몸의 핵심 구성 요소입니다. 문제는 공부가 학습자 내부에서 벌어지는 과정이다 보니 생각하는 힘의 중요성을 간과하기가 쉽다는 점입니다. 생각하는 힘은 공부몸이 의미 있게 움직일 때 발휘됩니다.

많이 알기는 하는데 움직임이 부족한 학생들이 있습니다. "저거 피타고라스의 정리로 해도 되지 않아요?" "소인수분해로 하면 금방 하겠는데요." 초등 과정 수업할 때 이런 반응을 보이는 아이들 중 대부분은 생각하는 힘이 약합니다. 많이 주워듣기는 했지만 공부몸을 움직여 본 적은 별로 없는 아이들입니다. 가장 경계해야 할 것은 해결해야 할 문제 앞에서의 무반응입니다. "알긴 아는데 방법이 생각이 안나요." "기억이 안 나요."라며 가만히 있는 것이죠. 모를 리 없고 기억이 안 날 리 없습니다. 움직여 본 적이 없는 겁니다. 자기가 움직이기 전에 누군가의 도움으로 해결하는 상황에 익숙한 겁니다.

생각한다는 것은 무엇일까요? 더 이상 다른 방법이 없을 것 같은 상황에서도 계속 시도하고 움직이는 것이 생각입니다. "3분의 2와 크기가 같은 분수가 있다."라는 문장을 보고 "모르겠어요." "서는 이 문제 안 풀었는데요."라고 하는 건 건강한 반응이 아닙니다. '크기가 같은 분수가 뭐지?'부터 시작해 보는 겁니다. 실제로 3분의 2와 크기가 같은 분수 몇 개를 떠올려 볼 수도 있고, 수업 시간에 알려준 대로 곱하기 네모로 표현할 수도 있습니다. 생각하는 힘을 평가하려면 안다/모른다가 아니라 움직인다/가만히 있다의 관점이 필요합니다.

한 문제를 세 번 이상 틀린 경우 바람직한 대응은 뭘까요? 저 역시 학교 다닐 때 이 상황에 제대로 대처한 적이 없었습니다. 그냥 부정적 감정 속으로 젖어 들었던 것 같네요. '아 짜증 나네. 다른 거 먼저 하고 올까? 왜 틀린 거야, 도대체.' 이런 목소리들이 무질서하게 머릿속을 떠다니며 기분만 나빠지곤 했습니다. 그래서 다른 강사들보다는 잘 안될 때의 학생 마음을 조금 더 이해하는 편이라고 생각합니다. 이제 가르치는 입장이 되니 어떻게 반응해야 하는지 정도는 이야기할 수 있습니다.

제일 먼저 할 일은 내 생각에서 빠져나오기입니다. 생각의 관성은 의외로 강해서 한번 방향을 잡으면 틀기 쉽지 않습니다. 시험 볼 때 막힌다 싶으면 무조건 별표 치고 넘어가라고 강조합니다. 다른 문제에 에너지를 쏟다 보면 관성이 풀리는 경우가 종종 있습니다. 조금 더 본질적인 전략은 문제를 다시 읽는 겁니다. 이때 별생각이 없이 눈만 움직이면 소득이 있을 리 없습니다. "아, 다시 봐도 내 생각이 맞는데 왜 답이 아니라는 거야?" 오답이 나왔다는 건 분명 내가 잘못 알고 있는 부분이 있거나 내 사고 과정 어딘가에 오류가 있다는 이야기입니다. 문제를 다시 읽는 건 이 오류를 찾는 행위입니다. 그런데 '내 생각은 역시 완벽해.'가 검사 결과가 되어 버리면 엉뚱한 결론에 이릅니다. "선생님, 이거 오채점 같은데요?"라고 말이죠.

내 생각과의 거리 두기에 어느 정도 성공했다면 문제의 조건과 내가 아는 것을 하나씩 찬찬히 따져 봅니다. '기차가 터널을 완전히 통과했다는 건 어떤 상태지?' '삼각형을 하나로 결정할 수 있는 조건이 뭐였지?' 이도저도 아니라면 새로운 가능성을 따져 봅니다. '내가 맞다고 생각했던 ㄱ은 정말 맞나?' '답이 혹시 여러 개 아닌가?' 그런 과정을 통해 개념이 취약한 곳이라도 발견하게 되면 그야말로 '대박'인 거죠. 돈 주고도 살 수 없는 나만의 공부거리를 발견한 셈이니 씹고, 뜯고, 맛보고, 즐기면 됩니다.

내 생각을 한 발짝 떨어져서 낯설게 보고, 내가 했던 생각을 하나씩 검증해 보는 과정 자체가 엄청난 공부입니다. 이런 과정을 통해 공부몸은 무럭무럭 성장합니다. 대부분의 아이가 시간이 지나도 비슷한 점수대를 벗어나지 않는 건 생각하지 않는 공부를 하기 때문입니다. 그저 오늘만, 이 순간만 넘기면 되는 공부. 나를 점검하는 대신 답이 뭔지에 초점을 맞추는 공부. 1번, 2번이 틀리면 아무 생각 없이 3번을 택하는 공부는 공부가 아닙니다.

개념과 생각의 불균형은 피하자

배웠는데도 할 수 없는 이유는 크게 두 가지로 볼 수 있습니다. 우선 안다는 착각에 빠져 있을 뿐 실제로는 제대로 아는 상태가 아닌 경우입니다. 한 마디로 개념이 빈약한 상태입니다. "그런 게 있다는 걸 들어본 적은 있어요."가 이 상황에 대한 냉정한 분석입니다. 두 번째는 할 수 있다는 착각에 빠져 있는 경우입니다. 생각하는 힘이 부족한 상태, 알지만 활용하지 못하는 상태입니다. "그건 알지만……." 에서 멈추거나, 설명을 들으면 그제서야 "아~" 하는 경우가 여기에 해당합니다.

공부를 못하는 학생들은 개념의 정교함과 생각하는 힘이 균형을 이루지 않는 경우가 많습니다. 둘 중 하나가 다른 하나보다 약하다는 얘긴데 십중팔구 부족한 쪽은 생각하는 힘입니다. 문제는 이 불균형을 알아차리기가 쉽지 않다는 사실입니다. 들어본 적이 있으니 할 수 있다고 생각하는 경우가 많습니다. 그래서 생각하지 않아서 생긴 문제의 원인을 부족한 개념에서 찾는 우스꽝스러운 현상이 발생합니다.

생각하는 힘을 강조하지 않은 채 문제 풀이만 강요하면 아이들은 이 문제의 답을 냈다/못 냈다의 관점에서만 접근하게 됩니다. 문제를 푸는 과정 자체를 빈칸 채우기처럼 여깁니다. 이를 막기 위해서는 수업이 끝나고 관련된 지식들을 점검하는 한편, 그것들을 적용해 보는 과정을 반드시 거쳐야 합니다. 즉, 배운 내용을 혼자서 할 수 있는지 테스트해 봐야 합니다. 백지 복습을 하거나 문제를 풀면서 배운 내용이 새로운 상황에서 제대로 작동하는지 확인할 수 있습니다. 하다가 막히면 개념의 문제인지 생각하는 힘, 즉 적용 또는 숙달의 문제인지를 파악하고 부족한 부분을 보완합니다.

불꽃이 살아 있는 공부를 하고 있는가?

마음이 다치면 공부를 멀리한다

건우가 또 숙제를 안 했습니다. 학기 초인데도 과제 벌점이 위험할 정도로 쌓였습니다. 황소에서는 미션이나 확인 학습을 기한 내에 완성하지 못하면 과제 벌점을 받습니다. 한 학기 동안 쌓인 과제 벌점이 정해진 선을 넘어가면 아무리 시험 점수가 좋아도 강급이나 유급 또는 퇴원 처리가 됩니다. 레벨을 낮춰 수강하거나, 해당 과정을 재수강하거나, 학원을 그만둬야 하는 거죠.

지난 학기부터 우리 반에 온 건우는 처음부터 시무룩하고 의욕이 없었습니다. 묻는 말에도 시원하게 "네." 하지 않고 '끙'과 '응' 사이 어딴가의 소리를 냅니다. 무엇보다 숙제를 잘 안 해 옵니다. 숙제를 연속으로 안 할 때는 야단을 친 적도 있지만 효과는 잠시뿐이었습니다. 다음 시간까지 한번에 몰아서 해 오고는 그다음부터 또 같은 패턴이 반복됐습니다. 이런 식으로 딱 학원을 그만두지 않아도 될 정도의 위태로운 경계를 오가며 계속해서 제 속을 끓였습니다. 며칠 전에는 조금 다르게 접근해 봤습니다.

"건우야, 벌점이 벌써 이만큼이나 쌓였다. 그렇지?"

(끄응)

"혹시 무슨 일 있는 건 아니니?"

(응끙)

"그렇구나. 벌점이 벌써 이렇게 쌓여서 나는 슬슬 걱정이 되기 시작하네. 밀려 있는 거 하려니까 엄두가 안 나기도 하고, 지금 하고 있는 부분이 어렵기도 해서 아예 손이 안 가는 걸까?"

(끙끙웅!)

"전에도 이랬다가 한꺼번에 확 해결해 온 적 있잖아?"

(끙)

"난 건우가 그때처럼 할 수 있을 거라 믿어."

(응끙)

(조심히 마지막 말을 고르다가 최대한 아련한 톤으로) "기다릴게……."

(응응끙)

같은 반 희연이는 여러 면에서 탁월함이 느껴지는 학생입니다. 질문 하나에도 예리함이 서려 있습니다. 당연히 성적도 좋은 편이죠. 그런데 역시 숙제를 잘 안 합니다. 지난 학기에는 마지막 날이 되어서야 겨우 수습을 하고 서로 가슴을 쓸어내렸습니다. 그런데 이번 학기 역시 조짐이 안 좋습니다. 숙제를 아슬아슬하게 못하는 게 아니라 손도 안 대는 경우가 많아지고 있습니다.

"지난 학기랑 비슷한 상황이네."
"그러게요(건우와 달리 똑 부러집니다)."
"무슨 일이 벌어지고 있는 걸까?"
"……대수가 싫어요."

예상외의 솔직하고 명쾌한 답에 잠시 할 말을 잃었습니다.

"그렇구나. 하기 싫은 마음이 드니까 숙제가 밀리기 시작하고, 한 번 쌓이니까 다시 들여다보기 싫은 거구나."
"네."
"그래, 그럴 것 같다. 그래도 계속 피할 수 없다는 건 알잖아. 지난번 같은 상황이 오면 불편할 거고."
"맞아요."
"한 번에 해결하긴 힘들 수도 있어. 대신 한 주에 조금씩만 목표로 잡아 보면 어떨까?"

"좋아요."

숙제를 안 해 온 학생에게 이유를 묻습니다. 대개 "시간이 없었어요." 등의 두루뭉술한 이유로 자기를 변호하려 드는데 여기에 말리면 곤란합니다. "아, 다른 학원 숙제하느라 시간 없었구나. 우리 학원 숙제는 안 해도 되는 숙제야?"라고 몰아붙이면, 다음 시간에는 "집이 멀어서요."라는 말도 안 되는 변명을 들고 옵니다. 하지 않음에 대한 표면적인 원인에 집착하는 건 교사나 학생 모두에게 에너지 낭비입니다. 더 깊은 차원으로 들어가서 공부몸을 보듬어야 진짜 목소리를 들을 수 있습니다.

"마음이 나질 않아요."

학기 마지막 시간에 호준이가 한 말입니다. 장난꾸러기 호준이의 얼굴이 아닙니다. 사뭇 진지하고 비장합니다. 들어 달라는 이야기입니다. 진짜 자기 속마음을 이야기하고 있는 거죠. 조금 전까지 까불고 떠들었던 건 속마음을 감추고 싶어서였는지 모릅니다. 학생이 마음에 들지 않는 퍼포먼스를 보일 때 다그치려는 충동을 멈추고 저 안에 꽁꽁 숨어 있는 마음을 살살 달래면 최소한 도망치지는 않습니다. 그리고 운이 좋으면 그때부터 진짜 문제를 해결할 수 있는 기회가 열립니다.

공부를 하지 않는 표면적인 이유와는 별개로 속 깊은 원인을 쫓아가 보면 대부분 진짜 이유가 발견됩니다. 조금만 귀 기울여 듣다 보면 아이들이 어떤 불편함을 호소하고 있다는 사실을 알 수 있습니다. 무언가에 크게 상처받으면 근처에도 가기 싫습니다. 비슷한 이야기만 나와도 괜히 화가 납니다. 공부에 마음 상한 경험이 있으면 그 경험을 다시 하고 싶지 않은 건 당연합니다. 처음에는 별거 아니라고 생각했던 게 감당이 안 되게 쌓여 버려 엄두가 안 나기도 하고, 한두 번 마음먹은 대로 안 되니까 쳐다보기도 싫고, 도형만 나오면 죽을 쑤니 도형만 다루는 학기 자체가 싫습니다. 안 좋은 느낌은 이런 식으로 공부몸의 발목을 잡습니다.

누워 버린 코끼리

《스위치》(칩 히스, 댄 히스 공저, 안진환 역 | 웅진지식하우스 | 2010년)에서는 인간의 행동 변화를 좌우하는 내면의 두 가지 요소를 '코끼리'와 '기수'로 분리해서 설명합니다. 기수는 방향을 지시하는 존재입니다. "담배 끊어." "그만 좀 먹어." "양치해야지." 등의 명령을 계속 내립니다. 그렇다고 단순한 잔소리꾼은 아니고, 현재 상황을 분석해서 가장 효율적인 방향을 찾기 위해 고민하는 '전략가'라고 보는 편이 맞습니다. 기수

가 지정한 방향을 향해 움직이는 행동 대장이 바로 코끼리입니다. 기수의 분석이 아무리 화려해도 코끼리가 그 방향으로 움직이지 않으면 말짱 꽝입니다. 이 코끼리는 웬만해선 움직이려 하지 않습니다. 눈앞에 어른거리는 무언가에 신경 쓰느라 가다 서다를 반복합니다. 결국 우리가 확인할 수 있는 건 겉으로 드러난 행동뿐이지만, 눈에 보이는 게 다는 아닙니다. 그 행동은 깊은 차원의 내면에서 시작되었습니다. 그리고 대개 그 깊은 차원은 감정 혹은 욕망의 영향을 받습니다.

마음처럼 공부가 안돼서 짜증 나 있는 상황인데 공부를 해야 하는 이유를 강조하고, 좋은 공부법이 있다며 들이대면 어떻게 될까요? 코끼리는 반항하거나, 하지 않을 이유를 만들어 냅니다. 꼴도 보기 싫은 사람이 오는 모임에 가기 싫으면 우리는 백만 가지도 넘는 이유를 만들어 낼 수 있습니다. 효과적으로 상대의 행동을 유도하려면 코끼리를 먼저 일으켜야 합니다. 하지만 우리는 반대로 접근하는 경우가 많습니다.

"내가 하라는 대로만 해. 다 너 잘되라고 그러는 거잖아." "살아 보니까 좋은 대학 나와야 인생이 편하더라." "지금 참아야 나중에 편해져." 부모들이 자녀에게 흔히 하는 이야기입니다. 문제는 부모들에게는 당연한 세상 진리가 아이들에게는 처음 듣는 이야기라는 점입니다. 인생의 쓴맛을 경험하며 힘들게 얻은 깨달음이 아이에게는 잔소리로 들리는 이유입니다.

이미 코끼리가 날뛰는 사람한테 기수 차원의 접근은 의미가 없습니다. 아이폰을 쓰는 사람들에게는 비싼 가격이나 상대적으로 자유롭지 않은 설정이 문제 되지 않습니다. 반대로 생각하여 코끼리를 설득할 수 있으면 기수는 힘들이지 않고 데려올 수 있습니다. 맛집이라면 골목에 있어도 어떻게든 찾아가듯이요.

공부도 결국 느낌의 문제

결국 느낌입니다. 사람이 무언가를 하거나 하지 않는 것은 대개 느낌 차원에서 결정이 됩니다. 느낌은 대상에 대한 태도를 결정합니다. 어렸을 때 경험한 공부에 대한 느낌은 그 이후의 공부에 대한 이미지를 결정합니다.

'코치들의 코치'라 일컬어지는 톰 스톤은 《평정심》(정채현 역 | 아시아코치센터 | 2010년)에서 이를 "느낌 수준의 결정feeling level decision"이라고 표현했습니다. 논리적 사고를 통해서가 아니라 무의식의 수준에서 특정한 입장을 정해 버린다는 이야기입니다. 느낌 수준의 결정이 무서운 이유는 우리가 결정의 순간을 잊어도 결정의 영향은 지속된다는 점입니다.

부모가 끌고 가는 공부를 하는 경우 배운 내용을 꾸역꾸역 삼키기만 하는 반쪽짜리 공부가 되기 쉽습니다. 그러면 공부란 내가 원하지 않는 방식으로 무언가를 꾹꾹 눌러 담는 행위라는 느낌의 이미지가

초등생을 위한 수학 공부몸 만들기

만들어집니다. 앞으로 공부를 할 때마다 자기도 모르게 그 이미지대로 행하게 됩니다. 본인을 힘들게 하면서 내면이 꾹꾹 눌리는 느낌이 들어야 공부를 한 것만 같습니다.

애초에 제대로 된 학습 경험을 통해 '이게 공부구나.'라고 느끼면 공부에 대해 긍정적 태도를 가질 수 있습니다. 반대로 공부가 뭔지도 모르겠는데 공부를 강요하면 공부에 대해 부정적 태도가 일찌감치 자리 잡습니다. 부정적 태도는 '나는 수학을 못해.' '나는 공부를 못하는 사람이야.'라는 또 다른 결정을 불러일으키기 쉽습니다.

고집을 부리고 억지를 부리는 아이들을 보고 있으면 기존 느낌에 익숙해져 있는 경우가 많고 자신의 느낌에서 벗어나지 않으려 합니다. 그래서 틀려도 자기 방식을 고수합니다. 이 아이들에게는 설득이나 다그침보다는 새로운 경험이 필요합니다. '이런 게 아는 거구나.' '아, 이런 게 공부구나.' 이런 새로운 깨달음을 느낌 차원에서 경험하면 변화는 일어납니다.

누가 공부의 키를 잡을 것인가

티칭과 코칭의 결정적인 차이는 교사와 학습자 중 어느 쪽을 공부의 주인공으로 보느냐에 있지 않을까 싶습니다. 제가 코칭에 관심을 갖게 된 이유는 코칭이 전달자가 아닌 학습자가 주인공이 되는 성장의 방식이었기 때문입니다. 학습자가 주인공이 되기 위해서는 판이 깔려야 합니다. 배움의 과정에서 교사의 역할이 있다면 학습자가 치고 나오기 위한 판을 깔아 주는 일입니다. 그래서 학습자의 생각이 피어오르게 만들 수만 있다면 그것을 코칭이 아닌 그 무엇이라 부르건 무슨 상관인가요?

도널드 L. 핀켈은 《침묵으로 가르치기》(문희경 역 | 다산초당 | 2010년)에서 학습자에게 경험을 제공하고 생각을 불러일으키라 했습니다. 코칭과 학습의 연결을 상상하면서 제가 배우던 방식과는 다르게 배움에 접근할 수 있겠다는 희망이 생겼습니다. 핵심은 학습자의 주도성을 깨우는 것입니다. 결국 학습의 일어남은 학습자가 주도적으로 움직일 때 가능한 작업이기 때문입니다. 초반에는 학습자의 주도성을 공부몸의 수많은 요소 중 하나 정도로만 여겼습니다. '암, 학습자의 주도성이 중요하지.' 정도였죠. 많은 책에서 언급하긴 하지만 명목상 하는 이야기라고 생각했습니다. 그런데 제 아이가 배우는 과정을 보면서, 함께하는 학생들을 지켜보면서, 그리고 제가 새로운 것을 배우는 과정에서, 주도성이 공부몸의 핵심 구성 요소라는 사실을 알게 됐습니다.

학습자의 주도성이 살아 있을 때 비로소 '공부 모드'가 시작됩니다. 공부를 짐수레 끌기에 비유해 보죠. 짐수레를 뒤에서 밀면 움직이기는 하겠지만 앞에서 끄는 힘과 비교할 수는 없습니다. 부모 주도성으로 학습자를 끌고 가면 흘리는 것도 많고 방향을 잡기도 쉽지 않습니다. 학습자가 짐수레를 끌고 가는 상황이라면 가진 힘을 목적지를 향해 온전히 쏟을 수 있습니다. 복잡하게 생각할 것 없이 공부의 키를 학생이 잡느냐, 부모 또는 교사가 잡느냐가 학습의 질을 결정할 거라는 건 자명하지 않나요?

변화는 변화를 원하는 사람에게만 일어납니다. 변하려는 의지가 없는 사람을 변화시킬 방법은 없습니다. 변화를 원한다 하더라도 변화를 장담할 수 없는데 '나는 옳다, 이대로도 충분하다.'라고 생각하는 사람을 어떻게 바꿀 수 있을까요? 변화의 의지와 책임을 스스로에게 얼마나 물을 수 있는지가 주도성과 연결됩니다. 꿈쩍도 하지 않으려고 하는 아이에게 학습의 일어남을 기대할 수는 없습니다. 스스로 뛰어 오르는 대신 위에서 던져 주길 바라는 마음을 가진 아이한테는 어떤 구조도 무의미합니다.

어리다고 주도성이 없지 않습니다. 잘 알고 싶고, 잘하고 싶은 건 누구나 마찬가지입니다. 그런데 부모가 어떤 문제를 틀렸는지, 무엇이 부족한지에만 관심을 가지면서 아이의 건강한 욕구를 무시하면 공부몸은 점점 위축됩니다. 처음엔 건강한 자기주도성으로 출발을 해도 부모의 욕심으로 어긋난 처방이 내려지면 결국 학습자의 주도성은 점점 희미해집니다. 하라는 대로 하니까 부모 주도성이 먹힌다는 느낌이 들 수 있습니다. 하지만 과정이 올라갈수록 바람에 볏짚 날아가듯 실체가 드러납니다. 더 이상 부모 주도성이 힘을 발휘하기 어려운 지점을 만날 수밖에 없습니다. 자기 힘으로 걸어 본 적도 없는 아이가 갑자기 뛸 수는 없죠. 이 시기가 오기 전에 부모 주도성에서 아이 주도성으로의 전환이 이뤄져야 합니다.

불씨가 있어야 불꽃이 피어난다

SBS 프로그램 〈정글의 법칙〉을 보면 생존지에 도착해서 가장 먼저 하는 일 중 하나가 불 피우기입니다. '파이어스틸'로 비교적 편하게 불을 피울 때도 있지만 맨손으로 도구부터 만들어야 할 때도 있습니다. 작은 불씨를 힘겹게 만들고 결국 활활 타오르게 만드는 장면은 볼 때마다 감탄하게 됩니다.

우선 불이 쉽게 붙을 만한 솜털이나 잘 마른 나뭇잎을 모읍니다. 그러곤 여러 사람이 돌아가며 마찰열을 일으켜 첫 번째 불씨를 만듭니다. 여기까지 몇 시간이 걸리기도 합니다. 호호 불어 가며 살려 낸 불씨를 김병만 씨가 넘겨받아 아기 어르듯 조심스럽게 흔듭니다. 그러다 어느 순간 확 솟아오르는 불꽃! 여러 번 봤지만 볼 때마다 자동으로 "우와~"란 감탄사가 나옵니다.

불씨가 불꽃이 되면 당분간은 큰 걱정 없이 스스로 잘 탑니다. 불씨와는 달리 꺼질까 봐 노심초사할 필요도 없습니다. 결국 우리에게 필요한 건 불꽃이지만 처음부터 불꽃을 만들 수는 없습니다. 시작은 불씨일 수밖에 없습니다. 공부가 되려면 불씨가 아닌 불꽃이 필요합니다. 불꽃을 피우기 위해 불씨를 만들어야 하고 이를 위한 별도의 노력이 필요합니다. 즉, 공부를 위해서는 두 번의 도약이 필요한 셈입니다.

왜 밥이 되지 않는지 궁금할 때는 가장 먼저 불의 세기를 확인해야 합니다. 똑같은 시간 동안 같은 재료를 넣고 요리를 해도 불의 세기에 따라 다른 요리가 될 수 있습니다. 불씨만으로는 요리를 할 수도 없고 몸을 데울 수도 없습니다. 불씨는 불꽃이 되었을 때 비로소 의미를 갖습니다. 제대로 공부를 하기 위해서는 공부 불꽃이 일어나야 합니다. 같은 시간, 같은 노력을 들여 공부하더라도 아이의 가슴 속에 불씨가 있느냐 불꽃이 있느냐는 다른 결과를 만듭니다. 겉으로는 성적이 좋고 별 문제 없어 보이는 아이가 자세히 들여다보면 불씨 상태에 머물러 있는 경우가 있습니다. 반대로 공부에 관심 없어 보이지만 매사에 열정적이고 재미를 느끼는 아이가 있습니다. 원하는 성과를 얻을 가능성은 후자가 훨씬 높지 않을까요?

불꽃을 살리는 '코칭형 부모'가 되자

시키는 공부에 길들여진 아이는 불씨 상태에 머물러 있거나 그마저도 꺼지기 직전의 상태입니다. 꺼트리면 안 된다는 걸 본능적으로 알기에 딱 혼나지 않을 만큼, 아직 살아 있다는 걸 보여 주는 정도의 불씨만 남겨 놓습니다. 아이가 공부를 하지 않으려 할 때, 공부를 한 다고 앉아 있기는 한데 다른 생각에 빠져 있을 때, 혹시 아이가 불씨 상태에 머물러 있는 건 아닌지 살펴볼 필요가 있습니다.

어찌어찌 불씨를 만들 수는 있지만 불꽃으로 넘어가지 못하면 끊임없이 밀려오는 주문에 질려 공부 상처에 빠질 수 있습니다. 특히 부모 주도성이 강한 경우라면 주의해야 합니다. 한번 감정적으로 멀어지면 다시 공부로 되돌아가기란 쉬운 일이 아닙니다.

모든 부모가 불꽃을 원합니다. 어느 순간 아이가 공부에 맛을 들여서 알아서 잘하길 바랍니다. 일반적인 부모라면 불씨를 만들려는 노력 정도는 합니다. 방임형 부모라 하더라도 아이가 알아서 불씨를 거쳐 불꽃으로 키워 내는 경우가 있습니다. 저는 여기에 더해 불씨를 불꽃으로 만들어 주는, 구조를 제공하는 '코칭형 부모'가 되자고 주장합니다. 불씨는 학교에 다니고 학원에 다니고 엄마랑 숙제를 해도 만들 수 있습니다. 문제는 불꽃을 만드는 구조는 다르다는 점입니다. 계속 공부를 시킨다고 불씨가 자연스럽게 불꽃이 되지는 않습니다. 불씨를 불꽃으로 연결하려는 코칭 마인드가 필요합니다.

불씨를 만드는 과정에서는 부모와 교사가 돌아가며 노력을 합니다. 하지만 일단 불씨가 만들어지고 하얀 연기가 피어오르면 한 사람이 들고 어르기 시작합니다. 이 사람이 바로 '학습자'입니다. 불씨 이후는 학습자의 몫입니다. 학습자는 불씨를 그 상태로 유지할 수도, 꺼트릴 수도, 불꽃으로 키울 수도 있습니다. 따라서 부모는 아이의 불씨를 불꽃으로 만들기 위해, 즉 학습이 일어나게 하기 위해 어떤 환경을 조성해 줄 것인지 고민하고 노력해야 합니다. 처음에는 운동장에서 같이 뛰며 격려도 하고 가이드를 해 줄 수도 있습니다. 하지만 불꽃을 만들기 위해서는 일단 부모가 운동장에서 빠져나와야 한다는 사실을 인정해야 합니다. 결국 실행은 아이의 몫이고 부모는 환경만 조성해 줄 뿐입니다.

글라이더를 날리려면 실에 묶은 채 도움닫기를 해야 하지만 어느 순간 실을 놓아야 할 때가 옵니다. 실에 매달려 있는 상태로 끌려가면 부모보다 앞설 수 없습니다. 연결이 끊어진 이후에야 부모를 앞설 수 있습니다. 부모의 도움 없이 혼자서 공부를 끌어가야 하는 순간은 반드시 옵니다. 그때 추락하지 않으려면 미리 혼자서 바람을 타는 법을 익혀야 합니다. 이를 위해 부모가 할 수 있는 일은 미리 선택권을 넘겨주면서 스스로 해 보고 결정할 수 있는 환경을 만들어 주는 일입니다.

모든 선택권을 아이에게 넘길 수는 없지만 세부적인 경계를 결정할 때 함께 상의하고 설명하면 학습자로서 존중받고 있다는 느낌을 받게 됩니다. 시행착오를 겪을 때도 같은 편이 되어 머리를 맞대는 경험을 하면 성과보다 노력이 중요하다는 확신이 생깁니다. 이렇게 안전하게 지지받는 환경 속에서 학습자의 주도성이 빛을 발할 수 있습니다.

• 끝까지 질문을 받지 말아야 할까?

질문을 받지 않는 방법과 관련해 자주 듣는 질문은 "얼마나 기다려 줘야 하나요?"입니다. 아이에게 시간을 줘도 온몸을 비틀고 있을 뿐 생각을 하는 것 같지 않다는 거죠. 질문을 받지 않는 방법에서 시간이 핵심 열쇠는 아니지만 시간에 대해 융통성 있게 접근할 필요는 있습니다.

실제로 저희 반 찬영이에게 이렇게 해 본 적이 있습니다. 미션 문제를 채점해 주면 들어가자마자 다른 답을 써 오길래 앞으로 5분 동안 채점을 안 해 주겠다 했습니다. 온몸으로 괴로움을 표현하다가 5분이 되자마자 채점을 받으러 나옵니다. 또 오답이길래 이번에는 '10분 동안 채점 금지'를 선언했습니다. 결국 찬영이는 '15분 채점 금지' 시간이 되어서야 배배 꼬인 몸을 풀고 생각을 하기 시작했습니다. "어! 어!" 하는 소리가 들리더니 15분이 지나자 의기양양한 얼굴로 나오며 말합니다. "선생님! 쿠폰 안 써도 되겠는데요. 질문 안 해도 해결됐어요!"

무작정 내버려 두는 게 목적은 아니기 때문에 학생의 상태를 잘 관찰하면서 시간을 설정해야 합니다. 처음부터 1시간 50분 미션 시간을 잘 견디는 학생도 있고 찬영이처럼 5분도 힘들어하는 학생도 있습니다. 거부감이 심하다면 5분부터 시작해서 조금씩 늘려가야 합니다. 시간의 양보다는 '이렇게 했을 때 내가 생각을 하는구나.' 하는 경험을 느끼게 해야 합니다. 그 경험을 하면 점점 시간이 늘어나도 내키진 않지만 받아들이겠다는 태도를 보일 수 있습니다. 스스로 문제를 풀게 하는 시스템이 갖춰진 학원에 다니는 게 아니라면 부모와 아이가 합의 하에 시간을 늘린다는 원칙을 가져야 합니다.

두 번째로 자주 듣는 질문은 "어떤 도움도 주면 안 되나요?"입니다. 스스로 해결하면 제일 좋겠지만 그래도 안되는 경우가 있죠. 할 수 있는 모든 시도를 해 봤다는 판단이 서면 도움을 줘도 괜찮습니다. 단, 직접적인 도움은 피해야 합니다. 부모나 교사 입장에서는 아이가 모르는 문제에 대해 처음부터 끝까지 풀이를 보여 주는 방법이 사실 가장 쉽습니다. 하지만 학습 효과는 제일 떨어지는 방법이지요. 이제 알겠다며 신나서 제자리로 돌아간 아이가 잠시 후 시무룩하게 돌아오는 이유입니다.

그래서 이때의 도움은 최대한 '코칭적'이어야 합니다. 학생의 공부몸이 움직이게 하는 방향이어야 합니다. 교사와 부모는 마지막 결승선을 학생 본인의 힘으로 통과할 수 있는 구조를 제공해야 합니다.

사람들이 조립식 가구를 사는 이유는 경제적인 이유도 있겠지만 스스로 만들었다는 성취감 때문이라는 주장이 있습니다. 만드는 과정에 개입하게 되니 완성품에 비하면 품질은 조금 떨어질지 몰라도 더 애착이 간다는 거죠. 마찬가지로 도움을 받았더라도 스스로 해냈다는 느낌을 받을 수 있으면 도움받아 문제를 해결하는 데 따른 부작용을 줄일 수는 있습니다.

부모님이 아이에게 할 수 있는 대표적인 코칭 전략은 '관점의 전환을 자극하는 질문하기'입니다. 생각이 한 방향으로 쏠리면 쉽게 다른 쪽으로 옮겨 가지 않습니다. 그때 문제와 직접적으로 상관없어 보이는 질문을 통해 좁아진 시야를 넓혀 줍니다. 4학년 1학기 문제 중 일부를 보겠습니다.

"……기차가 다리를 통과하는 데 4분이 걸렸다면……."

이 문장을 보고 한 학생이 물었습니다.

"완전히 통과한 건가요?"

충분히 할 수 있는 질문이지만 바로 답해 주지 않았습니다. 대신 이렇게 물었습니다.

"만약에 통과하는 중이었다면 문제에 뭐라고 쓰여 있었을까?"
"완전히 통과한 게 아니라면 4분은 뭘 하는데 걸리는 시간일까?"

이런 질문을 통해 '통과했는지 안 했는지'의 관점에서 벗어날 수 있고 출제 의도 쪽으로 에너지를 돌릴 수 있습니다. 관점 전환을 의도하는 질문은 문제에 따라 학생의 질문에 따라 얼마든지 다른 형태가 될 수 있습니다. 몇 가지 다른 예를 들어 보겠습니다.

"부등식의 성질을 이야기해 볼래요?"

"예제 3번에서 강조했던 게 뭐였죠?"

"괄호 안에 있는 내용은 뭘 말하고 싶은 걸까요?"

"구하라는 게 뭔지 확인해 봤나요?"

"이 도형은 어떤 도형일까요?"

만약 질문을 해도 여전히 감을 못 잡는 상황이라면 질문의 초점을 더 좁혀 봅니다. 문제에서 최종적으로 '24와 36의 공약수 중에서 7보다 큰 것'을 구해야 하는 상황의 예입니다. 학생이 7보다 작은 공약수까지 모든 공약수를 다 써 왔을 때의 상황입니다.

질문 1: 문제 조건을 모두 활용했나요?

첫 번째 질문이 너무 넓었기 때문에 학생은 얼떨떨한 상태로 돌아갔습니다. 그래서 약간의 시간이 지난 후 조금 더 구체적인 두 번째 질문을 했습니다.

질문 2: 지금 공약수에만 집중한 것 같은데, 처음에 나머지가 있었던 건 확인했어요?

공약수에 집중되어 있는 에너지를 나머지로 돌리는 거죠. 나머지의 존재를 짚어 주는 정도면 충분합니다. 이후부터는 학생의 몫입니다. 나누는 수와 나머지의 관계에 대해서는 본인이 발견해야 합니다. 만약 이야기를 들어 봤을 때 그 부분에 대한 개념 자체가 부족하다면 나눗셈에 대한 선수 학습을 다시 다지고 돌아와야 합니다. 이때도 마지막 연결은 학생이 직접 하도록 선을 그어야 합니다.

비슷한 예로 '옳지 않은 것을 모두 골라라.'라는 문제에 대해 "항상 옳지 않은 거예요?"라고 물으면 다음과 같이 두 가지 버전으로 대응할 수 있습니다.

질문 1: 예제 1번에서는 항상 옳은 것을 어떻게 골랐나요?

질문 2: 옳은 거랑 옳지 않은 거랑 섞여 있으면 옳은 걸까요?

결국 코칭 질문은 좁은 시야를 넓혀 주고, 여기만 보던 시선을 저기도 볼 수 있게 돌려 줍니다. 초점의 방향과 범위만 달라져도 깨달음이 일어나는 경우가 많습니다. 직접적인 도움을 줬을 때보다 이해가 잘 되는 것은 물론이고 개념을 정교화하는 데도 큰 영향을 줍니다. 이런 해결 방식에 익숙해져야 질문이 떠오를 때 스스로 역질문을 해 보면서 상황을 파악하는 습관이 생깁니다.

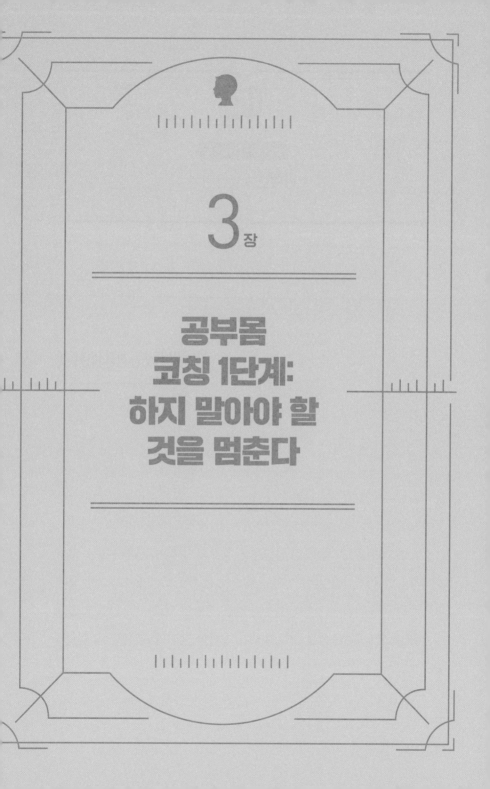

3장

공부몸 코칭 1단계: 하지 말아야 할 것을 멈춘다

성적만을 좇는 공부

고정 마인드셋과 성장 마인드셋

스탠퍼드 대학의 심리학 교수인 캐롤 드웩Carol Dweck은 사람이 가진 두 가지의 마음가짐, 즉 '고정 마인드셋fixed mindset'과 '성장 마인드셋growth mindset'을 소개합니다. 그리고 오랜 연구를 통해 마인드셋이 사람들의 성공을 돕기도 하고 막기도 한다는 사실을 밝혔습니다.

고정 마인드셋을 가진 사람들은 자신의 능력이 변하지 않고 고정되어 있다고 믿습니다. 그래서 자신의 능력이 드러나는 도전을 하지 않으려 하고 부족한 점을 감추려 하는 경향이 있습니다. 하지만 성장 마인드셋을 가진 사람들은 자신의 능력이 발전할 수 있다고 믿습니다. '도전이 능력을 키워 준다.'라고 믿기 때문에 기꺼이 도전하며, 실패해도 개의치 않고 새로운 도전에 나서게 됩니다.

자녀의 성취를 칭찬할 때 "와, 너 정말 똑똑하구나." 또는 "너 천재 아니니?" 대신 "끈기 있게 도전하더니 결국 해냈구나."라고 칭찬을 해야 한다는 사실은 널리 알려져 있습니다. '능력'이 아니라 '과정'에 대한 칭찬이 아이의 성장에 도움이 된다는 사실 역시 마인드셋의 연구 결과가 뒷받침하고 있습니다. 과정에 초점을 맞춘 칭찬을 받은 아이는 당장의 실패에 연연하지 않습니다. 대신 그 실패를 새로운 도전을 위한 디딤돌로 생각합니다. 하지만 재능 위주로 칭찬을 받거나 성과를 추구하는 분위기에 익숙한 아이는 그런 평가를 받을 만한 일만 하려고 듭니다. 이러한 경향성이 강해지면 부정행위를 통해서라도 성취를 부풀리려는 부작용에 시달릴 수도 있습니다.

성장 마인드셋이냐 고정 마인드셋이냐? 둘 중에 하나를 고르라면 당연히 전자를 택할 겁니다. 하지만 도덕 시험을 다 맞는다고 도덕적인 사람이 되는 게 아닌 것처럼 우리는 성장 마인드셋을 지향하지만 마음 속에는 고정 마인드셋이 어느 정도 내재되어 있습니다. 한국 사회를 살면서 성장 마인드셋을 자연스럽게 취하기는 쉽지 않습니다. 정말 도드라지는 몇몇의 학생을 제외하고는 두 마인드셋이 섞여 있는 경우가 대부분입니다. 지금이야 포인트, 쿠폰, 승급 따위에 집착하는 정도로 끝나지만 이런 집착이 공부보다 '성적'만을 좇을 가능성을 무시할 수 없습니다.

그래서 부모의 가이드가 중요합니다. 공부를 잘하는 학생이건 못하는 학생이건 부모의 영향을 받는 경우가 대부분입니다. 부모가 물려준 유전자가 아니라 부모가 공부를 바라보는 관점이 고스란히 아이에게 투영되는 경우가 많기 때문입니다. '너 그렇게 공부하면 대학 못 간다.'라는 식의 질책이 성장 마인드셋을 길러 줄까요? 공부를 하냐, 안 하냐 차원에서 아이를 옭아매면 딱 그런 차원의 반응이 나옵니다. 마지못해 숙제를 하고, 부모가 바라는 걸 하고 있다고 보여 주기 위해 노력합니다. 부모가 아이의 공부몸을 돌보지 않고 성과만 강요하면 아이는 점점 공부가 아닌 것을 공부라 여기게 됩니다. 이들이 자주 보이는 모습을 정리해 보면 다음과 같습니다.

1. 부정행위를 서슴지 않는다.
2. 성적, 등수처럼 겉으로 드러나는 지표에 유난히 집착한다.
3. 다른 사람을 무시하고 자신을 과시한다.
4. 결과만 좋으면 과정은 중요하지 않다고 생각한다.
5. 예습해서 맞은 문제를 자기 실력으로 풀었다고 믿는다.

'나는 잘할 수 있다.'라고 믿는 학생은 현재 본인의 상태와 상관없이 본인이 '성장할 수 있음'을 믿습니다. 따라서 지금 나의 약점과 강점이 무엇인지를 알고 싶어 합니다. 공부몸의 상태를 객관적으로 파악해야 성장할 수 있으니까요. 반면에 '나는 잘한다.'라고 믿는 학생은

초등생을 위한 수학 공부몸 만들기

그 믿음에 어긋나는 결과는 받아들이려고 하지 않습니다. 그래서 자신을 직면하려 하지 않고 선별적으로 받아들이면서 환상 속의 나를 가꿉니다. 성적을 지향하는 공부를 하는 아이들은 어설픈 공부몸을 감추면서 지금 상황을 모면하려고만 합니다. 어쩌면 이 아이들에게는 위장 능력이라는 엉뚱한 역량만 성장하고 있는지도 모릅니다.

성적에만 연연하는 아이들

동구는 모범생입니다. 학습 기록을 보면 흠잡을 데가 없습니다. 그런데 칭찬받는 경우보다 혼나는 경우가 많습니다. 주로 이런 상황입니다.

"합이 90이 되는 제곱수 3개를 찾아봅시다."

다른 친구가 답을 맞히자 동구가 말하길,

"천잰데!"
"네가 못 맞힌 걸 맞히면 천재가 되는 거야?"
"네!"

잠시 후, 두 번째 문제를 동구가 맞혔습니다.

"와~ 난 천잰가?"

우리 반에는 금기어가 있습니다. '천재' '바보' '똑똑하다' '멍청하다'
와 같이 학습자의 재능을 단정하는 표현을 쓰면 불이익을 당합니다.
기껏 '질문과 대화가 살아 있는 교실'을 만들어 놨는데 물을 흐린 죄
랄까요? 그래서 동구는 문제를 맞히고도 포인트를 못 받았습니다(황소
에서는 개념 탐구 문제와 예제 문제를 교사의 설명 전에 미리 풀어 보게 하고 문제를 맞히면 포
인트를 줍니다. 또한 수업 중 남다른 아이디어를 발표한 학생에게도 포인트를 줍니다. 포인트
는 각종 쿠폰을 구입하는 데 사용합니다).

　동구는 전형적인 '결과 지향적 학생'입니다. 점수, 등수, 포인트 등
에 필요 이상으로 매달립니다. 퀵테스트에서 문제를 다 맞힌 학생이
쿠폰을 받으면 대놓고 배 아프다고 이야기합니다. 조금 남다른 답변
을 한 마디 하고 '포인트 안 줘요?'라고 바로 조릅니다. 당연하게도 승
급에 관심이 많아서 필요한 조건 획득에 '올인' 중입니다.

　여기까지는 큰 문제가 되지 않을 수 있습니다. 동기야 어찌 되었
든 열심히 하겠다는 거니까요. 문제는 과정입니다. 동구가 수업 시간
에 발휘하는 집중력은 성적이 비슷한 다른 학생들에 비하면 높은 편
이 아닙니다. 수업 중에 제가 질문을 하면 순간 얼굴이 확 일그러집니
다. 교사의 기대에 부응하는 근사한 답을 꺼내야 한다는 압박과 마음

154

초등생을 위한 수학 공부몸 만들기

처럼 되지 않는다는 답답함이 동시에 느껴집니다. 정해진 답을 기대하고 묻는 게 아니라고, 틀려도 괜찮다고 여러 번 이야기했는데도 그렇습니다.

동구와 같은 반인 은채가 또 기한 내에 시험을 못 봤습니다. 기간 안에 시험을 안 보면 감점 처리됩니다. 이런 경우가 한두 번이 아닙니다.

"이걸 어떻게 해결하면 좋을까? 은채를 볼 때마다 '은채, 시험 봤니?'라고 일러줄까?"

"아니요!"

은채 대신 동구가 대답합니다.

"왜?"

"은채가 저보다 더 잘 볼 수 있잖아요."

은채가 성적이 좋은 편이니 감점되면 자기한테 유리하지 않겠냐는 이야기입니다. 농담 같은 이야기였고 다른 학생들은 웃었지만 동구는 진지했습니다. 순간 관심 대상이 은채에서 동구로 넘어갔습니다.

"동구야, 은채가 너의 경쟁 상대일까? 학원에서 다른 누구보다 시험 점수가 잘 나왔다는 게 무슨 의미일까? 먼 훗날 이 순간을 돌아보면 어떤 느낌일까?

이 교실에 너의 경쟁 상대는 없어. 나는 동구가 어제의 동구보다 나아지려는 사람이었으면 좋겠어. 옆에 있는 사람을 쓰러뜨려서 돋보이려는 사람이 아니라."

이런 동구의 성향은 타고난 걸까요? 동구는 분명 주변 사람들의 영향을 받았을 겁니다. 부모는 이런 상황에서 한 발 빼는 경향이 있지만(제가 그렇게 이야기하지는 않거든요) 설령 부모의 영향이 아니더라도 방조한 책임마저 면하지는 못합니다. 동구는 과제도 잘해 오고 성적도 나쁘지 않은 편입니다. 하지만 공부를 잘하는 학생이냐고 물으면 저는 답을 주저할 수밖에 없습니다.

동구의 질문을 들어 보면 공부몸의 상태가 어느 정도 파악됩니다. 배운 내용을 충분히 소화했다면 하지 않을 질문을 주로 합니다. 계속 오답이 나오니 답을 맞히기 위해 질문을 하는 거죠. 저는 배운 내용과 이 문제가 어떻게 연결되는지 다시 보여 주려고 하지만 동구는 큰 관심을 보이지 않습니다. 잘 안될 때의 대응 방식을 개선하려 하지 않고 답을 맞히는 것에만 혈안이 되어 있다 보니 다음번에도, 그다음 번에도 비슷한 패턴의 질문을 하게 됩니다. 이 패턴이 유지되는 한 '공부를 잘한다.'라고 이야기할 수는 없습니다. 이런 식입니다.

초등생을 위한 수학 공부몸 만들기

"여기에서 닮음인 삼각형이 뭐랑 뭘까?"

"못 찾겠어요. 이거랑 이건가?"

"왜?"

"아…… 아니구나. 그럼 이거랑 이거요."

"좋아. 한 쌍 더 있는데……."

"음…… 못 찾겠어요."

수업 중에 다뤘던 비슷한 문제를 찾아가서 닮음인 삼각형을 찾아보라 했더니 금방 찾습니다. 다시 원래 문제로 돌아와서 닮음을 찾아보라고 했습니다. 조금 시간이 걸리긴 했지만 결국 혼자 힘으로 모두 찾아냅니다. 곧이어 저의 일장 연설이 시작되었습니다.

"동구야, 지금 도형의 닮음을 배우고 있잖아. 먼저 할 일은 주어진 상황에서 닮음인 삼각형들을 찾는 거야. 특히 평행선이 주어지면 같은 크기의 각들이 등장하면서 닮음인 삼각형이 많이 등장하겠지. 그러면 평행선 주변부터 뒤져 보는 거야. 물고기가 많이 있는 곳에서 낚시를 하는 거랑 마찬가지지. 그렇게 찾는 연습을 하다 보니까 방금처럼 '평행선의 왼쪽에 있었다면 오른쪽에도 있을 수 있구나.'라는 패턴이 보이기 시작해. 이건 내가 이야기 안 했는데도 동구가 발견했단 말이야. 이런 깨달음은 온전히 동구 머릿속에 쌓이는 동구만의 무기가된다고.

또 이것 좀 봐. 우리는 지금 이 둘이 평행이라는 조건 하나만 가지고 이야기했어. 여기에 조건이 2개 더 있지. 이 각각의 조건들이 우리한테 할 이야기가 있을 거라고. 그럼 동구가 할 일은 그 이야기가 무엇일지 들어 보고 쫓아가 보는 거야. 그리고 이미 발견한 닮음인 삼각형들하고 연결해 보는 거지.

이게 공부야, 동구야. 문제를 대충 읽고 답이 뭘까 이것저것 찔러 보는 게 아니라, 문제가 나한테 거는 말을 듣고 그 숨은 뜻을 알아차려서 그 문제가 오라고 부르는 곳에 깊숙이 들어가는 게 공부라고. 이게 문제를 보자마자 술술 되지는 않아. 나름의 시행착오가 있을 거야. 그래도 전략도 없이 끙끙거리기만 하는 거랑은 다르지. 그리고 이 과정이 익숙해지면 해결 과정이 점점 부드러워진다는 느낌이 들 거야. 막힌다고 해도 '흠, 내가 뭘 잘못 읽었을까?' '혹시 빠트린 조건이 있나?' 혹은 '개념 중에 잘못 알고 있는 건?' 이런 식으로 되짚을 여유가 생겨. 보니까 동구는 답을 다 맞혔지만 이런 식으로 풀이를 한 것 같지는 않아. 답을 쫓아가는 과정이 아니라 풀이 과정에서 말끔하지 않은 부분을 찾아서 해결하는 과정에 집중해야 해."

동구처럼 겉지표가 좋은데 속지표가 별로인 경우가 의외로 많습니다. 지금이야 겉지표에 가려 속이 보이지 않을 겁니다. 자신도 부모도 만족하고 있겠죠. 초등, 중등 과정에서는 동구 같은 학생을 분별하기가 쉽지 않습니다. 성적은 좋지만, 공부를 잘한다고 말하기는 무리

인 학생들. 이런 아이들을 부모나 교사는 승부욕이 넘치는 모범생 정도로 가볍게 생각하기 쉽습니다. 동구가 고등 과정에서는 어떤 모습을 보일지, 대입에서는 어떤 결과를 얻을지는 모르죠. 다만 지금의 상태를 뛰어넘는 도약의 순간이 반드시 필요하다는 건 확실히 이야기할 수 있습니다.

1등 하면 되는 거 아니냐고?

유사공부행위로는 원하는 결과를 얻을 수 없습니다. 진짜 공부와 유사공부행위를 분별해 내기란 쉽지 않지만 그 분별없이 결과가 달라지길 바라서도 안 됩니다. 꽤 많은 학생이 유사공부행위를 하지만 당사자는 물론 부모들도 그 사실을 모릅니다. 그러니 부모라면 내 아이가 공부몸이 움직이는 진짜 공부를 하고 있는지 면밀히 살펴야 합니다.

무엇보다 공부의 외면적 요소에 대한 강조를 그만하시라 말씀드리고 싶습니다. 성적이 떨어졌다고 혼나고, 숙제를 안 했다고 혼내면 자연스럽게 겉지표로 에너지가 모입니다. 어떻게든 그 상황을 피하고 싶고 그러다 보면 자연스럽게 공부몸이 위축됩니다. 그리고 온갖 부작용이 시작됩니다.

윤우는 꼭 한두 문제 때문에 숙제를 완성하지 못하는 경우가 많습니다. 그러던 어느 날 옆 친구 교재를 보고 답을 고치는 걸 제가 보았습니다. 강하게 훈계를 하고 벌점을 줬더니 윤우가 큰 목소리로 "1등하면 되는 거 아니에요?"라고 받아칩니다. 많이 당황했습니다. 아무리 초등학생이라 해도 부정행위가 옳지 않다는 걸 모를 리 없습니다. 이 정도 반응이면 분명 사연이 있지 않을까 싶었습니다.

아니나 다를까, 상담을 해 보니 언니 둘이 이 학원 출신이고 상위 레벨을 무난하게 마쳤다고 합니다. 윤우의 어머니는 "언니들은 안 그러는데 이 아이는 왜 그런지 모르겠네요."라며 답답해했습니다. "1등하면 되는 거 아니에요?"라는 이야기를 들었을 때의 당황스러움이 금세 사그라졌습니다.

잘난 부모 밑에서 자란 아이들과 마찬가지로 잘난 형제자매와 자란 아이들은 인정 욕구가 강합니다. 이들은 어려서부터 알아서 잘했던 형제자매와 귀가 아프게 비교하는 소리를 들으며 컸겠죠. 본인도 그렇게 되고 싶다고 생각한 적도 있을 테지만 어느 순간 그 차이가 따라가기 힘들 정도로 벌어지면 문제가 생깁니다. 잘하고 싶은데 잘 안 됩니다. 그런데 자기는 잘하는 사람이어야 합니다. 그러면 고개가 옆으로 돌아갈 수 있습니다.

철민이도 비슷한 경우였습니다. 날카로운 질문으로 저를 여러 번 놀라게 했던 철민이는 연속해서 숙제를 안 해 왔습니다. 철민이의 공부몸을 봤을 때 내용이 어려워서가 아닌 건 분명합니다. 상담을 하면서 비로소 실마리가 잡혔습니다. 철민이의 형은 성적이 좋다고 합니다. 워킹맘인 어머니는 막내를 살뜰히 챙길 여유가 없습니다. 그런데도 기대치가 있으니 막내도 형만큼 하기를 바랍니다. 총명했던 철민이는 그 기대에 부응하기 위해 모든 역량을 쏟아부었습니다. 주말마다 영재원에 다니고, 학교에서 실시하는 대회란 대회는 모두 참가했는데 어머니가 참가 여부 자체를 모르는 경우도 많았답니다. 이렇게 일을 벌이다 보니 감당 못 할 순간이 온 겁니다. 충분히 할 수 있는 숙제에 손도 못 댈 만큼 공부몸이 얼어붙어 버린 거죠.

모든 사람에게는 인정 욕구가 있습니다. 특히 부모나 본인이 롤모델로 삼는 사람에게는 더 인정받고 싶습니다. 솔직히 부모가 아이의 인정 욕구를 이용하는 경우도 가끔 있지 않나요? 아이들은 주변을 많이 의식합니다. 부모나 형제가 아니어도 친구들, 교사 그리고 다른 어른들이 자신을 어떤 기준으로 판단하는지 잘 알고 있습니다. 어떻게 해야 바람직한 아이가 되는지도 잘 알고 있죠.

이 압박의 틈바구니에서 버둥거리는 과정은 스트레스일 수밖에 없습니다. 그 스트레스가 적당하면 건강한 성장을 이끄는 동력이 될 수도 있지만 자칫 엉뚱한 방향으로 공부몸을 몰아갈 수 있습니다.

마흔 넘어서 탁구를 배우기 시작했습니다. 여건상 게임은 거의 못 하고 주로 레슨만 받습니다. 조금씩 성장하는 느낌이 좋아서 영상을 찾아보기도 하고 온라인 카페에서 조언을 듣기도 합니다.

얼마 전 카페에서 배운 지 한 달쯤 된 회원이 올린 글을 봤습니다. 탁구장에서 게임을 하고 싶은데 민폐인 것 같기도 하고 끼워 주지도 않아서 고민이랍니다. 본인의 레슨 코치도 스윙이 어느 정도 자리 잡히기 전까지 시합은 가급적 하지 않았으면 좋겠다고 했다네요. 그런데도 게임을 하면 정말 안 좋은 건지, 언제쯤 하는 게 좋은지 물어보는 질문이었습니다. 대부분의 답글은 레슨 코치의 반응과 비슷했습니다. 제대로 배우기 전에 게임을 많이 하면 폼이 망가진다, 동기 부여 차원에서 게임을 아예 안 할 수는 없겠지만 가급적 1년 정도까지, 혹은 기본적인 기술을 닦을 때까지는 자제하는 걸 추천한다는 이야기가 대다수였습니다.

유난히 '포핸드 롱(탁구에서 가장 기본적인 기술)' 실수가 많았던 날, 레슨 후에 관장님께 이미 여러 번 했던 질문을 다시 했습니다. "포핸드 롱을 잘하려면 어떻게 해야 할까요?" 전에는 보통 "연습을 많이 해야죠. 시간이 해결해 줍니다. 어느 순간 이거다 싶은 감이 와요." 하시면서 허허 웃고 마셨는데 그날의 답은 달랐습니다.

"빈 스윙(공 없이 몸만 움직여서 하는 스윙) 연습을 많이 하셔야 해요."

며칠 전 읽었던 카페 글이 떠오르면서 공을 줍다 말고 관장님 말씀을 한참 경청했습니다.

"시합을 하게 되면 아무래도 공을 쫓을 수밖에 없죠. 폼이 어느 정도 잡힌 상태에서는 그나마 구질에 따라 최적화된 상태로 공에 대응을 하는데, 초보인 경우는 공을 쫓아가서 쳐 넘기기에만 급급하게 되고 그렇게 망가진 폼이 굳어지는 경우가 많아요."

탁구는 공을 상대 테이블로 넘겨서 득점하는 경기이긴 하지만 그걸 하기 위해서는 역설적으로 공이 없는 상태에서 스윙을 다듬어야 한다는 이야기였습니다.

공부를 하는 이유 중 하나는 성적을 잘 받기 위해서입니다. 하지만 처음부터 성적에만 매달리면 부작용이 생기는 경우가 많습니다. 반대로 공부에 대한 길이 잘 들어 있으면 학습자가 가진 역량을 최대치까지 발휘할 수 있게 되고, 원하는 성적을 받을 가능성도 높아집니다. 그나마 여유 있는 초등 시절에 당장의 성적에 집착하기보다는 제대로 된 공부몸을 갖추는 데에 공을 들일 필요가 있다고 제가 계속 강조하는 이유가 바로 이겁니다.

새로운 것을 내 것으로 만드는 능력, 생각의 오류를 스스로 바로잡는 능력, 피드백을 통해 연습의 방향을 수정하는 능력, 제대로 된 복습을 통해 개념을 정교화하는 능력, 지난한 학습 과정을 견뎌내고 스스로에게 동기 부여하는 능력. 이런 능력들이 제대로 갖춰지시 않은 상태에서 아이를 몰아치면 아이의 공부몸은 성적만을 좇게 됩니다.

사실 빈 스윙의 중요성은 저도 알고 있었습니다. 엘리베이터만 타면 거울을 보면서 열심히 빈 스윙을 합니다(혼자 있을 때만요). 하지만 엘리베이터 밖에서 빈 스윙을 한 적은 레슨받기 시작한 초창기 빼고는 거의 없습니다. 왜냐고요? 재미가 없거든요. 그래서 저는 배운 지 한 달 된 사람이 "게임하면 안 돼요?"라고 묻는 마음이 이해가 됩니다. 나도 저렇게 멋지게 게임하고 싶은데, 저런 거 하고 싶어서 레슨받는 건데, 구석에 가서 거울 속의 나를 파트너 삼아 팔을 휘두르라니.

성적에 일희일비하는 부모의 마음도 비슷하지 않을까요? 공을 좇는 마음, 성적을 우선시하는 마음은 이해하지만 지금 중요한 것은 기본기입니다. 기본기가 잡히면 그에 상응하는 결과가 부상처럼 따라옵니다. 처음부터 부상에 눈이 멀면 오히려 이런 이유로 부상과 멀어집니다. 아이러니하지만 이게 무언가를 배울 때 적용되는 원리입니다.

성적이 좋으면 공부를 잘하는 걸까?

3년 가까이 한 학생의 부모님과 상담을 하다 보면 학생 관련 이야기가 아니라도 교육에 대한 대화를 나눌 기회가 생깁니다. 제가 모범적인 공부몸을 가졌다고 평가하는 지연이의 어머니와도 자주 교육과 관련된 대화를 나눕니다. 어느 날 지연이 어머니에게 인상적인 질문을 받았습니다.

"공부 쪽이 아니라고 생각했을 때 다른 길로 일찌감치 가는 걸 어떻게 생각하시나요?"

"일단 저는 성적이 좋은 것과 공부를 잘하는 것은 다르다고 생각합니다. 무슨 말인지 아시겠어요?"

역시나 매우 혼란한 눈치입니다. "둘이 같은 말 아닌가요?"라고 말씀하셔서 이야기를 시작했습니다.

"아니에요, 둘은 분명히 달라요. 성적은 좋지만 공부는 못하는 사람이 있어요. 반대로 공부는 잘하지만 성적은 안 좋은 사람도 있죠. 물론 그 둘이 일치하는 경우가 많긴 하죠. 그래서 사람들이 두 표현을 혼용하는 거고요.

성적이 좋은 학생 중에서 공부를 못하는 학생은 여러 가지 단기적인 이유로 좋은 성적을 받은 겁니다. 새로운 것을 자기 것으로 받아들이는 능력은 젬병인 경우가 많아요. 그런데 또 배우는 능력은 갖췄지만 여러 이유로 당장의 성적은 좋지 않은 경우도 있어요. 저는 차라리 후자가 낫다고 생각해요.

아시겠지만 4차 산업 혁명 시대에는 누구도 미래를 장담할 수 없죠. 이럴 때일수록 중요한 것은 배우는 능력일 거고요. 무언가를 배워야 할 때가 왔을 때 자신을 어떻게 활용해야 하는지를 알고 있어야 그 기회를 활용하겠죠.

학창 시절은 배우는 법을 익히는 기간이어야 해요. 검색만 하면 나오는 지식, 써먹지도 못할 수학 공식을 뭐 하러 배우냐 하는데, 배움을 연습하기 위한 소재라고 생각하자는 겁니다. 낯설기만 했던 이차함수를 능숙하게 다룰 수 있고, 멀게만 느껴지던 프랑스 혁명에 대해 개념이 잡히는 경험을 해 보는 거죠. 저는 공부머리라는 게 따로 존재한다고 보지 않아요. 이런 자극을 통해 공부몸이 만들어지는 거죠.

학창 시절은 긍정적인 학습 경험을 쌓으면서 공부몸을 만들어 가는 과정이어야 해요. 말씀하신 것처럼 공부 쪽은 아닌 것 같으니 운동이나 음악을 해 보는 게 어떻겠냐는 이야기를 흔히들 하는데, 어떤 분야든 공부 아닌 게 있나요? 전문가가 되기 위해서는 배우는 법을 익혀야 합니다. 이제 평생 학습 시대잖아요. 계속 우리는 뭔가 배워야 해요. 이럴 때일수록 공부하는 능력은 필수라고 봐야죠.

짐 콜린스는 《좋은 기업을 넘어 위대한 기업으로》(이무열 역|김영사 |2021년)에서 "좋은 것은 위대한 것의 적이다."라고 말했어요. 좋은 상태에 만족해 버리면 지금 상황에서 마땅히 짚고 넘어가야 할 것, 혹은 해결해야 할 것들에는 관심이 사라진다는 이야기죠. 공부에서는 좋은 성적이 그런 역할을 해요. 당장의 성적이 좋으면 문제가 없다는 결론을 쉽게 내립니다. 물론 성적이 좋으면 공부를 잘하는 경우가 대부분이긴 하죠. 하지만 아이가 어릴수록 이 둘은 구별이 되어야 하고 성적보다 공부에 초점을 맞춰야 해요. 성적에 초점을 맞추면 공부몸의 허약한 상태가 가려서 보이지 않거든요.

그런 의미에서 지연이한테 자주 해 주셨으면 하는 이야기가 있어요. "성적 안 나와도 괜찮아. 이번에 열심히 했으니까 된 거야. 점수는 지금 어디가 부족한지 알려 주는 역할을 하는 거야. 성적보다 중요한 건 공부야. 수업 열심히 듣고, 복습 철저히 하고, 시험 준비 잘하고, 시험 때 검토 열심히 했으면 된 거지. 아쉬운 부분들은 다음 시험 준비할 때 참고하면 돼."

3장 공부몸 코칭 1단계: 하지 말아야 할 것을 멈춘다

점수는 지금 어디가 부족한지
알려 주는 역할을 하는 거야.
성적보다 중요한 건 공부야.

초등생을 위한 수학 공부몸 만들기

채우기만 하는 공부

기도하지 말고 시도하라

"주님, 저에게 힘을 주세요. 제가 퀵테스트를 잘 볼 수 있게 해 주
세요. 부탁합니다, 주님."

교실 맨 앞에 앉은 명호의 목소리입니다. 황소에서는 수업 시간마
다 일주일 전에 배운 내용에 대한 네 문제짜리 퀵테스트를 봅니다. 수
업이 시작되자마자 시험을 치르다 보니 퀵테스트 직전의 교실은 이
제 막 도착한 아이들이 만들어 내는 어수선함으로 가득합니다. 차분
히 앉아서 시험 준비를 하라는 제 말 뒤에 명호의 기도가 시작됐습니

다. "관종!" 뒤에서 낮게 수군거리는 소리가 들렸고 저는 못 들은 척했습니다.

수학 시험을 잘 보는 방법은 간단합니다.

1. 문제를 잘 읽는다.
2. 구하라는 것(타깃)과 그것을 구하기 위한 문제의 조건을 파악한다.
3. 내가 알고 있는 것을 이용하여 조건과 타깃을 연결하려고 노력한다.

잘 푸는 학생들은 모두 이 과정을 따르고 있습니다. 못 푸는 학생들은 저마다의 이유로 이 과정에서 조금씩 엇나가 있습니다. 1번과 2번은 독해력과 분석력에 관한 이야기입니다. '똑바로 읽어야 할 거아냐! 아닌 것을 고르라고 했는데 맞는 걸 고르면 어떻게 해!' 차원의 이야기가 아닙니다. 무엇에 대한 문제인지, 문제에서 준 상황은 어떠한지, 유념해야 할 조건은 무엇인지를 가려내는 작업입니다. 즉, 문제의 의도를 명확히 파악해 낼 수 있어야 합니다. 수학 실력 이전에 능동적 독서력, 상황 파악력 등이 필요하고 해당 개념에 대한 정확한 지식도 필요합니다. 여기까지도 안되는 친구들이 의외로 많습니다.

진정한 실력을 가르는 기준은 3번입니다. 문제를 똑바로 읽고, 개념에 대해 알아도 주어진 조건들을 연결하는 능력이 떨어지면 수학실력은 없다고 봐야 합니다. 한다고 하는데도 안 된다는 부모들의 고민은 대부분 이 언저리에서 답을 찾을 수 있습니다.

특히 나중에 설명을 들었더니 이해하는 경우라면 거의 100퍼센트입니다. 점과 점은 찍혀 있는데 점들끼리 연결이 되어 있지 않은 상태. 구슬이 서 말이나 있는데 꿰지 않은 상태. 문제의 의도를 파악했으면 내가 아는 것과 문제에서 요구하는 것을 연결하려는 다양한 시도를 해 봐야 합니다. 당연히 한 번에 되지 않습니다. 오히려 한 번에 되는 상황에 중독되는 게 위험합니다. 이렇게 했을 때 안 되면 저렇게 해 보고, 그게 안 됐을 때는 또 다르게 해 보고……. 이러한 시도들 자체가 3번에서 요구하는 생각하는 힘을 기를 수 있는 유일한 스킬입니다.

강을 건너기 위해서는 건너려는 시도를 해야 합니다. 내가 강 건너편에 있으면 좋겠다는 마음이 아무리 간절해도 그 자체가 우주의 기운을 끌어모으진 못합니다. 하다못해 옆에 있는 돌멩이를 던져 돌무더기가 솟아오르길 바라기라도 해야죠. 시도는 하지 않고 실력이 늘기를 바라는 것은 '근육 키우는 법' 동영상을 보면서 근육맨이 되기를 바라는 것과 같습니다. 적당히 끊을 줄 알았는데 기도가 길어집니다. 진지하게 손을 모으고 중얼거리는 명호에게 다가가 조용히 속삭였습니다.

"명호야, 기도하지 말고 시도해."

'안다'를 '할 수 있다'로 바꾸려면

공부가 집짓기라면 집을 짓는 데 필요한 재료가 개념입니다. 재료를 얹는 것만으로도 얼추 집 비슷한 모양을 만들 수는 있습니다. 하지만 숙련된 노동자가 정교한 작업을 통해 재료를 쌓아 올렸을 때 비로소 제대로 된 집이라 할 수 있습니다. 이때 재료를 다루는 노동자의 솜씨가 바로 '생각하는 힘'입니다. 생각하는 힘은 눈에 띄지 않아서 간과하기 쉽습니다. 중요성을 인정받지도 못하고 발전시켜야 한다는 생각을 하기도 힘듭니다. 하지만 무게 중심을 생각하는 힘으로 옮기기만 해도 많은 것들이 해결됩니다.

흔히들 '초등, 중등은 쉽다.'라고 이야기합니다. 개념 자체의 난도가 낮다는 이야기입니다. 생각하는 힘에 대해서는 그다지 관심을 두지 않습니다. 그래서 쉬운 내용을 배울 때 얼른 진도를 당겨 놓으려고 합니다. 하지만 이 시절에 키워야 할 것이야말로 '생각하는 힘'입니다. 단적으로 말해 생각하는 힘을 의식하지 않는 개념의 확장은 공부가 아닙니다.

일차함수에 대해 수업도 듣고 문제도 풀어 본 학생이 있습니다. 기울기에 대해 어쩌고저쩌고 말할 수 있고, y절편에 대해서도 할 말이 생겼습니다. 그런데 'f(b)-f(a)'를 보는 순간 얼어 버립니다. 분명 안다고 생각했던 일차함수의 식과 연결이 안 됩니다. 이 경우 이 학생은 일차함수를 '안다'라고 할 수 있을까요? 개념을 채우는 방식으로 공부한 학생들은 아는 건 많은데 할 수 있는 게 별로 없는 경우가 많습니다. 속 빈 강정인 셈입니다. 특히 유형 문제 위주의 학습을 해 왔을 경우 생각하는 힘이 약할 수밖에 없습니다. 유형에서 조금만 벗어나도 다른 문제로 인식해 버립니다.

생각하는 힘은 내가 아는 것과 문제의 조건들에 적극적으로 반응하고 연결하는 능력입니다. '안다'라는 느낌에 머물지 않고 '할 수 있다'의 상태로 만들려는 의지입니다. 단순히 '문제를 풀 수 있다.'의 차원이 아닙니다. 그 문제에서 제시하고 있는 많은 요소를 제대로 다룰 수 있느냐와 관련된 역량입니다.

답이 어떻게 나왔는지 물어보면 "찍었어요."라고 당당하게 이야기하는 아이들이 있습니다. 수업 중에 문제를 풀어 보라는 건 얼마 안되는 생각의 재료지만 그걸로 연결하려고 애써 보란 이야기입니다. 낫토納豆(삶은 콩을 발효시켜 만든 일본 전통음식)를 휘저어서 실을 만들듯이, 뜨거운 밥 위에서 치즈가 사르르 녹듯이, 문제와 나 사이의 '새로운 결합'을 시도하라는 말입니다. 답을 맞히라는 게 아니라 이런 시도 자체에 목적이 있음에도 불구하고 그 소중한 시간을 낭비하는 학생들이 있습니다.

이차함수와 관련된 개념은 함수의 그래프, 표준형과 일반형, 포물선의 꼭짓점, 그래프의 평행/대칭 이동, 최댓값과 최솟값 등이 있습니다. 이들을 익히기 위한 별개의 활동이 모여 이차함수라고 하는 개념이 얼추 잡혔다면 이제 할 일은 시도입니다. 그 상황에서 써먹을 수 있는 도구들을 하나씩 꺼내 봅니다. 잘 안되면 다른 걸로 해 봅니다. 이런 시도 자체가 '생각하는 힘'입니다. '안다'를 '할 수 있다'로 바꾸기 위해서는 시도를 해야 합니다. 시도를 했다고 바로 결과가 나오지 않을 수도 있습니다.

하느냐 하지 않느냐는 결과적으로 큰 차이를 낳습니다. 개념을 처음 접할 때 문제 풀이에는 큰 도움이 되지 않지만 증명을 꼭 해 봐야 하는 것도 생각하는 힘을 기르기 위해서입니다. 이미 답이 나왔음에도 다른 풀이를 고민해 보는 이유도 마찬가지입니다. 이런 시도 자체가 낯선 문제를 대할 때 움직임의 방향을 제시하는 보이지 않는 자산이 되기 때문입니다.

마법의 보조선은 없다

도형 문제를 풀다 보면 주어진 그림 위에 보조선을 그어야 해결의 실마리를 찾을 수 있는 상황을 만나게 됩니다. 그 고비를 넘지 못해 골머리를 앓던 학생들은 제가 보조선을 긋자마자 "아~" 하며 낮은 탄식을 내뱉곤 합니다. 간혹 보조선을 긋는 특별한 요령이 있는지 묻는

초등생을 위한 수학 공부몸 만들기

기특한 학생이 있지만 애석하게도 그 학생의 질문에 부합하는 답은 존재하지 않습니다.

수험생 시절 저를 스쳐 갔던 인강 강사 중 한 명은 "마법의 보조선은 없다."라는 말을 하곤 했습니다. 이 상황에서 여기에 이 보조선을 긋겠다는 판단을 만들어 내는 비법 같은 것은 없으며, 주어진 조건을 살펴보며 내가 꺼낼 수 있는 모든 생각의 재료를 꺼내어 연결을 시도하다 보면 거기에 보조선을 그을 수밖에 없는 '필연성'이 느껴진다는 것이죠.

생각하는 힘은 만들기도 힘들고 만드는 과정을 설명하기도 힘듭니다. 여기에 보조선을 그어야겠다는 필연성을 느낄 정도라면 많은 물밑 작업이 이뤄져 왔다는 것을 의미합니다. 단기 완성을 해 준다는 학원을 다니거나 벼락치기를 한다고 필연성을 느낄 수 있는 건 아닙니다. 게임 아이템처럼 얻어걸리는 것도 아닙니다. 달려들었다가 좌절하고 도망갔다가 다시 도전한 과정들이 켜켜이 쌓여 올려진 무더기 위에서야 겨우 느낄 수 있는 감각입니다.

실제로 그 보조선을 그은 학생에게 왜 거기에 보조선을 그었냐고 물으면 나름 이유를 설명하겠지만 그 설명은 표면적일 수밖에 없습니다. 그 보조선을 긋기까지 들인 시간과 노력을 한두 문장으로 표현할 수는 없을 테니까요.

수능 문제가 좋은 문제인 건 맞습니다. 그렇다고 수능 기출문제만 풀고 수능을 볼 수는 없습니다. 본인의 의지와 상관없이 다양한 문제들을 풀게 될 거고, 그 과정에서 실력은 숲처럼 풍성해집니다. 요즘은 초등학생도 "문제가 더러워요."라는 이야기를 쉽게 하던데 큰일 날 소리입니다. 좋은 문제, 나쁜 문제 구별 말고 일단 주어진 문제 앞에 서는 할 일을 해야 합니다.

다른 비결은 없습니다. 많은 문제를 푸는 과정에서 '생각하는 힘'이 강화되고 '공부몸'이 강해집니다. 실력을 키운다는 것은 개념과 생각하는 힘의 수없는 상호 작용이 만들어 낸 촘촘하고 굳건한 기반을 다진다는 뜻입니다. 단기 속성 과정을 통해 그 높이까지는 갈 수 있을지 몰라도 살짝만 눌러도 푹 꺼질 수밖에 없습니다. 가짜 받침대는 금방 들통이 납니다.

어떤 문제가 어려운 문제일까?

학원에서 자주 보게 되는 상황이 있습니다. 어떻게든 승급을 하려는 아이와 부모의 안간힘입니다. 승급을 원한다고 다 그러지는 않지만 스스로를 엉뚱한 곳에 불시착한 외계인 정도로 생각하는 아이와 부모가 있습니다. 지금 있는 반을 상급반으로 가기 위한 임시 정류장 정도로 생각하는 거죠. 그렇다고 대놓고 '승급시켜 주세요!'라는 부모는 없습니다. 최대한 우아하게 본인 아이가 여기를 벗어나야 하는 이유를 이야기합니다. "제가 듣기로는 지금 과정에는 심화 문제가 빠져 있다던데요."는 그중 가장 흔한 레퍼토리입니다.

학원에 보내는 부모의 이유 중 하나가 '엄격한 관리'인 것은 자명합니다. '집에서는 죽어도 하지 않고 내 말은 듣지 않으니 거기서 겁을 주든 달래든 해서 연필을 잡게 해 주시오!'가 부모들이 학원에 기대하는 핵심 서비스인 것입니다. 여기에 욕심 있는 부모들은 아이가 어려운 문제를 다룰 수 있길 바랍니다. 어려운 문제를 다뤄 봐야 나중에 어려운 문제를 풀 수 있는 기반이 될 거라는 기대가 깔려 있는 거죠. 이는 '사고력 수학을 해야 수능 킬러 문제를 풀 수 있다던데요?'라는 이야기와도 맞닿아 있습니다. 실제로 그런 식으로 커리큘럼을 홍보하는 학원도 있다고 합니다.

어려운 문제를 풀면 더 어려운 문제를 풀 수 있다는 생각은 합리적일까요? 학습 코칭에 대한 공부를 깊게 하고 있고, 심화 선행을 하는 학원에서 일을 하는 제 입장에서 보더라도 쉽게 결론을 내기 어려운 질문임은 분명합니다.

본격적 논의를 위해 질문을 확장해 보겠습니다. 어떤 문제가 어려운 문제일까요? 지금 대하는 어려운 문제랑 나중에 만날 어려운 문제는 어떤 면에서 연결이 될까요? 어려운 문제를 푸는 과정에서 신경 써야 하는 부분은 어디일까요?

중학교 3학년 과정 통계 수업을 진행 중이었습니다. 문제를 풀던 혁재가 "통계에 도형 문제가 나오는 건 반칙 아닌가요?"라는 볼멘소리를 합니다. 분산, 표준 편차 등 통계를 다루는 단원인데 문제에 갑자기 도형이 섞여 나오니 당황스럽다는 겁니다. 공부에 대한 태도를 논하기에 좋은 기회라는 생각이 들어 수업 내용과 상관없는 이야기를 잠시 했습니다.

"조금 있으면 이번 통계 단원 평가를 보겠구나. 단원 평가를 보다가 막히면 뭘 떠올려야 할까? 대푯값 세 가지랑, 편차, 분산, 표준 편차 이 정도 아냐? 이번 단원에서 다룬 개념은 이렇게 손에 꼽을 만하지. 이것들 중에서 하나씩 떠올려 보면 되잖아. 만약에 이 개념들을 제대로 익히지 못했다면 모르겠지만 여러 맥락에서 어떻게 적용되는지 확실히 익혔다면 당연히 그중에 하나가 걸릴 거야. 무슨 이야기냐면, 통계 단원 평가이기 때문에 딱 그 범위 안에서 생각의 도구들을 떠올리면 된다는 거야.

다음 단원이 피타고라스지? 피타고라스의 정리는 이거 한 줄이야. 그런데 중등 과정에서 제일 양이 많아. 왜냐하면 우리가 이미 배웠던 평면 도형, 입체 도형 심지어 좌표 평면까지 거의 모든 영역에 적용이 되거든. 그래도 어쨌든 써먹는 건 이거 한 줄이야. 떠올리고 말 것도 없는 한 줄. 이 한 줄을 기존에 알고 있던 다른 수학 지식하고 연결하는 연습을 오래 하게 될 거라고.

그리고 이게 중요한데, 수능에서는 이 문제가 어느 단원 출신인지 알려 주지 않아. 달랑 문제 번호밖에 없어. 물론 2점짜리 문제들은 소재가 드러나 있고, 그런 고민도 필요 없이 풀 수 있지. 그런데 그런 문제들이 우리 관심사는 아니지 않겠어?

수능에서 어려운 문제는 어떤 문제일까? 계산이 더러운 문제? 노노. 어려운 문제는 여러 개념들이 녹아 들어간 문제야. 일단 개념을 분별해 내고 각 개념에 연결된 여러 생각의 도구를 하나씩 떠올려 보면서 다양한 시도를 해 봐야 하기 때문에 어려운 문제인 거지. 그럼 우리가 지금 뭘 하는 건지 알겠어? 그 어려운 문제를 해결하기 위한 생각의 도구를 하나하나 갈고 닦는 중인거야. 지금 반짝거리게 닦아 놓아야 나중에 결정적인 순간에 꺼냈을 때 자랑스럽게 휘두르지 않겠니?"

킬러 문제를 대비하는 우리의 자세

혁재에게 이야기했듯 수능에서 어려운 문제는 우리가 일반적으로 생각하는 어려운 문제와는 다릅니다. 여러 개념이 중첩되어 있는, 그래서 주어진 조건과 내가 아는 것 사이에서 끈질기게 싸워야 하고 마침내 상상도 못했던 곳에서 답이 튀어나오는 문제입니다. 단원명조차 알려 주지 않는 무맥락의 상황에서 녹아 있는 개념들을 하나씩 발라내고, 각각의 개념에 대한 수학적 지식을 이용해서 문제가 요구하는 답을 혼자서 찾아가야 하기에 어렵습니다.

정교한 개념과 생각하는 힘을 모두 발휘해야 풀 수 있는데 특히 생각하는 힘의 역할이 중요합니다. 직사각형이 뭔지, 도형의 닮음이 뭔지 모르는 채 수능을 보는 학생은 없습니다. 하지만 그 둘을 연결할 줄 모르는 학생은 많습니다. 그런 학생들을 킬러 문제가 걸러 내는 겁니다. 문제 유형을 외우는 방식으로는, 답과 점수에 초점을 둔 공부 방식으로는, 족집게 과외 선생의 예언 따위로는 접근조차 할 수 없습니다.

중등 과정까지는 문제를 많이 풀어 보거나 유형 위주의 학습을 한 학생이 도드라질 수 있습니다. 하지만 아이가 마침내 마주해야 할 끝판왕은 다름 아닌 고등 과정이고 수능의 킬러 문제입니다. 중등에서 먹혔던 방식으로는 그런 문제들을 공략할 수 없습니다.

그렇다면 처음부터 이를 대비한 훈련을 하는 게 낫지 않을까요? 킬러 문제의 속성을 받아들인다면 이걸 해결하기 위해 무얼 해야 하는지 자명해집니다. 문제 상황과 관련해서 알고 있는 개념들을 떠올려 보고, 주어진 조건과 구하라는 것을 오고 가면서 다양한 시도를 해봐야 합니다. 결국 생각하는 힘을 키워야 한다는 결론이 나옵니다.

초등생을 위한 수학 공부몸 만들기

그러면 지금 진행하고 있는 과정에서의 최고난도 문제, 혹은 사고력 문제를 풀 수 있으면 킬러 문제를 풀 때 도움이 될까요? 물론 그럴 수도 있습니다. 단, '생각하는 힘이 강화되는 방식의 공부'라는 전제가 깔려야 합니다. 생각의 도구들을 다양하게 다루며 어려운 문제를 푸는 행위만으로도 생각하는 힘을 키워 줍니다. 생각하는 힘이 강하면 같은 상황에 대한 반응의 폭과 깊이가 달라집니다. 생각의 경계가 넓어질수록 경계선 안쪽의 공간은 넓어집니다. 공간이 넓을수록 생각은 자유로워집니다. 경계 구역을 넓혀서 '자유 공간을 늘리는 작업'이 생각하는 힘을 강화하는 공부입니다.

문제는 심화 문제를 대하는 학생의 자세가 꼭 이렇지는 않다는 사실입니다. 심화 문제를 푸는 건 생각하는 힘을 기르기 위해서인데 개념을 쌓는 방식으로 접근하는 경우가 생각보다 많습니다. '아, 이건 저 문제랑 비슷하네. 이 식을 그대로 가져다가 수만 바꿔야지!' 이런 식으로 절차 기억에만 의존하는 경우가 대표적입니다. 이들에게 문제 해결의 과정은 해법을 떠올려서 적용하는 것입니다. 생각이 '움직여야' 할 시점에 해법이 '떠오르길' 기대합니다. 이런 아이들이 궁지에 몰리면 "기억이 안 나요." 타령을 합니다. 잘못된 반응이라는 인식조차 없기 때문에 당당하기까지 합니다.

이것을 아이만의 잘못이라고 볼 수는 없지 않을까요? 부모의 직접적인 영향을 받은 것은 물론 어렸을 때부터 전전했을 수많은 사교육을 통해 습득한, 어쩌면 이미 습관화된 방식일지도 모릅니다. 공부몸이 그렇게 적응했을지도 모른다는 이야기입니다. 기억이 안 난다는 학생에게 저는 이렇게 이야기하곤 합니다.

"뭐? 기억이 안 난다고? 준수는 수학 문제를 기억으로 푸는구나. 문제를 풀 때 가장 중요한 건 주어진 상황에 어떻게 반응하느냐야. 둘레가 20이잖아. 그럼 거기에서부터 하나씩 생각을 풀어 가야지. '둘레가 주어졌을 때 답을 내는 공식이 뭐더라?' 이런 식으로 반응하는 태도 자체가 잘못된 거라고. 앞으로 풀이법이 기억나는 문제만 만날 것 같니?"

우리 학원 숙제 중에는 '점프Jump' 문제가 있습니다. 지금 단계에서는 어려울 수 있으니 관심이 있다면 도전해 보고 아니라면 굳이 풀지 않아도 되는 문제입니다. 분명 그렇게 고지가 되어 있음에도 풀이 방법을 알려 달라는 부탁을 종종 받습니다. 아이 스스로는 못 풀어도 풀이 방법을 '알고'는 넘어가야 하지 않겠냐는 논리입니다. 하지만 그 문제를 도움 없이 풀지 못한다는 건 그 문제를 풀 준비가 되지 않았다는 걸 의미합니다. 이걸 풀 수 있도록 도와 달라는 건 교사의 생각하는 힘으로 답을 맞히겠다는 심산일 뿐입니다. 학생의 생각하는 힘은 그대로겠죠.

초등생을 위한 수학 공부몸 만들기

단원 평가 점수가 안 나왔을 때 별도로 심화 문제집을 다뤄 보지 않은 것을 원인으로 꼽는 경우도 있습니다. 어려운 문제를 미진한 점수의 솔루션으로 대하는 것은, 어려운 문제로 배워야 제대로 배운다는 생각에 기반합니다. 하지만 대부분은 어려운 문제를 풀 상황 자체가 아닙니다. 수업 태도도 좋지 않고 수업 후 자기화 과정도 능숙하지 않습니다. 기본 중의 기본인 복습조차 하지 않는 경우도 많습니다. 이런 아이에게 "이걸 안 해서인 것 같다."라며 심화 문제집을 들이미는 건 재활 훈련 중인 운동선수를 올림픽에 나가라고 떠미는 것과 같습니다.

심화 문제를 푸는 이유는 생각하는 힘을 기르기 위함입니다. 아무리 어려운 문제라도 그 문제를 일단 맞히게 하는 건 어떤 식으로든 할 수 있습니다. 풀이법을 외우게 하고, 반복해서 노출시키면 됩니다. 그러면 비슷한 문제까지도 다 맞히게 할 수 있습니다. 그런데 그런 식으로는 생각하는 힘이 강해지는 게 아니라 푸는 요령, 즉 절차적 지식만 늘어납니다. 어려운 문제를 풀 수 있다/없다보다 중요한 것은 푸는 과정에서 '생각이 움직였는지의 여부'입니다.

공부몸이 움직이지 않고 생각하는 힘이 작동하지 않으면 지금 다루는 심화 문제가 수능의 킬러 문제로 연결되지 않습니다. 심화 문제까지 풀었는데도 수학 실력이 그대로라면 '문제 푸는 방법을 알고 있는 수준'에 머물러 있다고 보면 됩니다. 푸는 방법을 기억하는 건 진정한 실력이라 할 수 없습니다. 펼치는 공부, 움직이는 공부를 통해 생각하는 힘을 키워야 합니다.

심화 문제를 풀 수 있는지의
여부보다 중요한 것은 푸는 과정에서
'생각이 움직였는지의 여부'입니다.

유사공부행위의 역습 III

조급한 공부

바야흐로 선행의 시대

커피를 들고 엘리베이터에 탔습니다. 많이 잡아야 5살 정도로 보이는 아이와 아빠가 같이 탔습니다. 그들은 7층, 저는 12층. 버튼 불빛을 보며 아이가 말합니다.

"Seven, twelve. Seven, twelve. Seven cross twelve, seven cross twelve……."

발음이 좋다고 생각은 했는데 cross는 알아듣기 힘들었습니다.

'설마 그거겠어?' 싶었습니다. 마침 아이 아빠가 "seven cross twelve 라고 하는 거야?"라고 친절한 발음으로 알려 주네요. 그러면서 그게 뭐냐며 아주 다정다감한 목소리로 묻습니다. 아이는 "Seven cross twelve equals……."를 몇 번 반복하더니 말을 못 잇습니다. '띵!' 어느 덧 7층. 두 부자가 (서둘러) 내렸습니다. 문이 닫히고 혼자 올라오는 그 짧은 순간에 많은 생각이 들었습니다. '외국에서 살다 온 게 아니라면 영어 유치원 출신이겠지. 그래, 영어 잘하는 것까지는 이해하겠는데 cross는 뭐람? 꼬마 애한테 곱하기를 가르친 거야? 심지어 구구단을 벗어나는 7 곱하기 12를? 그 아빠는 몇 살 때 7 곱하기 12를 암산으로 했을까?'

강남에 사는 친구의 7살 아이가 유치원에서 구구단을 모르는 아이 는 자기뿐이라는 이야기를 전해 듣고 놀란 적이 있습니다. 가만히 생 각해 보니 우리 학원 초등학생들은 중고등 과정도 배웁니다. 그뿐일 까요? 초등학교 졸업 전에 고3 과정을 끝낸 사례는 이제 뉴스거리도 안 됩니다(애는 앞으로 뭘 할까요?). 몇 년 전에는 수학 태교 이야기를 들었 습니다. 태어날 아이의 수학 실력을 위해 임산부들이 모여 수학 문제 를 푸는 모임이 있답니다. 이런 이야기를 접하다 보면 앞으로 어떤 모 습까지 보게 될지 궁금해지곤 합니다. 수학을 전공한 배우자를 선호 하거나 배우자 직계 가족의 수학 성적까지 고려하는 SF영화 같은 상 황이 조만간 도래할까요?

제가 학교 다닐 때는 선행학습이라는 말을 들어 본 기억이 없습니

초등생을 위한 수학 공부몸 만들기

다. 그때도 당연히 선행학습을 하는 부류가 있었겠지만 대세가 아니었던 건 분명합니다. 2000년대에 들어 선행학습은 본격적으로 확장합니다. 현재에 이르러 선행학습은 자녀 교육에 있어 피할 수 없는 키워드가 되어 버렸습니다. 인정하기 싫어도 우리는 이미 선행학습의 시대에 살고 있습니다. 예전에는 선행을 위한 학원이 별도로 존재했다면 요즘은 선행을 하지 않는 학원을 찾기가 힘든 실정이죠. 공부에 관심 있는 부모라면 한두 학년 앞선 진도를 배우는 걸 당연하다고 여깁니다. '선행을 꼭 해야 하는 걸까?'보다는 '어느 정도의 선행이 적당할까?'가 트렌드에 맞는 질문일지도 모릅니다.

그땐 없었던 것이 지금은 있기에 부모들은 혼란스럽습니다. '이거 해야 하는 건가? 안 하면 우리 애한테 불리한가? 한다면 어떤 식으로 접근해야 하는 거지?' 선행학습을 업으로 삼고 있으며 아이가 초등학교 고학년인 저에게도 선행학습은 무거운 주제입니다. 우리 반 아이들을 보고 있자면 참으로 많은 생각이 듭니다. 부모 상담을 해 봐도 마찬가지입니다. 단순히 '옳다' '그르다'로 결론 내리기 어려운 주제인 것만큼은 분명합니다. 그래도 내 아이의 장래가 걸린 문제이기에 누구나 한다는 이유로, 나중에 후회할까 봐 무작정 따를 수는 없는 일입니다.

선행이 대세가 된 근본적인 이유는 뭔지, 그래서 선행의 효과가 있기는 한 건지, 무엇을 주의해야 하는지, 이런 질문들에 대한 답을 살펴보고 신행의 세계에 입문해야 하지 않을까요?

미리 해 두자는 논리에 대하여

일단 학술적으로는 선행학습이 큰 효과가 없는 것으로 보입니다. 2015년 선행학습 효과를 연구한 논문 중 대다수가 선행학습의 효과가 별로 없다고 결론 내리고 있습니다. 선행학습을 했다 해서 성취도가 올라간다고 볼 만한 명확한 증거는 없다고 합니다. 하지만 이런 학술적 증거가 우리의 교육적 선택에 큰 영향을 주지 않는다는 것 정도는 모두가 알고 있습니다. 이미 결론이 서 있는 사람이라면 이런 연구 결과 정도는 '케이스 바이 케이스'라는 만능키 하나로 얼마든지 무력화시킬 수 있으니까요.

같은 아이를 대상으로 선행학습을 시키면서 동시에 안 시킬 수는 없으니 할 말은 없습니다. 물론 선행학습을 한다고 해서 모두가 성공하는 게 아니라는 것 정도는 누구나 인정합니다. 하지만 어쨌든 우리 주변의 성공 사례가 있지 않나요? 거기에 수능 만점자가 "선행학습이 도움 되었다."라고 한마디 해 주면 선행학습 때문에 망가졌다는 수많은 사례들은 남 이야기가 되어 버립니다. 이런 경우도 있고 저런 경우도 있다면 우리 아이는 좋은 쪽에 들어갈 거라는 희망, 그리고 모두 하는데 내 아이만 하지 않으면 뒤처질 수밖에 없다는 불안감은 팩트 따위 가볍게 초월해 버립니다.

"선행학습을 왜 하나요?"라는 질문에 보다 현실적이고 구체적인 이유를 대는 경우도 있기는 합니다. 수시 전형이 입시의 대세가 되면서 확실히 고등학생의 일상은 우리 때와 사뭇 달라졌습니다. 그래서 최근 입시를 치른 부모들은 이렇게 말합니다.

"고등학교에 가면 시간이 없어요. 내신은 물론이고 봉사 활동, 동아리 활동, 조별 모임 등 학생부 종합 전형 및 수행평가 관련해서 해야 할 일 천지인데 고지식하게 학교 진도 따라가다 보면 어느덧 수능 날이잖아요. 그러면 내신이고 수능이고 둘 다 망할 수밖에 없으니 중학교 때 고등 수학을 구경이라도 하고 와야 해요. 그러려면 한가한 초등학교 때 적어도 중등 과정까지는 끝내야 해요."

나름 합리적인 흐름으로 보입니다. 하지만 '나중에 시간이 없다.'가 선행학습을 하는 이유가 된다는 건 뭔가 께름칙합니다. 사람이 기계도 아닌데 작업 스케줄 때문에 일정을 당겨도 괜찮은 걸까요? 그것도 인지 발달 단계를 세심하게 고려해야 하는 아이들을 대상으로? 그랬을 때 부작용은 없을까요? 그렇게만 하면 원하는 성과를 얻을 수 있기는 할까요? 선행을 시키는 모든 부모들이 저 논리를 내세울 리 없다는 의구심이 들던 중 황소에 와 보니, 보다 근본적인 이유가 따로 있을 수도 있겠다는 생각이 들었습니다. 바로 '다들 그렇게 하기 때문'입니다. 많은 부모들과 선행학습에 대하여 이야기를 나눠 봤습니다. 선행학습을 시키는 어느 부모로부터도 '남들이 그렇게 하니까'를 넘어서는 답을 들어 본 적이 없습니다.

제 가설은 이렇습니다. 처음에는 발 빠른 일부 부모들이 '나중에 시간 없으니 미리 해 두자.'의 논리로 앞서 나가기 시작했을 겁니다. 그러다 선행을 하는 비율이 점차 늘면서 더 이상 예외가 아닌, 무시 못 할 세력으로 성장합니다. 선행에 대해 부정적이었거나 별생각이 없던 부모들이 흔들리기 시작합니다. '정확한 이유는 모르겠지만 다들 뛰니 나도 일단 같이 달리고 보자!' 이렇게 합류한 부모들 덕에 선행을 하는 집단이 이제는 대세가 됩니다. 그리하여 이 세계에 처음 발을 디딘 부모들은 분위기상 선행은 원래 해야 하는 것으로 여기게 된 거죠.

선행학습에 숨겨진 군중심리

《스위치》(칩 히스, 댄 히스 공저, 안진환 역 | 웅진지식하우스 | 2010년)에 따르면, 우리가 어떤 행동을 하는 이유는 동료 집단이 그 행동을 하기 때문이라고 합니다. 히스 형제는 심지어 비만도 전염된다고 주장합니다. 어떤 사람이 체중이 늘면 그의 친구도 체중이 늘 가능성이 세 배나 높아진답니다. '괜찮은 체형'에 대한 관념이 친구 덕에 조금씩 변하기 때문이죠.

로버트 치알디니는 《설득의 심리학》(황혜숙 역 | 21세기북스 | 2019년)에서 '사회적 증거의 법칙'을 이야기합니다. 옳고 그름에 관계없이 많은 사람이 하는 행동엔 그럴 만한 이유가 있을 것이라 판단하고 그걸 그대로 따라서 하는 경향을 말합니다. 코미디 프로그램에 등장하는 녹음된 웃음소리가 우리에게 보이는 효과를 보면 수긍할 수밖에 없습니다. 여기에서의 핵심은 '옳고 그름에 관계없이'가 되겠습니다. 팩트는 중요하지 않습니다. 입시에 성공한 아이들이, 대치동 부모들이 한다면 그것이 바로 옳은 것이 됩니다.

동료 집단을 의식하는 힘이 우리를 움직이게 만든다는 이야기는 별로 인정하고 싶지 않습니다. 합리적 판단에 기반한 선택이 아니라 그렇게 선택하도록 내몰렸기 때문이라는 주장은 아무래도 자존심이 상하니까요.

이에 대해 최수일 소장은 《착한수학》(비아북 | 2013년)에서 아주 적절한 비유를 들었습니다. 선행학습은 "다 같이 일어서서 힘들게 영화를 보는 일."이라는 겁니다. 극장에서 영화를 볼 때, 첫째 줄이 일어나면 둘째 줄도 일어날 수밖에 없습니다. 둘째 줄이 일어나면 셋째 줄도 일어나야 하죠. 결국 모두 일어나서 영화를 봐야 하는 상황이 됩니다. 이게 바로 선행학습이란 거죠.

짐작하다시피 이런 상황에서 '다 같이 일어설 게 아니라 모두 동시에 앉읍시다.'는 실현 불가능한 이야기입니다. 여러 사람의 이해관계가 얽혀 있는 문제를 단박에 풀기는 쉽지 않습니다. 그렇다면 선행학습에 대해 진지하게 고민이라도 해야 하지 않을까요? 남들이 한다고 무작정 따라 하다가 낭패를 볼 수도 있으니까요.

이러려고 선행했나

선행학습을 선택하기에 앞서 무엇보다도 열린 태도가 필요합니다. 일부 극단적인 선행 실태를 보면 눈살이 찌푸려지는 게 사실입니다. 하지만 미리 해 놨기 때문에 좌절을 덜 겪고 그 바탕 위에서 자기 것으로 만들어 가는 경우도 분명히 있습니다. 이처럼 선행학습을 통해 효과를 본 경우와 그렇지 않은 경우가 섞여 있기 때문에 극단적인 평가는 피하는 편이 좋습니다. 대신 '선행학습을 했을 때 생길 수 있는 부작용은 무엇이 있을까?'와 같은 생각을 미리 해 볼 필요는 있습니다.

헤론의 공식을 설명하는 시간이 있었습니다. 꼭 필요한 내용은 아니기에 이런 게 있다는 걸 빠르게 소개하는 선에서 넘기곤 합니다. 설명이 끝났는데 갑자기 예솔이가 손을 듭니다.

"잘 기억나지는 않지만, 삼각형 세 변의 길이만으로 삼각형의 넓이를 구하는 방법이 있지 않나요?"

이미 목소리에 힘이 잔뜩 들어가 있습니다. '나는 이런 것도 알고 있다.'라는 에고의 목소리가 교실 안에 메아리칩니다. 하지만 이를 어쩌죠?

"이게 그건데!"

아직 어리다 보니 자기가 알고 있다는 사실을 드러내고 싶은 마음은 이해합니다. 하지만 뽐낼 생각을 하다 보면 지금 배우는 내용이 귀에 들어오지 않습니다. 지적 허영을 꺼트릴 방법이 없는 건 아닙니다. 대단한 지식이나 스킬이 필요하지도 않습니다. "아 그렇구나. 근데 그게 왜 그런지 알아?" 믿기 힘들겠지만 이 질문 하나면 아이들은 속절없이 무너집니다. 아니나 다를까. 조금 파고든다 싶으니 예솔이가 바로 꼬리를 내립니다. 잠시 후 중선 정리를 사용해야 하는 문제를 다루게 되었습니다.

"예솔이가 한번 이야기해 볼까? 지금 이 상황에서 우리는 어디를 봐야 할까?"
"……."
"좋아. 조금 좁혀 줄게. 삼각형 ABC를 보자고. 이 삼각형에 대해 알 수 있는 사실은 뭘까?"

수업 서두에 중선 정리를 소개하면서 오늘 배울 내용 중 가장 중요하며, 예제를 풀 때도 써먹게 될 테니 잘 봐 두라고 했었습니다. 그런데도 예솔이는 답을 못합니다. 혹시나 해서 중선 정리가 뭐냐고 물어봤습니다. 잘 모르겠답니다. 마치 5분 전에 우리가 처음 만나지 않았냐는 표정을 지으면서요.

선행학습의 가장 큰 부작용 중 하나는 '지금 여기'에 집중하는 힘을 약하게 만든다는 점입니다. 선행학습을 하지 않은 학생들은 처음 듣는 내용이기에 비교적 '경청'하는 편입니다. 이에 반해 미리 배우고 온 학생들은 아무래도 예솔이처럼 배움에 대한 긴장도가 떨어지는 경우가 더 많습니다. 살짝 여유 있으면서 한 발짝 뺀 듯 관망하는 태도, 심드렁한 태도까지는 양반입니다. 이미 나는 알고 있으며 잠시 까먹어도 어디서라도 보충할 수 있으니 (과장하자면) 이딴 거 크게 관심 없다는 태도, 너희는 모르지만 나는 안다는 눈빛을 보면 '저러려고 비싼 돈 들여 선행한 건 아닐 텐데……'라는 씁쓸함이 몰려옵니다.

해야 한다면 소화할 수 있을 만큼만

선행학습을 하면 당연히 유리합니다. 만약 중학교 입학 전에 고등 수학이 끝나면 무려 6년이라는 시간을 벌게 됩니다. 6년이면 수학 기계가 될 때까지 반복을 거듭하다가 중간에 사춘기가 온다 해도 충분히 회복 가능한 시간입니다. 남는 시간을 다른 과목에 투자할 수 있는 건 물론이고 부족한 다른 친구들을 도와줄 수도 있습니다. 취미 생활도 할 수 있고 여건이 된다면 연애도 할 수 있겠네요. 다른 건 몰라도 여유로운 학창 생활이 될 거라는 사실만큼은 분명합니다.

단, 이 모든 상상은 '건강한 선행학습'을 한다는 전제에서 가능합니다. 선행학습이 일찌감치 끝났는데도 배움의 과정에서 무리가 없었고 개념은 정교하고 생각하는 힘은 튼튼하며 공부에 대한 올바른 느낌으로 충만한 상태라면 선행학습을 하지 않을 이유가 없겠지요.

안타깝지만 현실에서는 거의 만날 수 없는 상황입니다. 선행학습은 공부몸에 엄청난 부하를 거는 일입니다. 기본적으로 많은 에너지를 필요로 합니다. 버티지 못한다고 해서 이상한 일이 아닙니다. 다른 아이들이 하니까 내 아이도 할 수 있을 거라는 기대를 하는 건 자연스럽긴 하지만 그저 욕심일 가능성이 높습니다.

평소 운동 삼아 달리기를 하던 사람이 마라톤 대회에 나가기로 결심했다고 가정해 볼까요? 식단, 컨디션 조절, 체력 훈련 등 모든 면에서 평소와는 다른 관리가 필요합니다. 하루 이틀이 아니라 몇 달 동안 몸을 만들어야 무리 없이 대회를 치를 수 있습니다. 풀코스를 완주하고 나면 몇 킬로그램이 빠질 각오는 해야 하며 회복하는 동안에도 계속 몸 상태를 살펴야 합니다. 어떤 아이에게는 선행학습이 마라톤 풀코스를 뛰는 일에 맞먹는 일이 될 수 있습니다. 그러니 제대로 선행학습을 하기 위해서는 신경 써야 할 부분이 많습니다.

선행학습은 급하게 진행될 수밖에 없습니다. '미리' 배우기 위해서는 '빨리' 집어넣어야 할 테니까요. 그래서 차오르기를 기다리고 있기가 힘듭니다. 일반적인 선행학습이 일단 던져 준 후 '받아먹으면 좋고 아니면 말고' 식으로 진행되는 이유입니다. 당장 내신이나 수능으로 평가받을 일도 없으니 일단 욱여넣고 봅니다. 며칠 있다가 다 토해내도 상관없습니다. 전달은 했으나 받아먹지 못하는 것은 학습자의 탓이니까요.

하지만 학생 입장에서는 토하는 게 문제가 아닙니다. 그런 식으로 '받아먹는 공부'에 익숙해지는 게 문제입니다. 선행학습을 하는 과정에서 만들어진 학습 습관은 그 자체가 공부몸의 반응으로 굳어질 수 있습니다. 초등 과정의 최우선 목표는 건강한 공부몸 만들기여야 합니다. 공부몸이 건강하다면 무엇이 제대로 된 공부인지 느낌 수준으로 분별해 낼 수 있습니다.

건강한 공부몸은 능동적으로 학습하며 스스로 차오르게 하는 공부에 익숙합니다. 스스로 차오르기 위해서는 관찰하고 고민하고 탐구할 수 있어야 합니다. 이를 위해선 충분한 시행착오를 경험할 수 있는 시간적 여유와 어떤 결과가 나와도 용인될 수 있다는 심리적 안전망이 필요합니다. 선행학습과 같은 조급한 공부를 하면서는 불가능한 일입니다.

급할수록 돌아가라

학부모 상담을 하면서 잘하는 아이가 아니라 잘할 수 있는 아이로 키워야 한다는 이야기를 자주 합니다. 지금 못하지만 언젠가 잘할 거라고 지금 상태를 합리화하란 게 아닙니다. 못하면 못한다고 인정하고, 부족한 부분을 채우려는 노력을 해야 한다는 뜻입니다. 그런데 선행학습은 잘하고 있다는 느낌, 앞서 나가고 있다는 느낌에 빠지게 합니다. 배웠다는 게 아는 걸 뜻하지 않는데도 선행의 진도가 내 능력을 보여 준다고 생각합니다.

핵심은 선행학습이 아닙니다. 선행학습의 속도와 내용에 부모와 아이의 관심이 쏠려 있을 때 놓치는 것들이 문제입니다. 선행학습의 늪에 빠지면 정작 중요한 공부몸 돌보기는 뒤로 미룬 채 앞으로 나아가려고만 합니다. 선행학습을 하면서도 더 빠른 속도와 심화된 내용을 원하는 부모들이 있습니다. 이야기를 들어 보면 판단 기준이 자녀의 현재 상태가 아닌 경우가 많습니다. 주변에서 이 정도는 해야 한다고 하니까, 앞서가면 좋은 거니까, 단지 그 이유 때문에 그렇게 서두릅니다.

이런 부모들은 자녀를 객관적으로 바라볼 마음이 없는 것 같습니다. 기준이 밖에 있습니다. 다니고 있는 학원, 지금 배우는 진도가 곧 아이의 현재 위치라고 생각합니다. 빨리 가야 한다는 생각밖에 없으면 차가 좀 이상하다는 느낌이 들어도 무시하고 계속 갑니다. 그러다 중간에 차가 퍼져 버릴 수도 있는데 말이죠. 그때 가서는 이 차가 원래 시원찮아서 그런 거라고 할 셈인가요?

급할수록 돌아가라는 말이 괜히 있지 않습니다. 아무리 급해도 공부가 아닌 걸 공부라 해서는 곤란합니다. 마음이 급하면 위험 신호를 무시하게 됩니다. 공부몸이 허약한 아이들은 온갖 곳에서 티가 납니다. 온몸으로 신호를 보내지만 본인도 부모도 알아차리지 못할 뿐입니다. 한 번 신호를 무시하면 계속 신호에 둔감해지고, 신호에 반응하기 시작하면 다음 신호에 더 예민하게 반응하게 됩니다. 손을 쓸 수 없는 지경이 되기 전에 공부몸이 보내는 신호를 예민하게 받아들여야 합니다.

촌각을 다투는 카 레이싱 경기 중에도 레이스를 몇 바퀴 돈 차는 칵핏cockpit에 들어가 타이어를 교체하고 기름을 넣고 전체적인 상태를 정비합니다. 9초 남짓한 시간을 버리면서까지 그렇게 하는 이유는 그러지 않았을 때보다 더 효율이 높기 때문입니다.

아이를 급류로 떠밀지 말 것

교육 과정은 강물과도 같습니다. 끊임없이 밀려옵니다. 그래도 평균적으로 감당할 수 있는 속도입니다. 어느 정도 노력을 하면 물살의 속도에 맞춰 앞으로 나아갈 수 있습니다. 물론 강물이 버겁게 느껴지는 순간도 있습니다. 그럼 일단 노를 내려놓고 떠내려가면서 부족한 부분을 연습하고 채우면 됩니다. 방학도 있으니까 그 정도 여유는 있습니다.

그런데 선행학습은 이 강물의 속도를 인정하지 않습니다. 남들도 이 정도는 한다며 처음부터 급류로 데려갑니다. 물이 흐르는 속도가 너무 시시하다는 아이에게는 급류를 권해 볼 수 있습니다. 하지만 아이의 의사는 묻지도 않은 채 잔잔한 강물을 건너뛰고 급류로 직행하는 게 과연 의도한 결과로 이어질까요? 우리나라 아이들은 이미 다른 나라에 비해 많이 그리고 빠르게 배우고 있습니다. 선행학습을 한다는 것은 이런 교육 과정마저도 빨리 감기를 하겠다는 이야기입니다. 이때 아이들이 느낄 체감 속도를 상상해 봐야 합니다.

힘들어하는 아이들을 볼 때마다 '자기 학년 내용이었으면 잘할 텐데……'라는 생각을 하곤 합니다. 어쩌면 그 아이들은 정상 속도에서는 안 느꼈어도 될 경험을 굳이 하고 있는 걸지도 모릅니다. 그러다 보니 가장 걱정되는 건 '공부 상처'입니다. 어른들이 보기엔 분수가 별거 아닌 것 같지만 자연수에 익숙한 아이들 입장에서는 심란한 대상입니다. 음수는 어떤가요? 0보다 작은 수가 있다고? 심지어 계산도 해야 돼? 분수를 3학년 과정에, 음수를 중1 과정에 배치한 데는 그럴만한 이유가 있습니다. 그나마 자기 수준에서 해 볼 만한 어려움이어야 도전이라도 할 텐데 처음부터 높은 장대를 걸고 뛰라고 하면 아예 하기 싫어지지 않을까요?

교사들끼리 자주 하는 이야기가 있습니다. "6학년이 확실히 잘해." 예외가 있기는 하지만 대체로 고학년이 저학년보다는 흡수를 잘한다는 이야기입니다. 한 아이의 4학년 때와 6학년 때의 공부몸이 같을 리 없겠죠. 공부몸이 준비되지 않은 상태에서 상급 과정을 들이밀면 계속 틀리거나 안 좋은 점수를 받기 쉽습니다. 그럼 기분이 나쁩니다. 안 느껴도 되는 부정적 감정을 온몸으로 감당해야 합니다. 저 앞에 내리는 비를 굳이 뛰어가서 맞는 꼴입니다. 아이가 그러겠다면, 견딜 수 있으면 그렇게 해도 됩니다. 하지만 지금 내 머리 위에 내리는 비도 견디기 힘들다면 뛸 필요까지는 없습니다.

초등생을 위한 수학 공부몸 만들기

● 문제를 풀면 된 거 아닌가? 왜 답을 설명해야 하는 걸까?

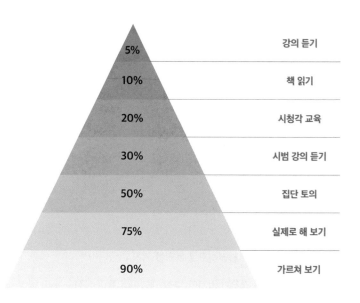

5%	강의 듣기
10%	책 읽기
20%	시청각 교육
30%	시범 강의 듣기
50%	집단 토의
75%	실제로 해 보기
90%	가르쳐 보기

학습 피라미드는 우리가 "공부한다."라는 말을 들었을 때 떠올리는 행위들이 실제로 얼마만큼의 효과가 있는지를 보여 줍니다. 대부분의 경우 '수업 듣기'보다 '표현하기'가 학습 효율이 높다는 것을 강조하기 위해 사용됩니다. 학습 피라미드가 학문적 근거가 부족하다는 주장도 있기는 합니다. 하지만 아이들을 지도하는 제 입장에서 보

면 학습 피라미드 자체를 부정할 필요까지는 없습니다. 몇 가지 조건이 붙긴 해야겠지만 '표현하기'가 '수업 듣기'보다 효과적인 건 확실하니까요. 아인슈타인도 이렇게 이야기했다고 합니다.

"만일 우리가 어떤 것을 남에게 쉽게 설명하지 못한다면, 그것을 잘 이해하지 못한 것이다."

사실 '표현하기'와 '수업 듣기'를 일대일로 비교하는 건 적절치 않습니다. 표현을 하려면 듣기가 전제로 깔리는 경우가 대부분입니다. 일단 설명을 듣고 수업 후의 자기화 과정을 거친 뒤에 표현을 하면 수업 듣기 자체보다 당연히 효율이 높아집니다. 그래서 '표현하기'냐 '수업 듣기'냐의 대결 구도보다는 수업을 들은 후 표현하기를 했을 때와 안 했을 때의 차이는 어떠할까 정도로 받아들이는 쪽을 추천합니다.

그럼 왜 배운 내용에 대해 표현하기는 학습 효율이 높을까요? 이런저런 이유를 덧붙일 수 있겠지만 핵심은 하나입니다. 말은 논리가 없으면 하기 어렵기 때문입니다. 말이 되기 위해서는 말의 내용이 필연적으로 논리를 가지고 있어야 합니다. 물론 우리의 일상 대화는 논리가 없는 경우가 많지만, 수학 개념이나 풀이 과정을 논리 없이 설명하기란 거의 불가능합니다. 말이 된다는 것은 누군가를 납득시킨다는 뜻입니다. 막힘 없이 시작에서 끝까지 이어지는 하나의 명쾌한 흐름을 보여 주는 일입니다. 이걸 하려면 사고 과정에서 모호하거나 미흡한 부분이 남아 있어서는 안 됩니다. 제대로 된 설명을 위해 그런 부분들을 찾아내고 해결해야 하니 공부몸이 움직일 수밖에 없습니다.

• 설명해 보라고 하면 입을 꾹 다무는 아이, 어떻게 해야 할까?

수업을 열심히 들었는데도, 복습도 숙제도 했는데도 원하는 성과가 나오지 않는다고 답답함을 호소하시는 부모님들이 있습니다. "개념이 정교하지 않고 논리적으로 연결하지 못하기 때문이지요."라고 말씀드려도 여전히 뾰족한 대안을 원하시는 분들께는 다음의 '선생님 놀이'를 추천해 드리곤 합니다.

"다뤘던 문제 중에 틀렸거나 도움받았던 문제들은 일주일쯤 지나서 풀이 과정을 설명해 달라고 하세요. 내용을 이해 못하셔도 상관없습니다. 그 순간만큼은 아이는 선생님이 되고 부모님은 학생이 되는 겁니다. 실제로 배운다고 생각하시고 경청해 보세요. 궁금한 건 그때그때 물어보시고요.
아이가 말로 표현하는 과정에서 매끄럽지 않은 부분이 드러날 거예요. 본인이 그런 포인트를 알아차리는 게 제일 좋은데 그게 아니라면 부모님이 듣다가 석연치 않게 느껴지는 부분에 대해 질문을 하시면 됩니다. 그렇게 발견된 부분들을 모아서 집중적으로 공부하면 됩니다."

배운 내용을 떠올리는 과정에서 기억의 저편으로 사라지려는 내용들을 다시 붙잡을 수 있습니다. 또한 설명하는 과정에서 내가 아는 것과 안다고 생각했지만 모르는 것을 구별하게 됩니다. 그렇게 드러난 공부거리를 가지고 나에게 도움 되는 진짜 공부를 할 수 있습니다. 설명하기 위해서라도 문제와 내 사고 과정을 유심히 들여다보게 됩니다. 전에는 무심코 지나쳤던 조건이 달라 보이기도 하고 내가 당연하게 생각했던 게 사실 오류였다는 걸 깨닫기도 합니다. 그렇게 관찰된 내용을 어떻게 구성해서 말로 풀어 낼지 고민하는 과정에서 학습이 일어납니다.

아이가 선생님 놀이를 본인 공부에 이용하겠다는 적극적인 의지를 가지고 있다면 모르겠지만 아직 그런 상황이 아니라면 부모가 설명을 듣는 내내 긴장해야 합니다. 필기 노트가 있다면 필기 노트와 말하고 있는 내용을 꼼꼼히 비교하면서 들어야 합니다. 논리가 궁하면 과감히 비약을 시도하는 친구들이 있습니다. 갑자기 답을 향해 밑도 끝도 없는 점프를 해 놓고는 무사히 답에 도착했다고 주장합니다. 이런 무모한 비약을 발견하면 선생님 놀이를 하는 취지를 잘 설명해 주어야 합니다. 테스트해서 벌주려는 게 아니라 제대로 공부가 안 된 지점을 찾아내서 보충하려고 한다고 부드럽게 전하시면 됩니다. 그리고 실제로 부족한 부분을 채우는 과정까지 진행해서 이 과정의 취지를 깨닫게 해 줍니다.

또 다른 표현 방법으로는 풀이 노트 작성이 있습니다. 풀이 노트는 두 가지 경우에 씁니다. 잘 안 풀리는 문제가 있을 때와 틀렸던 문제를 정리할 때. 잘 안 풀리는 문제에 대해 쓰는 이유는 앞서 언급했듯 스스로의 사고 과정을 돌아보며 오류를 찾기 위해서입니다. 틀렸던 문제에 대한 풀이를 써 보는 이유는 이제는 제대로 할 수 있음을 확인하는 동시에 전체 과정을 성찰하기 위해서입니다. 제대로 할 수만 있으면 공부몸을 키우기에 이만한 도구가 없습니다.

그런데 풀이 노트의 취지를 온전히 받아들이지 못하는 학생이 은근히 많습니다. 해야 한다니까 숙제처럼 하는 거죠. 분명 풀이 과정을 써 오라 했는데 답만 써 오는 귀여운 경우도 있고, '가와 나 사이의 예각과 둔각을 구하면 된다.'라는 유체이탈 화법을 쓰는 경우도 있습니다. "문제를 다시 풀었더니 답이 다르게 나왔어요. 어떻게 해요?"라고 질문하는 학생도 있습니다. 풀이 과정에 오류가 있는데도 답만 맞게 써 오는 경우는 흔합니다. 풀이는 대충 쓰고 최종적으로 자기가 맞은 답을 쓴 겁니다. 말로 표현하기와 마찬가지로 풀이 노트를 쓰는 취지에 대해서도 아이를 납득시킬 필요가 있습니다.

풀이 노트를 제대로 쓰기 위해서는 문제에 대응하는 자신의 사고방식을 면밀히 분석해야 합니다. "이제 어떻게 푸는지 알아요."와 "그때는 '이웃하지 않는다'는 표현을 어떻게 받아들일지 몰랐어요."는 다를 수밖에 없습니다. 성찰의 과정이 없는 풀이 노트는 단순한 복습 차원을 넘어서기 힘듭니다. 스스로 분별할 수 있는 능력을 키우는 것도 풀이 노트를 적는 이유 중 하나입니다. '그때의 나'와 '지금의 나', 지금 내가 '아는 것'과 '모르는 것', 제대로 된 풀이 노트라면 이러한 분별이 담겨 있어야 합니다.

풀이 노트는 사분할 연습장 한 권만 있으면 바로 시작할 수 있습니다. 물론 비어 있는 한 페이지를 네 칸으로 나눠도 됩니다. 한 칸에 한 문제의 풀이 과정을 적습니다. 그 정도 여유가 있어야 할 말을 충분히 풀어 놓아도 부족하지 않을 만큼 공간이 확보되었다는 느낌을 가질 수 있습니다. 여백이 많이 생겨도 한 칸에는 한 문제만 푼다는 원칙을 유지합니다. 풀이를 쓸 때는 직접 해설지를 만든다는 생각으로 정돈해서 쓰려고 노력합니다. 저는 이 문제를 물어본 친구에게 편지를 써서 설명해 주는 상황이라고 상상하며 쓰라는 이야기를 자주 합니다. 아무래도 글씨부터 마음가짐까지 달라질 수밖에 없습니다. 글이라는 통제된 수단으로 납득시켜야 하니 자신의 생각을 더 다듬게 됩니다.

자신이 틀렸던 이유에 대해 짧게 코멘트를 붙이면 금상첨화입니다. 파란 펜이나 빨간 펜을 써서 원래 풀이와 구별할 수 있게 합니다. 자신의 대응에 대한 직접적인 성찰은 비슷한 상황을 또 만났을 때 분명히 도움이 됩니다. 이렇게 하기가 여의치 않은 문제들이 있긴 합니다. 그런 경우는 '문제에서 요구한 대로 답을 쓰지 않았다.' '약분을 하지 않았다.' 와 같이 간단하게 써도 됩니다. 꼭 틀린 문제, 잘 안 풀리는 문제만 기록해야 하는 것도 아닙니다. 부모가 생각할 때 아주 좋은 문제, 맞았지만 잘 이해하지 못한 문제도 기록하면 좋습니다. 지금은 깔끔하게 풀 수 있다는 것을 스스로에게 증명하고 싶은 문제라면 어떤 문제라도 가능합니다.

만약 풀이 노트의 취지가 잘 먹히지 않거나 유난히 힘들어한다면 무리하게 강요할 필요는 없습니다. 생각의 흐름을 글로 표현하기란 생각보다 힘든 일입니다. 공부몸이 아직 성숙하지 않은 어린 학생이라면 말할 것도 없고요. 그런 케이스라 판단되면 조금 기다려 주는 편이 낫습니다. 이런 학생들은 글보다는 말이 편한 경우가 많습니다. 이때도 "이 문제 어떻게 풀었는지 이야기해 봐."라고 통째로 요구하기보다는 "처음에 어디서부터 시작했어?" "왜 각 ㄴ이 30도라고 생각했어?"라고 구체적인 포인트를 짚어서 대화하듯 풀어 가는 방식을 추천합니다.

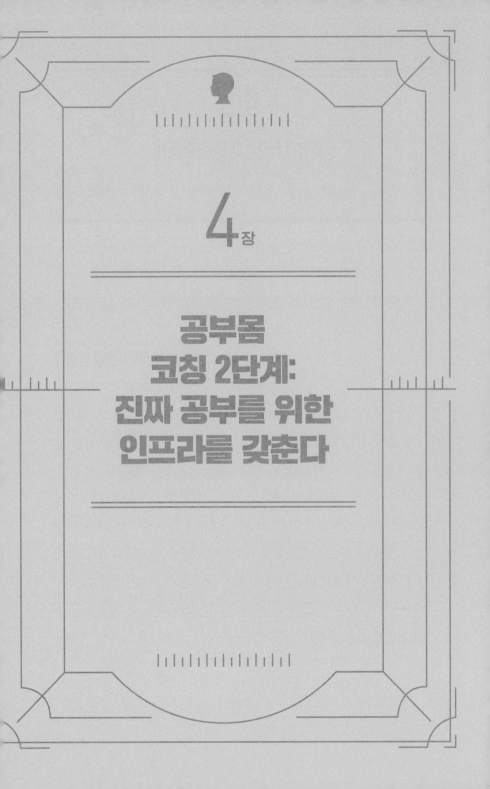

4장

공부몸
코칭 2단계:
진짜 공부를 위한
인프라를 갖춘다

출발은 부모의 마인드셋부터!

　고등학교 때의 공부 마인드셋이 최종 결과를 만들어 내는 건 자명한 사실입니다. 그리고 고등학생의 마인드셋은 중학생까지의 학습 경험이 좌우합니다. 초등, 중등 시절에 경험한 학습에 대한 긍정적인 느낌과 '공부는 이렇게 하는 거구나.' '내가 마음만 먹으면 공부를 잘할 수 있구나.'라는 확신은 이후의 학습에 지대한 영향을 끼칩니다.

　다른 마인드셋과 마찬가지로, 한번 형성된 공부 마인드셋은 쉽게 바뀌지 않습니다. 초등학생의 공부 마인드셋에 가장 큰 영향을 주는 건 부모입니다. 그러한 이유로 초등 공부에 있어 가장 중요한 요소이

자 출발점은 부모의 공부 마인드셋이라고 할 수 있습니다.

신입생들의 첫 단원 평가 결과가 나가면 부모님들의 상담 요청이 이어지곤 합니다. 기대와 다른 결과에 당황하신 분들이 대부분입니다. 드러나는 문제들이야 제각각이지만 저는 거의 동일한 진단을 하고 비슷한 의견을 제시합니다.

"아직 이 아이는 어려요. 수학 좀 한다는 이야기를 들어 왔을지 모르지만 아직 수학 공부를 제대로 해 봤다고 이야기하기는 어렵지요. 수학 실력이라는 건 수학에 대한 감각, 처음 배우는 내용에 대한 태도, 수업 후의 자기화 과정, 시험 준비하는 요령, 시험 시간에 보이는 밀도 등 여러 요소에 의해 결정이 돼요. 앞으로 그런 학습의 태도를 기른다고 생각하셔야 해요. 이제 첫 학기이고 단원 평가 한 번 봤을 뿐이잖아요. 오히려 지금의 점수를 현재 상태를 보여 주고 어디로 가야 할지 알려 주는 신호로 삼으면 좋겠네요."

이렇게 말씀드리면 대부분 수긍하십니다. 그런데 상담 전에는 다르게 생각하고 계시는 경우가 많습니다. 학원이 맞지 않은 듯하니 다른 학원을 알아봐야 하나, 아이가 수학에 재능이 없는 것은 아닐까, 선행을 하지 않아서인 듯하니 조금 배우고 오면 어떨까, 1년 후에 다시 시험 봐서 입학하는 편이 더 안정적이지 않을까 등등. 아이의 수만큼이나 다양한 진단이 있고 대응이 있습니다. 만족스럽지 않은 점수에 대응하는 방식의 차이를 만드는 건 뭘까요? 결국 부모의 믿음, 부모의 마인드셋이 가장 근본적인 원인이 아닐까요?

공부를 했는데 성적이 그대로라면 공부를 안 한 겁니다. 다시 말해 공부몸이 움직이지 않은 공부를 한 거죠. 상담할 때 "제대로 된 복습을 할 수 있게 충분한 시간을 확보해 주세요. 그리고 복습하는 방식도 체크해 주시면 좋습니다. 지금 하는 교재를 세 번 정도 제대로 복습하는 편이 다른 문제집을 여러 권 푸는 것보다 낫습니다."라고 자주 이야기합니다. 하지만 어떤 부모님들은 제가 뭐라 하건 어렵다는 문제집을 찾아서 풀게 하고, 교사만 믿는다며 교사에게 모든 걸 넘깁니다. 무엇 때문일까요? 부모의 공부 마인드셋 때문입니다.

모든 부모는 이왕이면 아이가 공부를 잘하길 바랍니다. 그 바람이 잘못됐을 리 없습니다. 그러나 언제나 그렇듯, 좋은 의도가 좋은 결과를 보장하지는 않습니다. "다 너를 위해서야." 이 말이 내 뒤통수를 칠 수도 있습니다.

좋은 부모가 되고 싶다면 내 마인드셋이 대응 방식을 만든다는 점을 깨달을 필요가 있습니다. 교육은 장기 프로젝트입니다. 그래서 농사에 비유하는 거겠죠. 농부가 농사를 배워야 농사를 지을 수 있는 것처럼, 긴 시간 동안 특정한 사람에게 영향력을 행사해서 내가 원하는 방향으로 이끌기 위해서는 무엇보다 사람과 공부에 대한 고민이 필요합니다. 그래야 개인적인 경험과 사고방식을 뛰어넘는 보편적이면서도 이상적인 대응이 가능해집니다.

사람은 어떤 상황에서 움직이는가?

왜 인풋과 아웃풋이 다른가?

이상 징후를 어떻게 감지해야 할까?

지치지 않으려면 무엇이 필요할까?

배운다는 것은 어떤 과정일까?

뜬구름 잡는 이야기처럼 들리더라도 하나하나 치열하게 곱씹어야 하는 질문들입니다. 이런 의문을 갖든 안 갖든 우리는 이 질문들에 대한 태도를 이미 취하고 있고, 그 태도로 아이들을 대하는 게 현실이니까요. 고민하고 대화하고 알아 가는 과정에서 우리의 공부 마인드셋은 섬세해집니다. 아이가 제대로 된 공부를 하길 원한다면, 성적이 좋지는 않더라도 성과가 있는 공부를 하길 원한다면, 부모의 머릿속에 있는 필터, 즉 공부 마인드셋을 우선 점검해 봐야 합니다.

성공적인 학습 경험을 유도하라

· · · · · · · ·
부정적 감정을 관리하자

준현이의 몸이 뒤틀려 있습니다. 머리와 벽이 하나가 되어 갑니다. 교실 벽에 고개를 밀어 넣을 셈인가 봅니다.

"준현아, 무슨 일 있니?"
"아니에요."

민망한 듯 다시 자세를 고쳐 잡지만 이내 뒤로 기대는 자세가 됩니다. 이차함수 막바지. 쉽지 않다는 건 알고 있습니다. 누구에게나 그렇습니다. 다른 학생들과 준현이의 차이가 있다면 마음처럼 되지 않을 때의 반응입니다. 힘도 의욕도 없이 축 늘어져 있습니다. 동물원 바닥에 엎드려 있는 북극곰 같달까요? 물론 어려운 내용을 배울 때, 문제가 잘 풀리지 않을 때 짜증이 나는 건 정상적인 반응입니다. 하지만 준현이의 경우 부정적 반응 수준이 다른 학생들보다 높습니다. 수업 시간에 보이는 모습만이 아닙니다. 준현이 어머니는 준현이가 문제를 푸는 과정에서 짜증이 나면 30분 정도 씩씩거린다는 이야기를 전합니다. 그러다 다시 해 보고 문제가 풀리면 신나서 자기가 방법을 다르게 했더니 됐다는 이야기를 한답니다. 문제가 안 풀리면 다시 30분 동안 씩씩거리고요.

준현이는 같은 스트레스 자극에도 민감하게 반응하고 있었습니다. 그러다 보니 공부를 하면서 만나는 부정적 감정에 제대로 대처하지 못했습니다. 무기력과 짜증, 씩씩거리기. 어떻게 하면 이런 부정적 반응을 긍정적으로 바꿀 수 있을까요? 우선 공부 상처에 대하여 충분히 공감해 줘야 합니다. 잘하고 싶은데 생각처럼 잘 안 돼서 속상했을 마음을 진심 어린 대화를 통해 토닥여 줘야 합니다. 다음으로는 긍정적인 느낌으로 전환할 수 있는 계기를 만들어 줄 필요가 있습니다. 공부의 재미를 불러일으키는 학습 경험은 뒤에 이야기하도록 하겠습니다. 이 과정이 성공적이라면 부정적 감정은 점점 잦아들고, 나중에는 신경 쓰지 않아도 될 정도가 됩니다. 부정적 반응은 달래면서 긍정적 반응을 키우는 전략입니다.

공부의 과정은 그리 아름답지 않습니다. 어쩌면 마음처럼 되지 않을 때가 더 많을지도 모릅니다. 그런데도 공부의 수레바퀴를 계속 굴려야 하니 쉽지 않습니다. "힘내라." "나는 너를 믿는다."라고 말해 주는 게 도움이 되긴 하겠지만 그 자체가 학습을 일어나게 하지는 않습니다.

단원 평가에서 90점을 넘기면 50만 원짜리 레고를 사 주겠다고 한들, 이번에도 꼴등을 하면 평균과의 차이만큼 때리겠다고 한들, 공부 패턴이 갑자기 달라지지 않습니다. 물론 순간적으로 열심히 하기는 할 겁니다. 하지만 근본적인 수준에서 공부에 대한 반응이 달라지지 않으면 효과는 단기적일 수밖에 없습니다.

지난한 공부의 과정을 이어갈 지속 가능한 동력이 필요합니다. 순간적인 동기 부여 말고 꾸준함을 유지할 수 있는 동기 부여는 공부를 위해 반드시 필요한 동력입니다. 많은 학습법 책에서 꿈을 통해 동기를 부여하라고 이야기합니다. 자기의 꿈을 분명히 하고 그 꿈을 붙잡기 위해 공부를 하면 힘든 과정도 견딜 수 있다는 논리입니다.

꿈은 부정적 공부 느낌을 일시적으로 참고, 일단 책상 앞에 앉게는 할 수 있습니다. 하지만 거기까지입니다. 비효율적이며 공부 상처만 만들어 내는 공부를 계속한다면 꿈이고 뭐고 의미 없습니다. 다시 수능을 준비할 때 저에겐 분명한 꿈이 있었습니다. 다른 선택지를 생각할 수도 없는 상황이었습니다. 하지만 꿈과 절박함마저도 쌓여 있던 공부 상처와 망가진 공부몸을 어찌하지는 못했습니다.

당근과 채찍, 격려와 칭찬, 혹은 꿈. 이들은 분명 공부에 도움이 됩니다. 그리고 꼭 필요할 때가 있습니다. 하지만 공부의 동기를 공부 밖에서 찾기 때문에 효과가 단기적일 수밖에 없습니다. 학습자에게 필요한 궁극의 동기는 '공부의 과정' 그 자체에서 찾아야 합니다. 공부의 과정에서 불쾌함을 느끼고 비효율이 반복되는데 공부를 하고 싶을 리 없습니다. 뭔가 된다는 느낌, 좀 나아진다는 느낌이 있어야 계속하고 싶습니다. 계속하고 싶은 마음이 꾸준함을 유지시킵니다. 그런 의미에서 성공적인 학습 경험만큼 확실한 공부의 동기는 없습니다.

새로운 느낌 경험하게 하기

성공적인 학습 경험의 요체는 내 모든 것을 대상에 쏟아서 문제가 해결되는 경험을 하는 것입니다. 편법을 쓰거나 다른 사람의 도움을 받지 않고 오롯이 공부의 전 과정을 스스로의 힘으로 작동시켜 보는 것이죠. 공부몸의 모든 요소가 제 역할을 하여 문제가 해결되는 순간의 느낌을 경험하는 일입니다.

공부를 하면서 성공만 할 수는 없겠지만 성공의 맛을 봤다는 사실이 중요합니다. 한 번 성공을 경험하면 다음 상황에 도전할 힘을 얻습니다. 그 성공 경험을 위해 지루함과 고단함을 견디고 훨씬 재미난 다른 활동의 유혹에도 불구하고 공부에 전념할 수 있습니다. 공부의 과정에서 긍정적인 경험이 쌓이면 부정적인 경험이 그랬던 것처럼 느낌 수준에서 영향을 줍니다. 그 느낌이 이른바 공부의 재미를 만들고 공부 자체를 움직이는 추진력이 됩니다. 이게 제가 생각하는 공부를 위한 최고의 지속 가능한 동기입니다.

수많은 선택지 중에서 공부가 뒤로 밀리는 이유는 공부가 재미없기 때문입니다. 다른 게 더 재미있으니까 그걸 하는 겁니다. 공부에 대한 거부감이 있거나 공부의 재미를 느껴 본 적이 없는 학생이라면 주어진 임무를 완수하는 데 방점을 찍게 됩니다. 피할 수 있으면 피하려 하고 힘들면 빨리 끝내려고만 합니다.

이런 상황에서 최고급 코디, 일타 강사가 무슨 의미란 말인가요? 필요한 것은 '새로운 느낌'입니다. 기존의 느낌에 익숙해져 있으면 변하기 쉽지 않습니다. 새로운 느낌을 경험하면 변화는 일어납니다. 핸드폰, 게임 등의 유혹을 물리치고 책상에 돌아오기 위해서는 약간의 의무감도 있어야겠지만 그보다는 '이것도 할 만하네.'라는 느낌이 필요합니다. 즉 나름의 재미가 있어야 합니다.

공부에 재미를 느끼게 하려면

실제로 공부를 재미있어 하는 아이들도 있습니다. 겉으로는 아니라고 할지 몰라도 앎의 과정을 즐기는 아이들을 저는 매일 만나고 있습니다. 사실 모든 사람이 그렇습니다. 성장의 즐거움을 거부할 사람이 있을까요? 다만 앞서 겪은 공부에 대한 안 좋은 기억들이 공부 자체를 감정적으로 밀어내고 있을 뿐인 거죠. 한 살이라도 어릴 때 '배운다는 것은 즐거운 일'이라는 사실을 머리가 아니라 가슴으로 받아들일 수 있어야 하는 이유입니다. 공부의 재미를 느끼게 된다면 '공부법'은 더 이상 중요한 요소가 아닙니다. 하고 싶은 마음으로 달아오른 사람 앞에서 어떤 문제집, 어떤 학습법, 어떤 학원은 중요치 않습니다.

그런데 공부의 재미라는 건 뭘까요? 대학 때 〈국어 의미론〉이라는 국문학과 수업을 수강한 적이 있습니다. 수업 중에 '좋다'의 뜻이 몇 가지인지 알아봤던 활동이 인상 깊게 남아 있습니다. 정확한 개수는 기억 나지 않지만 국어사전 세 장이 넘게 좋다의 뜻이 쓰여 있었습니다. 자전거처럼 누구나 확인할 수 있는 객관적인 사물이라면 이야기가 조금 다르겠지만, '사랑' '행복'처럼 누구나 안다고 생각하지만 저마다의 정의가 미묘하게 다른 개념은 같은 단어를 사용하면서도 사실은 서로 다른 이야기를 하는 경우가 더 많다고 봐야 할 겁니다. "그 드라마 진짜 재미있더라." "다른 게임 없어? 이건 재미없다."의 재미와 "공

'배운다는 것은 즐거운 일'이라는 사실을
가슴으로 받아들일 수 있어야 합니다.

초등생을 위한 수학 공부몸 만들기

부가 재미있어요." "난 이 일이 좋거든. 재미있어."의 재미는 분명히 다릅니다. "돈 걱정 없다면 실컷 공부만 했으면 좋겠다."라고 이야기하는 사람들이 있는 것으로 봐서는 분명 공부의 재미가 따로 있는 것 같기는 합니다.

"힘들긴 한데 재있어요."

수학 문제를 풀면서 이렇게 이야기하는 학생들이 있습니다. 똑 부러지게 '이거다.'라고 말하기는 어렵겠지만 공부와 관련된 재미에 포함되는 필수적인 요소는 '내 의도대로 됐을 때의 쾌감'을 꼽을 수 있습니다. 문제를 파악하고 내가 알고 있는 것과 문제 상황을 연결하려고 조물락거리다가 해결됐을 때의 짜릿함. '띠리링!' 하고 금고 문이 열리는 듯한 느낌. 이 느낌에 빠지면 모든 에너지가 그 대상으로 쏠리기 시작합니다. 넷플릭스 오리지널 드라마 〈퀸스 갬빗〉의 주인공처럼 체스에 빠지면 자리에 누워도 천장에 체스판이 펼쳐지는 식입니다.

'조금씩 발전한다는 느낌'도 공부 재미에서 빼놓을 수 없는 요소입니다. 내 의도대로 되는 경우가 많아지면 효능감이 올라가고 개념이 정교해지는 게 느껴집니다. '웅~' 하면서 내가 확장되는 것만 같습니다. 달라진 나를 테스트해 보고 싶어지기도 합니다. '오, 처음 보는 이차방정식 문제군. 드루와. 내가 해결해 주지.' 이 모드에서는 잘 안되

4장 공부몸 코칭 2단계: 진짜 공부를 위한 인프라를 갖춘다

더라도 쉽게 좌절의 늪에 빠지지 않습니다. '어라? 요것 봐라?' 하며 약간 약이 오르면서도 어떻게 이거 볼까 하고 머릿속으로 새로운 궁리를 합니다.

그렇다면 어떤 경험을 할 때 공부의 재미를 느낄 수 있을까요? 크게 세 가지를 꼽아 보겠습니다.

① '아하 모먼트' 끌어내기

저는 학생이 질문 쿠폰을 써도 직접 문제를 풀어 주지 않습니다. 유사한 다른 상황을 보여 주거나, 새로운 관점을 유도하는 몇 마디를 해 주는 선에서 도움을 주고 돌려보냅니다. 이런 접근에 익숙해진 학생들은 제가 가리키는 곳이 자기의 질문과 어떤 연관이 있는지를 고민합니다. 마침내 흩어져 있던 조건과 개념들이 한 줄로 꿰지는 경험을 할 때 "아하, 그렇구나!"를 외치거나 "아아아아아아악!" 하는 비명을 지르는데, 그 순간 참 기분 좋습니다. 도움을 받아서가 아니라 스스로 깨달아서 나오는 반응이니 학생도 기쁘겠지요. 이럴 때 제가 제대로 교사 역할을 했다고 생각합니다. 생각을 하면서 공부를 했기 때문에 이런 발견을 할 수 있었던 거라고 학생을 칭찬해 주고 같이 격하게 기뻐합니다.

'아하 모먼트'는 예전에 이해할 수 없던 문제나 개념을 갑자기 이해하게 되는 경험을 뜻합니다. 아르키메데스가 목욕탕에서 외쳤다는 '유레카'와 사실상 같은 개념입니다. 아하 모먼트가 세 번 나오면 그 코칭 세션은 성공이라는 말이 있을 정도로 코칭에서도 아하 모먼트는 중요한 개념 중 하나입니다. 코치의 질문이 제대로 인식의 변화를 일으키면 머릿속에서 '뎅~' 하고 종이 울리는 소리가 들리기도 하는데 이게 곧 아하 모먼트입니다.

공부에서의 '아하 모먼트'는 '각종 오개념과 잘못된 이해가 바로 맞춰지는 순간'을 의미합니다. 새로운 내용을 접할 때마다 기존의 지식과 잘 연결되어 별다른 저항 없이 머릿속에 안착하면 좋겠지만, 그렇지 않은 경우가 많습니다. 그래서 배운 지 얼마 안되었을 때는 아예 이해를 못 했는데도 안다고 생각하거나 잘못 알고 있는데도 제대로 알고 있다고 생각하는 경우가 많습니다. 이 엉성한 상태가 바로 잡히거나, 채워지거나, 명확해질 때 아하 모먼트가 일어납니다. 밋밋했던 개념이 날카로워지면서 절로 "아하~" 소리가 납니다.

아하 모먼트를 끌어내기 위해서는 인식의 전환을 의도해야 합니다. 사각형 수업을 할 때였습니다. 정사각형을 만났을 때 떠올려야 할 것들에 대해 그렇게 강조했건만, 문제가 안 풀린다고 질문 쿠폰을 쓰러 오는 학생들이 많았습니다. 제가 한 건 일단 하소연을 다 듣고 정사각형의 '정'자에 동그라미를 쳐 주는 것뿐이었습니다. 대부분 그 정도 선에서 "아~" 하면서 돌아갑니다.

계속 갸웃거리고 있는 아이들은 수업에 집중을 안 했다는 이야기입니다. 아무것도 모르겠다, 전혀 접근을 못하겠다는 학생에게도 직접 설명은 하지 않습니다. 관련되는 문제를 짚어 주면서 연결시켜 보라고 하거나 필기 노트를 보면서라도 풀이 과정을 써 보라고 합니다. 연결시키고 써 보는 행위 자체가 자신의 사고를 돌아보는 데 일조하기 때문입니다. 기본적인 생각하는 힘이 갖춰져 있다면 그 과정 중에 스스로 오류를 발견할 수 있습니다.

물론 공부를 할 때마다 아하 모먼트를 만날 수는 없고, 아하 모먼트가 있어야만 제대로 공부를 했다고 말할 수 있는 것도 아닙니다. 아하 모먼트는 학습의 일어남이 있는 공부를 성실하게 하는 학생에게 예고 없이 찾아오는 선물에 가깝습니다. 아하 모먼트 자체를 좇을 필요는 없겠지만 아하 모먼트를 경험하고 주위 사람과 함께 나누었던 일은 공부에 대한 긍정적 느낌을 각인시킬 수 있습니다.

아하 모먼트는 아무것도 없는 맨바닥에서 일어나지 않습니다. 기본적으로 학습자의 능동성을 전제로 합니다. 대상과의 치열한 주고받음이 충분히 쌓였을 때 그 위에 적절한 자극이 떨어지면 비로소 새로운 인식의 장이 열립니다. 이때 모여 있던 긴장감이 한순간에 사라지면서 자기도 모르게 탄성이 튀어나옵니다. 충분히 고민하면 교사의 평범한 한마디 설명에도 "아악!" 하는 비명과 함께 깨달음이 생깁니다. 학생의 상황에 맞는 적절한 발문이나 가이드가 자극이 될 수도 있지만 학생 스스로의 성찰을 통해서도 얼마든지 경험할 수 있습니다. 학습의 일어남이 있는 공부를 하는 아이들은 스스로 다양한 관점의 전환을 시도하다가 아하 모먼트가 오는 경우가 많습니다. 아하 모먼트가 주는 느낌에 길들여지면 자연스럽게 공부의 바른길을 따라가

초등생을 위한 수학 공부몸 만들기

게 됩니다.

② 공부의 수레바퀴 굴려 보기

수겸이는 중학교 1학년 2학기 과정부터 같이 공부하기 시작한 학생입니다. 수업 태도는 좋은 편이었고 숙제도 어쩌다 한 번 못하면 다음 시간까지는 완성해 왔습니다. 어머니 이야기를 들어 보니 학원을 몇 번 다닌 적은 있으나, 수업 듣고 숙제하는 것 말고는 별다른 공부를 해 본 적은 없다고 합니다.

중등 과정에서는 배운 내용을 소화하는 본인만의 패턴이 필요한데, 수겸이는 그저 시키는 걸 성실하게 하려는 정도의 수준에 머물러 있었습니다. 아니나 다를까 첫 시험에서 예상보다 한참 낮은 점수를 받았습니다. 공부몸의 현주소가 드러난 거죠. 다행히 수겸이와 어머니 모두 이 상황을 타개하려는 의지가 있었기 때문에 같이 노력해 보기로 했습니다.

먼저 수업 시간에 배운 내용을 복습하는 방법을 연습했습니다. 복습 전용 노트를 마련해서 배운 내용을 써 보라고 했습니다. 완전 백지 복습은 힘들어할 것 같아서 수업 시간에 다룬 문제로만 하기로 했습니다. 방법은 간단합니다. 월요일에 수업을 했으면 화요일이나 수요일에 수업 시간에 다룬 문제를 혼자 연습장에 풀어 봅니다. 풀어 보는 과정에서 본인의 힘으로 안 되는 부분이 있으면 그 부분을 찾아내서 집중적으로 고민합니다.

처음에는 이 과정만 두 시간 정도 걸린다며 힘들어했습니다. 하지만 시간이 지나면서 복습 시간은 점점 줄어들었고 수업 시간에 참여도가 눈에 띄게 좋아졌습니다. 복습을 덜 고통스럽게 하기 위해서라도 수업에 집중해야 한다는 사실을 깨달은 거죠. 의도했던 선순환이 시작되고 있었습니다.

시험을 준비하는 연습도 같이 진행했습니다. 대부분의 학생들과 마찬가지로 수겸이도 평소 실력으로 시험을 치르고 있었습니다. 적어도 본인이 공부한 만큼을 점수로 뽑아내기 위해서는 시험을 준비하는 본인만의 전략과 별도의 노력이 있어야 함을 강조했습니다. 수업 시간마다 퀵테스트를 보기 때문에 퀵테스트를 연습 상대로 삼기로 했습니다.

복습을 했더라도 학원에 오기 전에 시험 범위에 해당하는 문제들을 다시 풀어 보라고 했습니다. 다 풀고 시험 시간이 남아도 덮어 놓고 딴짓을 못하게 했습니다. 자기 생각을 낯설게 보려고 노력하면서 다른 풀이법을 계속 생각해 보라 했습니다. 그래도 시간이 남으면 해설지를 만든다고 생각하고 여백에 풀이 과정을 정돈해서 써 보라 했습니다.

복습을 하면서 개념은 섬세해지고 생각하는 힘이 강해진 데다 시험 요령까지 탑재되자 수겸이의 성적이 들썩거리기 시작했습니다. 저는 성적보다 날로 건강하게 커 가는 수겸이의 공부몸을 흐뭇하게 바라보았습니다. 수겸이도 공부 자존감이 한껏 올라 얼굴에 생기가 돕니다.

　그런데 의외의 복병을 만났습니다. 2학년 1학기 유리수와 순환소수 과정을 진행할 때입니다. 수겸이가 무언가에 가로막힌 듯한 반응을 보이기 시작했습니다. 숙제를 조금 못하는 정도가 아니라 아예 손을 대지 않았습니다. 열심히 했는데 해결 못한 몇 문제가 남은 상황과는 달랐습니다. 게으름을 피우는 게 아니라는 건 확실했지만 무엇 때문에 이러는 건지 감이 오지 않았습니다.

　수겸이 어머니와 상담을 하다가 결정적인 이야기를 듣게 됐습니다. 수겸이가 초등 3학년 때 중등 과정 속성반을 다닌 적이 있었답니다. 중등 3년 과정을 여름방학 동안 마무리하는 과정이다 보니 꽤 심하게 아이들을 몰아붙였나 봅니다. 어느 날 아침에는 눈을 뜨자마자 학원 가기 싫다며 운 적도 있었다네요. 수겸이와 이야기해 보니 그게 바로 유리수 단원이었습니다. 이 감정의 응어리를 녹여 주지 않으면 앞으로의 공부에 지장이 많을 수밖에 없겠다는 판단이 들었습니다. 억지로 들이밀지 않으면서 본인 페이스에 맞게 직면할 수 있도록 분위기를 만들었습니다. 어머니께도 과제 수행 여부와 상관없이 수겸이를 많이 격려해 주시고 그 일에 대해서도 대화를 나눠 보시라 말씀드렸습니다.

　그 학기는 결국 유급 직전의 상황까지 갔습니다. 숙제를 못 했을 때 쌓이는 벌점도 거의 유급 기준에 가까워졌고 단원 평가 점수는 마지막 시험을 치르기 전까지도 안심할 수 없는 상황이었습니다. 가까스로 다음 학기 진급이 확정되고 나서야 수겸이는 희미하게 웃었습니다. 완전히 벗어났다고 볼 수는 없었지만, 본인의 상처를 직면하고 자신의 힘으로 걸어 나온 경험이 수겸이에게 남았습니다. 이후에도 수겸이는 평소 공부를 게을리하지 않았습니다. 모든 면에서 수겸이의 공부몸은 단단하게 성장하고 있었습니다.

3학년 과정부터는 다른 학원도 끊고 오직 수학에만 집중하기 시작했습니다. 중등 과정 전체를 테스트하는 시험에서 수겸이는 시험을 본 학생들 중 최고점을 받았습니다. 몇 달 후 고등 과정을 마친 날 수겸이가 저를 찾아와서 이렇게 이야기했습니다.

"처음 학원에 왔을 때는 공부를 어떻게 해야겠다는 생각 자체가 없었어요. 복습은 정말 하기 싫고 어쩔 수 없이 했는데 언젠가부터 복습이 실제로 도움 된다는 게 느껴지는 거예요. 복습하는 습관이 자리 잡으니까 퀵테스트나 단원 평가를 볼 때도 자신이 생기고 수업에도 더 집중하게 됐어요.

시험 준비도 하면 할수록 저 나름의 노하우가 생기더라고요. 검토를 제대로 하기 위해서라도 처음 풀 때 글씨를 알아보게 써야 한다는 것도 알게 됐고요. 이런 식으로 수업, 복습, 시험 준비가 서로 맞물리면서 저만의 감이 생기니까 새로운 내용을 배울 때마다 느꼈던 두려움이 점점 줄어들었어요.

유리수 단원에서 엄청 힘들었어도 이겨 낼 수 있던 건 이렇게 공부에 대한 감이 생겼기 때문이에요. 그걸 이겨 낸 경험 자체가 또 다음 공부에 도움이 되기도 했고요."

수겸이처럼 수업-복습-시험 준비의 순환이 제대로 이뤄지면 공부 몸은 안정감을 느끼며 성장합니다. 중학교에 올라가든, 남들이 어렵다는 단원을 만나든 '까짓것 하면 되지.'라고 생각할 수 있습니다. 이렇게 한번 탄력이 붙은 공부의 수레바퀴는 쉽게 멈추지 않습니다.

③ 몸에 맞는 몰입 찾아 주기

한참 집중해서 영화를 보다 보니 시작한 지 얼마 되지 않은 것 같은데 영화가 끝나 버린 경험은 누구나 있을 겁니다. 누가 시켜서가 아니라 그저 책 내용에 빠져서 하염없이 책장을 넘기던 경험은 어떤가요. 그게 바로 '몰입'입니다. 아이들은 잠자리를 잡기 위해 자신이 가진 모든 능력을 동원한다고 합니다. 어른들이야 조용히 다가가 단박에 확 덮치면 되겠지만 아이들은 그걸 해내기 위해서 자기가 가진 모든 것을 쏟아 내야 하는 것이죠. 그 과정에서 아이들은 자연스레 몰입을 경험합니다.

저도 고등학교 때 몰입을 경험한 적이 있습니다. 짝사랑하던 여학생이 있었습니다. 감정의 소용돌이 속에서 몇 날 며칠을 휘청거리다가 어느 순간 이러면 안 되겠다는 생각이 들었습니다. 난리를 피우는 코끼리를 보다 못한 기수가 반란을 시작한 겁니다. '뭐 하고 있니! 공부해야지!' 코끼리를 잠재우기 위한 대안을 찾아야 했습니다.

요즘이라면 게임이라도 했을 텐데 그 당시 저의 선택은 《성문 종합영어》였습니다. 길고 길었던 그 겨울 내내, 저는 《성문 종합영어》에게 칭얼거렸고 그 친구는 기꺼이 저에게 재미난 이야기들을 잔뜩 들려주었습니다.

제가 한 거라곤 그 책이 들려주는 이야기를 귀 기울여 듣는 것뿐이었습니다. 못 알아듣겠으면 자습서와 사전을 뒤적이면서 끝끝내 무슨 말인지 알아내려고 애썼습니다. 나중에는 제가 먼저 '그다음은 뭔데? 제발 알려 줘!'라며 매달리는 상황이 되었죠. 이런 식으로 저는 그 겨울방학에 제대로 몰입을 경험했습니다. 학습 동기와 충분한 시간적 여유가 맞물리면서 전에 없던 강력한 화학 반응을 만들어 낸 것이죠. 공부를 해야 한다고 생각할 때 느끼는 무거운 부담도 전혀 없었습니다. 그저 알고 싶었고 궁금했습니다. 무엇보다도 재미있었습니다.

학창 시절을 통틀어 유일하게 '공부가 재미있다.'라고 느꼈던 시절이었습니다. 더 정확하게는 공부를 하면서 그런 경험을 할 수 있다는 사실을 처음 알게 됐습니다. 그래서 그 당시에는 제가 하는 게 공부라는 생각조차 하지 못했습니다. 그저 그녀를 잊기 위한 몸부림이라고 생각했습니다. 왜냐하면 그 당시의 저에게 공부란 모름지기 '엉덩이 딱 붙이고 앉아서 허리를 세운 채 교재에 밑줄을 치거나 뭔가를 끄적거리는 행위'였기 때문입니다. 그때의 경험은 제가 가지고 있던 공부

초등생을 위한 수학 공부몸 만들기

마인드셋을 수정하는 계기가 되었습니다.

2박 3일 동안 잠도 안 자고 밥도 안 먹고 수학 문제 2,000개를 풀었다는 사람을 만난 적이 있습니다. 졸리지도 않고 배도 안 고팠다네요. 그가 경험한 건 분명 몰입이었습니다. 아주 강한 몰입이었죠. 그렇다고 우리 아이들에게 이런 몰입을 기대해서는 안 됩니다. 공부하기로 한 시간에 그 내용에 충분히 빠져 '어? 언제 시간이 이렇게 됐지?' 정도의 수준이면 충분합니다. 진정한 학습 경험이 일어난다면, 즉 자발성을 바탕으로 한 몰입이 일어난다면 강한 몰입이냐 약한 몰입이냐는 중요하지 않습니다. 이런 몰입 경험 자체가 훗날 혼자 하는 공부를 위한 커다란 자산이 됩니다.

안전하다는 느낌이 필요하다

질문을 공격으로 받아들이는 아이들

　수업 중에는 누구나 질문받는 걸 꺼립니다. 갑자기 남들 앞에서 주목을 받으면 아는 이야기도 제대로 말하기 쉽지 않죠. 이런 심리를 충분히 이해하기에, 한편으로는 학습 효과를 올리기 위해서 질문할 때는 최대한 개방형 질문을 하려고 합니다. "자, 우리가 여기까지 이야기해 봤는데…… 희주는 이제 뭘 해 보고 싶니?"처럼요. 그런데 어떻게 질문을 해도, 질문을 받는 사람은 필요 이상의 방어 모드가 되는 경우를 종종 봅니다.

　미연이는 수업 시간에 아주 말이 많은 학생입니다. 물론 대부분 수업 내용과 관련 없는 내용이긴 하지만 말하는 것 자체에 거부감이 없는 건 분명합니다. 그런데 제가 질문을 하면 아무리 사소한 내용이라도 급격히 위축된 모습을 보입니다. 자신 없는 표정으로 말을 더듬으며 시선을 어디에 둘지 몰라 합니다.

세린이는 아주 당찬 학생입니다. 수업 중에 저한테 질문을 할 때가 있는데 말이 워낙 빨라서 제가 못 알아들을 때가 많습니다. 이때 "다시 이야기해 줄래?"라고 하면 세린이는 "아니에요……."라고 말끝을 흐립니다. 이런 일이 몇 번 반복되길래, "아니라고 하지 말고 다시 이야기해 줘. 내가 궁금해서 그래."라고 하면 언성이 높아지면서 톡 쏘듯이 말을 다다다 내뱉고는 시선을 돌려 버립니다.

원래 조용하고 수줍어하는 성격이라면 이해합니다. 하지만 이들의 이런 반응은 분명 평소의 모습과 다릅니다. 저는 질문을 했을 뿐입니다. 답이 틀려도 된다고 여러 번 이야기했습니다. 자기 생각을 이야기하면서 수업에 참여하길 바라는 겁니다. 이런 반응을 볼 때마다 '이 아이들에게 무슨 일이 있었던 걸까?'라는 생각을 하게 됩니다. 저의 질문이 느낌 수준의 무언가를 자극한 게 아닐까요? 질문에 바른 답을 하지 못했을 때의 안 좋은 기억이 느낌으로 남아 있는 거죠. 그래서 질문을 '공격'이라고 생각한 겁니다.

4장 공부몸 코칭 2단계: 진짜 공부를 위한 인프라를 갖춘다

도전할 것인가, 도망갈 것인가?

모든 공부몸은 저마다의 경계가 있고 절묘하게 그 경계 안에서만 작동합니다. 경계를 만나면 자신의 '컴포트 존(편안함과 안전함을 느끼는 영역)'을 향해 몸을 돌립니다. 그리고 끊임없이 자신의 행동에 대해 합리화를 시도합니다. 무의식적으로 흘러가는 이 패턴을 알아차리기 어렵기 때문에 공부몸의 경계를 넓히는 일은 쉽지 않습니다. 경계를 알아차리는 신호는 대부분 느낌입니다. 공격받는 느낌, 압도되는 느낌, 두려움을 느끼면 그 느낌이 신호가 되어 방향을 바꿉니다.

그런데 미연이와 세린이처럼 공격이 아닌 대상을 공격이라 여기면 경계 근처에 가지도 않았는데 신호에 반응하게 됩니다. 이런 성향이 왜 문제가 될까요? 공부몸이 성장하기 위해서는 일단 경계에 닿을 필요가 있습니다. 잘 이해되지 않는 상황, 고민해도 풀리지 않는 문제를 만나야 성장으로 가는 경계에 닿을 수 있습니다.

그때 공부몸은 기로에 섭니다. 도전할 것인가? 도망갈 것인가? 당연하게도 불편한 상황에서 계속 도전해야 공부몸의 구성 요소들이 강해지고 경계가 넓어집니다. 그런데 미연이와 세린이 같은 학생들은 조금 불편하다 싶으면 뒤도 돌아보지 않고 도망가거나 숨거나 그 자리에서 얼어 버립니다. 그리고 이게 습관이 됩니다. 도전을 하지 않으니 시행착오도 없습니다.

영화 〈매트릭스〉에서 몇 초 만에 헬리콥터를 조정할 수 있다는 설정이 말이 안 되는 이유는, 속도보다는 한 번의 시행착오도 없이 개념이 완성되었다는 점 때문입니다. 하다못해 자동차 운전을 하더라도 힘든 초보 시절을 지나야 점점 운전이 편해지죠. 절대적인 운전 시간과 어느 정도의 진땀 빼는 순간들이 필요하다는 것을 경험해 본 분들이라면 다들 인정하실 겁니다. 어느 영역이든 초보의 특권은 이런 시행착오 과정에서 벌어지는 일들에 대해 비난을 받지 않아도 된다는 점입니다. 그래서 초보 학습자일수록 배운 내용을 가지고 내가 무얼 할 수 있는지 알기 위해 거리낌 없이 실전에 적용해 볼 필요가 있습니다.

도전하는 과정에서 틀렸다는 사실에 상처받지 않는 건 중요합니다. 시행착오에 뻔뻔해져야 합니다. 사실 시행착오란 말도 아주 맞는 말은 아닙니다. 개념을 정교하게 만드는 과정입니다. 일단 해 보고 그러다 안 되거나 막히면 골똘히 생각해 봅니다. '왜 안 되는 걸까?' 그리고 배운 내용을 다시 돌아봅니다. '내가 오해하고 있는 건 없나?' '잘못 생각한 건 없나?' '문제를 있는 그대로 읽었나?' '다른 방법은 없을까?' 이런 과정 자체가 공부입니다. 공부를 잘하는 사람은 머릿속에서 이런 과정을 안정감 있게 끌어갈 수 있는 사람입니다. 반대로 이런 흐름을 거침없이 만들어 내지 못하면 공부를 잘할 수 없습니다. 그러기 위해서는 시행착오에 대한 두려움이 없어야 합니다.

초등학교 때 사촌 누나 방에서 고등학교 수학 교과서를 잠깐 펼쳤다가 기겁을 하고 다시 덮은 적이 있습니다. 어떤 수학 기호와 관련된 설명이 나와 있었는데 조금 복잡한 산수 정도를 예상하고 있던 제게는 그 괴상한 생김새 자체가 충격이었습니다. 어찌나 놀랐는지 고등학생이 될 때까지 기억이 날 정도였습니다. 그 기호는 다름 아닌 시그마(Σ)였습니다. 고작 더하기 기호에 그렇게까지 놀랐다는 걸 나중에 알고는 허탈했지만 그 당시 저는 초등학생이었으니까요. 더하기, 빼기, 곱하기, 나누기로 모든 게 가능했던 저에게 시그마는 마치 원주민 마을에 나타난 UFO 같았습니다.

이 이야기는 학생들에게도 자주 들려주곤 합니다. 주로 확률처럼 어렵다고 알려진 주제를 다루기 전에 도입으로 씁니다.

"지금은 책에 있는 내용이 외국어 같고 절대 내 것이 될 것 같지 않겠지만 결국 몇 주 후면 자유자재로 다루고 있을 거예요. 주변에서 하도 겁을 줘서 두렵고 긴장되겠지만 이번에도 결국 내 걸로 만들 겁니다. 지금껏 그렇게 해 왔잖아요? 그렇게 믿고 가 봅시다!"

아직 익숙지 않은 대상에 대한 막연한 공포심은 자연스러운 감정입니다. 공포심은 상대를 실제보다 과대평가하게 만들고 나는 과소평가하게 만듭니다. 하지만 인류가 지금껏 그래왔듯 충분한 시간과 시행착오를 통해 결국 그 두려움은 차차 해소됩니다. 현실 감각도 서서히 돌아옵니다. 문제는 그 두려움이 해소되지 않은 채 쌓일 때 생깁니다. 아직 하나가 해결이 안 됐는데 그다음이 밀고 들어오면 두려움 위에 두려움이 쌓입니다.

시행착오를 할 때마다 "또 틀렸어?" "아까 했던 실수잖아!" 식의 반응을 들으면 시행착오를 꺼리게 됩니다. 괜히 이야기했다가 핀잔만 받으니까요. 시행착오에 대한 거부감이 쌓이면 틀리는 것 자체가 싫고 "이건 틀린 거야."라고 다른 사람이 이야기해 주는 것도 싫어집니다. 틀리지 않는 가장 확실한 방법은 도전을 하지 않는 겁니다. 도전을 포기하고 숨기로 작정한 아이는 질문을 공격으로 여기게 됩니다. 전 주인의 계속된 학대로 사람이 손만 들어도 때리는 줄 알고 '하악질' 하는 고양이처럼 말입니다.

• • • • •
충분한 시간 주기

정수는 수업 중에 자주 조는 학생입니다. 상담해 보면 노느라 잠이 부족한 건 아닙니다. 안쓰러운 마음에 자주 이름을 부르고 질문을

4장 공부몸 코칭 2단계: 진짜 공부를 위한 인프라를 갖춘다

합니다. 대답을 제대로 할 리가 없습니다. 졸고 있지 않을 때도 정수는 제대로 된 답을 한 적이 별로 없습니다. 그건 그렇다 쳐도 정수의 이름을 불렀을 때 흔들리는 정수의 눈이 너무 애처롭습니다. '여긴 어디? 나는 누구?' 방황하는 눈동자에서 다른 학생들에게 보기 힘든 깊은 아득함이 느껴집니다. 정수는 다른 학생들이 하지 않는 질문도 많이 합니다. 질문의 수준이야 말할 것도 없는데 자기가 궁금한 내용을 설명하는 과정에서 어떤 안간힘이 느껴집니다. '여전히 납득이 안 되지만 여러 번 덧칠해서 결국 아는 것처럼 보이게 만들었어요!'라고 힘주어 말하는 듯합니다.

초반에는 정수 어머니와 자주 통화했습니다. 제가 보고 느낀 것들에 대해 솔직히 말씀드렸습니다. 정수 어머니의 입장은 일관됐습니다. "과제 완성을 또 못 했다고요? 다음에 꼭 해 가도록 할게요." "시험 점수가 또 이러네요. 다음에는 더 철저히 준비시킬게요."

성취도는 낮은 편이었지만 정수는 성실한 학생이었습니다. 잘해 보고자 하는 의지도 있고 실제로 열심히 했습니다. 숙제를 하지 않고 낮은 점수가 나오는 건 충분히 다그치지 않아서가 아니었습니다. 정수의 공부몸은 배우고 있는 내용에 압도되고 있었습니다. 소화가 잘 안되는데도 어떻게든 해 보려고 자기 안에 꾸역꾸역 밀어 넣고만 있었습니다. 저는 정수의 공허한 눈동자에서 막막함과 두려움, 어찌할 바 모르는 마음을 봤습니다. 정수는 아마도 속으로 이런 생각을 하지 않았을까요?

'지금 할 것도 많은데 계속 뭔가가 밀려온다. 이 학원 끝나면 저 학원에 가야 하고, 여기 숙제를 하면 저기 숙제도 해야 되네. 이걸 하려면 저것도 해야 한다는데 모르는 게 너무 많다. 솔직히 지금 하는 것도 잘 모르겠고……. 그런데 제대로 씹어 삼키기도 전에 계속 들어온다. 너무 힘이 드는데 엄마는 내 성적만 보면서 뭐라 그런다. 에이, 그래도 다들 이 정도 진도는 나간다는데 힘들더라도 당연히 해야지. 못하면 더 노력하고. 그런데 점수는 왜 항상 이 모양일까?'

교사로서 지켜보는 학생의 모습과 부모가 보는 아이의 모습에 차이가 좁혀지지 않을 때 무력감을 느낍니다. 자연스럽게 정수 어머니와의 통화 횟수는 점점 줄어들었습니다. 그렇다고 정수가 힘들어하는 모습을 못 본 체할 수 없어서 어머니께 한 가지 부탁을 드렸습니다. 정수에게 충분한 시간을 확보해 달라는 부탁이었습니다.

정수는 수학 학원만 네 군데를 다니고 있었습니다. 당분간이라도 좋으니 다른 학원들을 정리하는 걸 추천했습니다. 배운 내용을 꼭꼭 씹어 보는 시간, 새로운 문제에 도전해서 개념을 정교하게 만드는 시간은 적게 잡아도 수업 시간의 두 배는 걸립니다. 정수는 무엇보다도 배우는 내용을 찬찬히 들여다보기 위한 절대 시간이 필요한 상황이었기 때문에 무리한 부탁을 드릴 수밖에 없었습니다.

고맙게도 어머니께서는 제 의견을 받아들여 주셨고 정수는 전보다 훨씬 더 자주 학원에 나왔습니다. 수업은 일주일에 2번이었지만 수업

이 없을 때도 주중 하루, 주말 하루를 나와서 자습을 했습니다. 먼저 배운 내용을 복습하고 어느 정도 정리됐다 싶을 때 문제에 적용해 보라고 했습니다. 막히면 배운 내용들을 하나씩 떠올리면서 다시 연결해 보라 했습니다. 모두 충분한 시간이 필요한 일입니다. 정수는 새로운 시간과 환경 안에 서서히 적응해 갔습니다. 이런 모습이 대견해서 자습실에서 끙끙대다가 가끔 질문하러 오면 열렬하게 칭찬해 줬습니다. 정수의 성적이 급격히 올라가진 않았습니다. 하지만 수업 시간에 보이는 정수의 태도는 달라져 있었습니다. 정수의 눈빛에서 '이제 뭘 어떻게 해야 하는지 알아요.' 하는 자신감을 느낄 수 있었습니다.

안전하다는 느낌을 위하여

반 전체를 대상으로 질문을 던지면 서현이는 손을 들고 곧잘 발표를 하곤 합니다. 그런데 한참을 잘 이야기하다가 마무리가 안 되는 경우가 많습니다. 그러다 주변 친구들의 시선이 느껴지면 "아니에요." 하면서 급하게 마무리합니다. 분명 해결되지 않은 부분이 남아 있는 건 서현이도 알고 저도 압니다. 이야기를 주고받다가 주눅이 들고, 눈치를 본다는 느낌을 받을 때도 있었습니다. 뭔가 석연치 않아서 따로 불러 길게 이야기를 해 봤습니다. 이야기를 하고 나서도 여전히 뭔가 잡히지 않는 느낌이었습니다.

서현이 엄마와 통화하면서 도드라지는 이슈는 못 느꼈다고 솔직히 말씀드렸습니다. 다른 이야기 끝에 서현이 아빠 이야기가 나왔습니다. 서현이가 혼자 끙끙거리다가 아빠한테 물어보는 경우가 있는데, 서현이 아빠는 1등만 해 봤던 사람이어서 한 번 알려준 걸 다시 물으면 납득하지 못한다고 하네요. 그래서 서현이는 가급적이면 아빠한테 질문을 하지 않으려고 한답니다.

어느 정도 감이 왔습니다. 그리고 보니 서현이는 학원에서도 질문을 잘 하지 않습니다. 서현이 엄마는 "선행도 안 했는데 지금 혼자 힘으로 그렇게 유지하고 있는 것도 대단하다."라고 이야기를 많이 해 주신답니다. 그래도 서현이는 아빠의 인정을 더 갈구하기 때문에 효과가 떨어질 수밖에 없다고 덧붙였습니다. 잠시 숨을 고르고 말씀드렸습니다.

"잘하고 계시네요. 지금처럼 과정에 대한 구체적인 칭찬을 많이 해 주세요. 서현이에게 당장 필요한 건 안전하다는 느낌이에요. 어떤 이야기를 해도, 어떤 결과를 내도 '나는 안전하다.'라는 느낌이 있어야 그걸 기반으로 자신의 현 상태를 편하게 드러낼 수 있겠죠. 자기를 드러내야 제대로 된 피드백을 받고 그 피드백에 대응하는 과정에서 학습이 일어나는데 그 시작부터 막히고 있는 듯해요.

교사와 부모가 같이 노력해서 '괜찮다'라는 느낌을 서현이의 무의식에 깔아 줄 필요가 있어 보여요. 서현이의 행동 이면에는 결과를 의식하는 태도가 보여요. 아빠에게 인정받으려는 시도가 수학에 대한 부정적인 감정, 결과 지향적 태도와 학습에 대한 고정 마인드셋을 갖게 할 수 있습니다. 서현이 아버지와도 이 부분에 대해 이야기를 해 보시면 좋겠네요."

다행히 서현이 아빠도 본인의 그러한 태도에 대해 인지하고 있으며 바뀌려고 노력하겠다고 하셨습니다. 부모님 두 분 다 현재 상황을 객관적으로 파악하고 있는 터라 구체적인 부탁 몇 가지를 더 드렸습니다. 서현이가 어떤 질문을 하더라도 질문 내용 자체에 대한 평가는 하지 말아 달라는 게 첫 번째였습니다. 특히 아버지 입장에서는 '배웠는데도 불구하고' 혹은 '아까 알려 준 거랑 똑같은데도' 못 알아듣는 게 답답하실 수 있지만 그런 내색을 하지 말아 달라는 얘깁니다. 몰라서 질문을 했는데 질문 자체를 타박해 버리면 공부몸은 위축됩니다. 어떤 질문을 해도 안전하다는 느낌을 확보해 달라는 주문이었습니다.

두 번째는 성적에 무감각한 태도를 보여 달라는 부탁이었습니다. 어머니께서는 서현이의 어려움에 공감을 하시면서도 은근히 승급을 기대하고 계셨습니다. 그래서 단원 평가 점수가 나올 때마다 상담을 요청하시고 조급한 마음을 내비쳤습니다. 서현이 입장에서는 엄마가 바라는 바가 느껴지지 않을 리 없습니다. 서현이 어머니께 지금은 서현이가 거리낌 없이 생각하고 도전하는 연습을 해야 하는 시기라는 점을 다시 한 번 강조해서 말씀드렸습니다. 점수가 잘 나오건 못 나오건 모르는 척하고, 이번 시험을 위해 준비하는 과정을 격려하고 다음 시험을 위한 계획을 같이 세워 보시라고 말씀드렸습니다.

몇 번의 고비가 지나고 꽤 어려웠던 도형의 닮음 단원에서 서현이는 반에서 2등을 했습니다. 성적을 이미 알고 온 서현이는 벌써 귀에 입이 걸려 있습니다. 성적표를 붙여 주면서 아무렇지도 않은 척 이렇게 이야기했습니다.

"서현이를 보면 뿌듯한 게 뭔지 알아? 서현이가 꾸준히 노력한다는 점이야. 성적이야 좋을 때도 있고 안 좋을 때도 있지. 그런데도 모르는 내용을 알려고 하고, 잘못 알고 있는 내용을 바로잡으려고 하는 서현이의 모습이 참 보기 좋아. 앞으로도 거침없는 서현이가 되었으면 좋겠다."

기준은 언제나 내 아이다

자녀 교육은 두 점 잇기다

저는 꽤 많은 자녀 교육서와 공부 관련 책을 읽었습니다. 책 속에서는 모두 옳은 말을 하고 있습니다. 하지만 그들의 이야기가 모두 맞다면 그런 책들은 이제 그만 나올 때도 되지 않았나요? 왜 비슷비슷한 이야기들이 계속 나올까요? 직접 적용해 보니 되는 경우도 있지만 안 되는 경우가 더 많기 때문입니다. 책을 읽으면서 고개를 끄덕였지만 막상 하려 했을 때 잘되지 않으면 화가 나기 마련입니다. 그러면서도 미련이 남기에 '혹시 여기에는 뭔가 있지 않을까?' 하는 마음으로 다른 책을 집어 들게 됩니다.

하지만 사람을 대상으로 하는 매뉴얼 자체가 존재할 리 없습니다. '이렇게 하면 서울대를 간다!' '이렇게만 하면 수능 전 과목 1등급을 받는다!' 이런 마법 같은 방법은 없습니다. 그렇다고 '자식 교육이 마음처럼 되겠어?'라며 돌아설 수도 없죠. 매뉴얼까지는 아니어도 잘되지 않을 때마다, 흔들릴 때마다, 길을 잃은 느낌이 들 때마다 바라보며 마음을 다잡을 수 있는 나침반 같은 게 있으면 얼마나 좋을까요?

수학에서 두 점 사이의 거리는 두 점 사이의 최단 거리, 즉 두 점을 연결한 선분의 길이를 의미합니다. 자와 연필을 이용해 종이 위의 두 점을 연결하는 작업은 어렵지 않습니다. 하지만 두 점 중에 한 점이 보이지 않는다면 이야기가 달라집니다. 한 점을 지나는 곧은 선의 개수는 무수히 많습니다. 나머지 한 점이 보이지 않는 막막한 상황에서 두 점을 잇는 작업은 그리 간단하지 않습니다.

그런 의미에서 자녀 교육은 두 점 잇기입니다. 일단 점들의 위치를 알면 그다음은 쉽습니다. 자를 대고 반듯하게 그으면 됩니다. 부모가 나설 필요도 없습니다. 두 점의 위치만 분명하면 아이는 스스로 선을 이어 갑니다. 선을 긋는 능력이 없는 아이는 본 적이 없습니다.

출발점은 내 아이의 현재 상태

문제는 점의 위치입니다. 두 점이 어디에 있는지 파악하는 일이 쉽지 않습니다. 우리가 궁금한 이유, 헤매는 이유, 그리고 두려운 이유는 두 점의 위치를 모르기 때문입니다. 점의 위치를 잘못 파악하면 아이는 엉뚱한 곳을 향해 달려갑니다. 가장 빨리 도달하기 위해서는 곧은 선을 그려야 하는데 그릴수록 곡선이 되어 갑니다. 뭔가를 하면 할수록 도착점에서 멀어지는 것만 같습니다.

부모는 아이가 두 점의 위치를 분명히 파악할 수 있도록 도와줘야 합니다. 나중에는 아이 혼자서 해야 하는 일이지만 부모의 도움이 필요한 시기가 있습니다. 이때 점들의 위치를 파악하는 법을 부모에게 제대로 배워야 혼자서도 잘할 수 있습니다.

하지만 부모에게도 쉬운 일은 아닙니다. 많은 부모가 두 점의 위치를 잘 알고 있다고 생각하고, 그 사이를 직접 연결하려고 합니다. 제 경험상 대부분의 성공적이지 못한 부모들은 점의 위치를 놓치고 있었습니다.

남들 눈치를 보며 비슷하게 따라 가다가도 정신 차려 보면 여기가 어디인지 모르겠는 상황에 자주 빠지게 됩니다. 물론 길을 잃을 수는 있습니다. 자녀 교육은 길고도 험난한 여정이니까요. 그렇다면 다시 길을 나섰을 때 지금 여기가 어디고, 어디로 발걸음을 옮겨야 하는지

초등생을 위한 수학 공부몸 만들기

두 점의 위치만 분명하면
아이는 스스로 선을 이어 갑니다.

4장 공부몸 코칭 2단계: 진짜 공부를 위한 인프라를 갖춘다

에 대한 판단은 해야겠죠. 이를 위해 무엇보다 필요한 것은 두 점의 위치를 정확히 찾아가려는 의지입니다. 두 점, 즉 내 아이가 있는 곳과 지향해야 할 곳은 어디일까요? 이 책이 말하는 바, 건강한 공부몸이 우리의 도착점입니다. 하지만 출발점인 아이의 현재 위치는 아이마다 다를 수밖에 없습니다.

답은 내 아이에게 있습니다. 출발점은 아이의 지금 공부몸입니다. 즉, 내 아이의 현재 상태입니다. 공부몸이 건강하면 자연스레 학습의 수레바퀴를 혼자서도 힘차게 굴릴 수 있습니다. 허약한 공부몸이 부모의 강요로라도 성과를 낼 수 있는 건 중등 과정까지입니다. 하지만 상담을 하다 보면 아이의 공부몸 상태에 대해 아무리 이야기를 해도 '다른 아이들'에 대해서만 이야기하는 부모들을 보게 됩니다. '아이의 현재 상태'가 아니라 '내 기대'만 보는 거죠. 아시다시피 욕망과 두려움은 보고 싶은 것만 보게 하고 보기 싫은 건 존재 자체를 거부합니다.

자기 자식을 객관적으로 보는 부모는 없습니다. 내 아이에 대한 학교 선생님, 학원 강사, 친구 부모들의 의견이 부모의 의견과 완전히 겹칠 가능성은 별로 없습니다. 그럼에도 내 자식은 내가 잘 안다고 믿는 부모들이 많습니다. 완전히 객관적일 수는 없겠지만 내가 객관적이지 않을 수도 있다는 걸 받아들일 수는 있습니다. 이 둘의 차이는 큽니다. 그 겸손함이 객관적 거리 두기를 어느 정도라도 가능하게 합니다. 내가 모든 걸 파악할 수 있고 내가 모든 걸 콘트롤하겠다는 생각이야말로 부모와 아이 모두를 힘들게 하는 지름길입니다. 아이의

초등생을 위한 수학 공부몸 만들기

표정만 봐도 부모가 이런 생각을 어느 정도 하는지가 보입니다.

공부몸이 보내는 신호 듣기

아이의 상태를 제대로 판단하지 못하면 그에 대한 처방도 엇나가기 쉽습니다. 공부몸은 쉼 없이 신호를 보냅니다. 신호를 놓치는 부모들은 계속 부족하다며 다그치기만 합니다. 발목이 아파서 절뚝거리는데, 어깨를 다쳐서 팔을 못 쓰는데도 공부몸의 호소는 듣지 않습니다.

"이제 윗몸일으키기 해야지, 그다음엔 뜀틀, 그다음엔 턱걸이도!"
"선생님, 우리 아이가 어디가 약한 건가요? 어디 가서 멀리뛰기를 보충하고 올까요? 200미터 달리기는 미리 선행시키면 편할까요?"

신호를 알아차리려는 노력을 하면 신호가 일시적인 건지, 기질에 의한 건지, 구조 요청인지 분별할 수 있습니다. 이걸 분별하지 못한다면, '애가 공부를 열심히 안 하나?' '공부머리가 아닌가?' 차원에서 진단이 멈춥니다. 부족한 부분이 있다면 채워 주고, 불꽃이 올라오고 있으면 장작을 넣어 주면 됩니다. 문제가 생겼다면 공부몸의 영역별로 점검해 봅니다.

엉뚱한 공부를 하고 있는 걸까?(공부 마인드셋)

공부에 대한 자신감이 없는 걸까?(공부 자존감)

선수 학습이 부족한 걸까?(개념의 정교성)

생각하지 않으려는 걸까?(생각하는 힘)

공부의 재미를 못 느끼고 있는 걸까?(주도성)

건강한 스트레스, 불필요한 스트레스

공부몸의 성장에 초점을 맞추기로 했다면 아이의 상태에 맞는 적절한 학습 환경을 만들어 줘야 합니다. 모든 아이에게 딱 들어맞는 개입의 수준은 없습니다. 차라리 놔 두는 게 나은 아이도 있고, 조금 더 자극을 주는 게 좋은 아이도 있습니다. 그리고 같은 아이라 하더라도 이런 포인트가 매번 달라집니다. 가까이서 지켜보면 아이들은 끊임없이 변하는 존재입니다. 작은 자극에도 생각보다 큰 영향을 받습니다.

"3학년이면 선행을 시작해야 하지 않을까요?"
"5학년 하루 학습량, 이 정도면 괜찮은가요?"

이런 식의 접근이 아이에게 도움이 되려면 아이의 공부몸에 대한 객관적인 파악이 우선되어야 합니다.

운동으로 근육을 키울 때 근육 세포가 점점 뚱뚱해지는게 아니라 기존 근육 세포가 찢어지면서 새로운 근육 세포가 생긴다는 사실은 이미 많이 알려져 있습니다. 찢어진 곳에 새로운 근섬유가 생기고 그 것들이 모이고 모여 겉에서 보이는 알통을 만드는 거죠.

이 근육 스토리는 부리를 바위에 부딪쳐 떨궈 내야 새로운 부리를 얻는다는 독수리 이야기와 함께 혁신의 필요성을 이야기할 때 많이 등장하는 사례입니다. 여러분! 새 것을 얻기 위해서는 기존의 것을 떨쳐 내는 아픔 정도는 감수해야 합니다아!

'공부 근육'이라는 표현이 있듯이, 공부 역시 근육을 키우는 과정에 종종 비유되곤 합니다. 새것을 받아들이는 과정은 당연히 고통스럽 습니다. 학습의 일어남을 위해서는 배우는 내용과의 직면이 필요하 고 경계 밖으로 스스로를 밀어내야 합니다. 학습 과정 전체를 내려다 보기 위해서는 지금 하고 있는 생각과 거리를 둘 수 있어야 합니다. 이른바 '공부 모드'로 전환한다는 것 자체가 꽤 큰 에너지를 필요로 하는 일이고 그 과정에서 일어나는 스트레스는 불가피합니다.

문제는 제대로 된 공부의 과정에서 발생하는 피할 수 없는 스트레 스와 공부에 대한 오해가 만들어 낸 불필요한 스트레스가 분별되지 않을 때 생깁니다. 전자는 유쾌하진 않지만 학습의 일어남을 위해 필 요합니다. 공부를 잘하는 사람의 경우 그 스트레스를 무시하는 경지 에 이르기도 하고 심지어 즐거움으로 받아들이기도 합니다. 건강한 공부의 과정을 따르지 않아서 생기는 후자의 경우 자칫 공부 상처로 이어질 가능성이 있습니다.

저 역시 제 아이가 공부 때문에 스트레스받지 않았으면 하는 마음이 있습니다. 하지만 건강한 공부를 하는 과정에서 발생하는 스트레스까지 피하길 바라지는 않습니다. 그건 공부 자체를 거부하기 위한 합리화에 불과합니다. 부모는 '불필요한 스트레스'를 줄여 주고 '건강한 스트레스'를 지향하는 의도로 개입해야 합니다. 그렇다면 불필요한 스트레스는 언제 생길까요? 대표적인 경우는 공부몸에 맞지 않는 공부를 할 때입니다.

"어차피 겪어야 할 일이잖아요."
"누구나 힘든 거니까······."

상담할 때 이런 이야기를 가끔 듣습니다. 물론 틀린 이야기는 아니지만, "어쩔 수 없잖아요." 식의 이야기를 해야 할 때는 그 판단의 기준이 아이여야 합니다. 공부의 과정에서 발생하는 어려움을 마주했을 때 충분히 할 수 있는 이야기입니다. 하지만 본인과 맞지 않은 공부를 하고 있어서 힘들어하는 경우라면 '시켜야 한다.'라는 부모의 욕망을 합리화하기 위해 아이의 고통을 가볍게 여기고 있는 겁니다.

"다른 애들은 다 선행하고, 과외도 받고 그래요."

공부몸이 감당할 수 있는
'건강한 스트레스'는 필요합니다.

4장 공부몸 코칭 2단계: 진짜 공부를 위한 인프라를 갖춘다

심화 선행을 하는 학원이다 보니 혼자서 학원 진도를 따라가기는 힘들고, 결국 학원 수업을 원활히 이어가기 위한 별도의 사교육을 받는 경우가 많다는 이야기입니다. 그래서 그걸 하지 않는 본인의 아이는 상대적인 불이익을 받고 있다는 뜻이기도 합니다.

어떤 학원이든 고유의 강도와 속도가 있습니다. 모든 아이가 여기에 맞을 리가 없습니다. 속도에 적응 못 할 수도 있고, 시스템과 궁합이 안 맞을 수도 있습니다. 결국 아이의 공부몸과 그 학원이 지금 맞지 않는 겁니다. 그렇다면 다른 대안을 찾든지, 다니기로 했다면 공부몸을 키울 수 있는 환경을 만들어 줘야 합니다. 아이는 힘들어하고 학습 효율은 나오지 않는데 버티기만 하는 건 누구를 위해서도 좋은 일이 아닙니다.

특히 말씀드리고 싶은 건 '교재의 난이도'입니다. 아이들의 공부몸 수준을 고려하지 않은 채 부모의 기대만 반영된 교재나 과정을 들이밀면 생각하는 힘이 늘기는커녕, 해도 해도 계속 어긋나는 짜증의 바다에서 허우적거리게 됩니다. 조금은 짜증이 나더라도 해소가 되었다가 다시 짜증 나는 것과, 끝없이 짜증 나는 건 다릅니다. 공부몸이 감당할 수 없는 어려움을 계속 강요하는 건 '공부 상처'로 가는 지름길입니다.

초등생을 위한 수학 공부몸 만들기

바람직한 어려움이 실력을 키운다

초4 과정에서 시작하여 이제 중3 막바지를 향해 가는 형석이의 경우 초등 과정이 끝날 무렵부터 보였던 헐떡임이 이제 거의 턱밑까지 왔습니다. 질문을 들어 보면 어떻게 중3 과정을 유지하고 있나 싶을 정도여서 학원에 오고 가는 동안 얼마나 마음이 무거웠을까 싶습니다.

어렵게 들어온 학원인 만큼 어떻게든 졸업을 해야겠다는 본인과 부모님의 마음을 이해하면서도 3년 내내 눌린 채 살았을 그 아이 마음을 생각하면 짠합니다. 디딜 곳이 있어야 밟고 올라서듯 상처가 아물어야 새 살이 올라옵니다. 상처가 아물지도 않았는데 상처 위에 또 상처를 내면 어떨까요? 아픈 만큼 성숙하는 게 아니라 더 아프기만 하겠죠.

자기 힘으로 문제를 풀어야 실력이 늡니다. 맞는 이야기지만 바로 이 지점에서 많은 문제가 시작되기도 합니다. 자기 힘으로 문제를 넘기 위해서는 '적당히 건강한 공부몸'으로 '감당할 수 있는 정도의 어려움'을 만나야 합니다. 너무 쉽지도 너무 어렵지도 않은 적당히 도전적인 수준의 문제일 때 그걸 넘는 과정에서 실력이 향상됩니다.

현재 진행하고 있는 교재에서 양적, 질적 성취도가 충분하다면 교재를 한 단계 업그레이드해도 괜찮습니다. 하지만 그마저도 버벅거리고 있다면 어려운 문제 운운할 때가 아닙니다. 정답률이 70퍼센트 정도 나오는 교재가 적당하다는 이야기가 괜히 있는 게 아닙니다.

수능의 21번, 29번, 30번 문제(이른바 킬러 문제), 유명한 문제집의 최고난도 문제, 정답률이 낮고 대부분의 아이들이 "모르겠어요."라며 고개를 절레절레 흔드는 문제, 수학에 재능이 있고 엉덩이가 무거운 아이들이나 힘겹게 풀어 내는 문제. 우리가 흔히 떠올리는 심화 문제의 이미지입니다. 하지만 심화 문제와 생각하는 힘의 관련성을 눈치 채셨다면 이제 심화 문제를 새롭게 정의해 보는 건 어떨까요?

제가 생각하는 심화 문제란 내 아이가 지금 풀지 못하는 문제입니다. 대부분의 아이가 풀더라도 내 아이가 풀지 못한다면 그 문제는 내 아이의 심화 문제입니다. 매우 개인적으로 들리지만 동시에 꽤 명확한 기준이 아닐 수 없습니다. 이 기준에 따르면 "지금 아이의 교재에 심화 문제가 있나요?"는 번지수를 잘못 찾은 질문입니다. 옳은 질문은 이렇습니다.

"유독 '비와 비율'을 힘들어하네요. 관련 개념을 쌓을 좋은 방법이 없을까요?"
"직육면체의 전개도 관련해서 풀이 과정을 자세히 확인해 볼 만한 문제 몇 개 추천해 주시겠어요?"

초등생을 위한 수학 공부몸 만들기

지금 교재로도 충분히 생각하는 연습, 반응하는 연습을 할 수 있습니다. 기준을 아이의 현재 상태로 잡으면 됩니다. 그 상태를 무시하고 '다들 이 정도는 한다니' '나중에 더 어려운 문제를 풀기 위해서' 어려운 문제를 강요하면 공부몸은 움츠러듭니다.

5킬로그램짜리 아령 운동을 하다가 갑자기 벤치프레스를 하는 건 자연스럽지 않습니다. 모두 중량 운동이긴 하지만 둘은 엄밀히 다른 행위이기 때문에 다른 접근이 필요합니다. 서서히 중량을 늘려가며 웨이트 트레이닝을 해야 하듯이 문제 난도도 급격히 올려서는 곤란합니다.

다른 아이들처럼 선행학습을 하지 않아서, 더 많은 문제집을 풀지 않아서, 혹은 어려운 문제를 풀지 않아서 성적이 안 나온다고 믿는 부모들에게 제가 자주 드리는 말씀이 있습니다.

"선행학습을 하고 오면 오히려 학습에 대한 긴장감이 떨어지는 경우가 많아요. 예습보다는 복습에 신경 쓰는 편이 훨씬 효과적이에요. 교재는 지금 학원에서 하고 있는 교재로도 충분합니다. 교재를 충분히 들여다볼 수 있는 시간을 확보해 주세요. 다른 스케줄을 조정해서라도 제대로 복습할 시간을 확보해야 해요. 여러 번 곱씹어서 더 이상

할 게 없다고 생각할 때 다른 교재를 고민해도 늦지 않아요."

어떠한 상황에서도 아이의 반응을 살피는 일이 최우선이고, 어떤 개입이든 현재 아이의 상태에서 출발하는 게 맞습니다.

공부몸 **Q&A**

• 복습은 꼭 해야만 하는 걸까?

학습이 배우고 익히는 과정이라는 이야기는 모든 학습법 책에 등장합니다. 배웠으면 당연히 내 것으로 만들어야죠. '학'도 중요하지만 공부몸의 수준은 결국 익히는 과정, '습'이 결정합니다. '습'이라는 게 별다를 건 없습니다. 흔히 말하는 복습이 '습'을 말합니다. 형식이 따로 있는 것도 아니어서 이미 배운 내용에 에너지를 다시 쏟는다면 무엇이든 복습이라 할 수 있습니다.

"아~ 아는 건데!" 설명을 듣고 뒤늦게 이렇게 말하는 학생들이 있습니다. 분명히 배웠고 이해한다고 생각했을 겁니다. 그런데 혼자서 못하면 아는 게 아닙니다. 혼자 하기 위해서는 배우고 나서의 움직임이 중요합니다.

2 곱하기 7이 2를 일곱 번 더하는 과정이라는 걸 이해했다 하더라도 '이칠에 십사'가 바로 나오기까지 연습하는 과정을 별도로 수행해야 합니다. '아, 방정식의 뜻이 저러하고 등식의 성질은 이걸 의미하는구나.'라고 받아들였더라도 일차방정식 풀이를 능숙하게 하기 위해서는 적어도 수십 개의 문제를 풀어 봐야 합니다. 몰랐던 걸 깨달았다 하더라도 내 것으로 만들기 위한 충분한 연습은 별개입니다.

이런 의문을 가진 적이 있습니다. 왜 '복'습일까? '학'과 '습'이 다른 과정이라면 '학' 이후에 '습'은 처음 등장한다고 봐야 합니다. 그런데 왜 '다시' 익힌다고 하는 걸까요? 오랜 고민 끝에 저만의 결론을 내렸습니다. 배웠으면 익히기까지 해야 제대로 수행한 학습이 됩니다. 그렇게 되면 이 첫 번째 세트가 끝난 뒤 익히는 과정은 '다시' 익히는 게 되는 거죠. 이런 의미에서 복습을 한다는 것은 같은 내용을 최소한 두 번 이상 익히는 뜻이 됩니다.

두 번뿐일까요? 필요하다면 여러 번 반복해서 굴릴 생각을 해야 합니다. 학습의 일어남이 있는 공부를 해도 한 번의 움직임으로는 충분하지 않습니다.

MIT 대학의 로봇 공학자 뎁 로이^{Deb Roy} 박사는 로봇 언어 시스템을 설계하기 위해 특이한 실험을 기획합니다. 막 태어난 자신의 아들이 어떤 과정을 통해 말을 하게 되는지 직접 관찰하기로 한 겁니다. 이를 위해 집안 곳곳에 수십 대의 카메라를 설치해 두고 아들의 언어 습득 과정을 기록했습니다. 수년에 걸친 이 실험의 결과를 발표하면서 그는 "인간의 언어란 단어를 익히고 문장을 말하는 단순한 과정이 아니다."라고 이야기합니다. 그러면서 언어를 배우기 위해서는 거대한 '언어의 풍경^{landscape of human language}'이 필요함을 주장합니다. '가가 가가'라는 옹알이가 '물^{water}'에 이르기 위해서는 수많은 주변 사람과의 상호 작용과 카메라에는 잡히지 않았지만 바닷가와 계곡물 등이 배경처럼 존재했다는 이야기입니다.

눈에 띄지 않는 무수히 많은 '주고받음'이 하나의 거대한 풍경을 이루고 그 풍경 속에서 대상이 떠오른다는 통찰은 학습에 대한 우리의 상식을 돌아보게 만듭니다. 언어뿐일까요? 새로운 것을 배우고 익히는 과정은 근본적으로 '풍경'이 필요한 작업입니다. 변화를 위한 힘은 눈에 보이지 않게 조금씩 쌓입니다. 시간은 들이는데 괴롭기만 하고 나아진다는 느낌이 들지 않을 수도 있지만 실상은 깨달음과 숙달을 위한 풍경

이 쌓이는 중입니다. 익히는 과정이 반복될 때 개념은 날카로워지고 진정한 내 것이

되어 갑니다. 반대로 천하의 명검이라도 방치하면 녹이 슬 수밖에 없습니다. 배웠는

데 모르겠는 이유와 알지만 안 되는 이유는 깨달음과 숙달을 위한 풍경이 충분히 만

들어지지 않았기 때문입니다.

• '진짜 복습'은 어떻게 해야 하는 걸까?

복습이 여러 번 이뤄져야 한다는 점, 깨달음과 숙달을 위한 별도의 풍경이 필요하다

는 점은 아무리 강조해도 지나치지 않습니다. 하지만 단순한 반복으로 승부를 보려

는 시도는 개념에 영향을 주지 않습니다. 흔히 많이 보면 외우게 되고, 많이 하면 잘

하게 될 걸로 생각하는데 착각입니다. 40년 동안 금강경을 필사했지만 외우지는 못

한 분의 이야기를 들은 적이 있습니다. 개념을 갈고 닦겠다는 강력한 의지로 학습의

일어남이 있는 복습을 하지 않으면 '언제든 할 수 있는 상황'은 결코 오지 않습니다.

무한 반복으로 승부하려는 시도를 자주 봅니다. '연습만이 살 길'이며 '하다 보면 나

아질 것'이라면서 말이죠. 중요한 건 반복의 횟수가 아니라 '학습의 일어남'의 여부입

니다. 학습의 일어남이 있는 복습을 다양한 맥락에서 반복할 때 개념은 정교해지고

생각하는 힘은 강해집니다. 학습 대상에 노출되는 시간 자체가 학습의 일어남을 보

장하지는 않습니다. 의미 있는 학습량은 노출 시간이 학습의 일어남과 결합할 때 쌓

이기 시작합니다. 이 분별이 안 되면 감나무 밑에서 입만 벌리고 있으면서 공부를 하

고 있다는 착각에 빠지기 쉽습니다.

《1만 시간의 재발견》(안데르스 에릭슨, 로버트 풀 공저, 강혜정 역 | 비즈니스북스 | 2016년)에서는 반복의 목적이 약점을 찾고 개선하는 데 집중하는 것이라고 말합니다. 여기서 말하는 반복은 성찰을 포함하는 의미입니다. 복습을 하다 보면 의외의 상황을 많이 만나게 됩니다. 처음 배울 때는 있는지도 몰랐던 사실이 보이기도 하고, 그때는 알았다고 생각했는데 지금은 이해가 안 되는 경험을 하기도 합니다. 다시 볼 때 느껴지는 미세한 차이를 알아차리고 그 차이를 반영한 새로운 시도가 이어져야 합니다. 이런 노력이 동반될 때 공부몸이 강해지는 복습을 하고 있다고 말할 수 있습니다.

제가 학원에서 수업 시간에 학생들과 함께 다루는 문제는 겨우 열 문제 남짓입니다. 그래서 저는 최소한의 복습을 위해 그 열 문제를 수업이 끝나고 혼자서 되살려 보라고 주문합니다.

방법은 간단합니다. 교재를 펼치고 문제만 보면서 풀이 노트에 정성스럽게 풀이 과정을 써 봅니다. 시험이라 생각하고 진지하게 임해야 합니다. 시간도 30분 이내로 정해 둡니다. 이때 중요한 것은 배운 대로 해 보려는 노력입니다. 원래 내 방식이 아니라 수업 시간에 배운 방식대로 풀어갈 수 있는지를 확인해 봅니다. 시간이 남으면 혹시 놓친 부분이 없는지, 잘못 생각한 부분은 없는지 확인합니다.

정해진 시간이 되면 필기 노트를 펼치고 자신의 풀이와 교사의 풀이를 한 줄 한 줄 비교합니다. 답이 아니라 풀이의 방향을 봐야 합니다. 심지어 저는 답은 틀려도 괜찮으니 신경 쓰지 말라고 합니다. 대신 교사의 관점에서 벗어난 건 아닌지 그 여부는 확인해야 합니다. 토씨 하나까지 같을 필요는 없지만 교사가 의도했던 포인트는 모두 짚고 지나갔는지 확인합니다. 아예 풀지 못한 문제는 물론, 답은 맞았는데 풀이가 엉뚱한 문제가 있으면 체크합니다.

그 문제가 나의 부족한 부분을 보여 주는 소중한 문제입니다. 걸러진 문제에 대해서는 노트를 보면서 철저히 다시 공부합니다. 퀵테스트, 단원 평가 등 각종 시험을 앞두고는 반드시 다시 위 작업을 반복하며 충분히 달라졌는지 확인해 봅니다. 이 작업은 자신의 공부몸을 객관적으로 보겠다는 다짐이 없으면 힘듭니다. 팔짱을 낀 채 구경하는 게 아니라 공부몸과 하나가 되었는지 철저하게 검증하려는 불타는 각오가 필요합니다. 특히 필기 노트와 비교하는 과정은 얼마나 냉정해지느냐가 관건인데, 혼자서 하기 힘들다면 부모가 도와줘도 됩니다. 끙끙거리다가 결국 해냈다면 체크해 뒀다가 나중에 시원스럽게 해결이 되는지 한 번 더 확인합니다. 걸리는 부분이 나와 문제를 풀지 못하거나 교사의 가이드를 비껴갔다면 적어도 두 번은 해야 합니다.

'복습 타이밍'도 중요합니다. 배운 당일은 수업의 잔상이 남아 있으니 가급적 그날은 복습을 피합니다. 배우고 나서 일주일 안에 첫 번째 다시 보기를 합니다. 다음 날도 너무 기억이 잘 나서 의미가 없다고 판단되면 배우고 나서 2~3일 후로 첫 번째 작업을 미뤄 봅니다. 두 번 이상 다시 보기로 했다면 그들 사이에도 간격을 둡니다. 적당한 간격은 학생마다 다릅니다.

많은 학생이 이 복습을 하면서 당황한 적이 있다고 고백합니다. 분명히 집중해서 수업을 들었고 이해했다고 생각했는데 혼자서 해 보니 잘되지 않으니까요. 저는 처음 '수업 시간 되살리기'를 소개하면서 그게 당연하다고, 충분히 그럴 수 있다고 미리 안도시킵니다. 안다고 생각했지만 실제로 내가 할 수 없는 답답함을 경험해 보면 굳이 복습의 필요성을 강조할 필요도 없습니다. 배운 내용은 반드시 다시 들여다봐야 하며 그 과정은 학습의 일어남을 포함해야 한다는 사실을 저절로 알게 되니까요.

문제 풀이도 복습의 방법일 수 있습니다. 직각삼각형의 세 변의 길이에 대한 관계식

하나를 외웠다 해서 피타고라스의 정리를 정복했다고 이야기할 수 없습니다. 이제 문제를 풀면서 피타고라스의 정리가 어떤 상황에서 어떻게 쓰이는지를 경험해야 합니다.

문제집에 있는 수많은 문제는 개념을 다양한 상황 속에 녹여 넣은 구조물이라 할 수 있습니다. 능청스럽게 숨어 있는 개념을 놓치지 않으려면 당연히 개념이 어떻게 생겼는지 알고 있어야 합니다. 그걸 문제를 풀면서 확인하는 거죠. 거꾸로, 문제를 푸는 과정에서 개념의 얼굴이 선명하게 잡히기도 합니다.

그래서 가급적이면 다양한 문제들을 경험해 봐야 개념이 정교해집니다. "교과서로만 공부했어요." "제일 중요한 건 개념이죠."라고 말하는 이들은 날렵한 공부몸을 바탕으로 새로 배우는 내용을 정교하게 만드는 노하우를 이미 갖춘 사람들입니다. 대부분의 경우 수업과 교과서만으로 개념을 정교하게 만들기란 쉬운 일이 아닙니다. 개념이 정교해지는 과정에서 시행착오는 필수라고 말씀드렸죠. '이건가?' 하고 부딪쳐 봐야 맞는지 틀린지를 판단할 수 있습니다. 어린아이가 다양한 만남을 통해 고양이와 강아지를 구별해 내는 것처럼 말입니다.

주의할 것은 답을 내는 것 자체가 목표가 되어서는 안 된다는 점입니다. 내가 알고 있는 개념으로 문제와 정면 승부를 벌여 보겠다는 자세로 덤벼야 합니다. 따라서 얼렁뚱땅 답이 나온 경우 "앗싸, 맞았다!" 하고 허겁지겁 다음 문제로 넘어갈 게 아니라 전체 과정을 돌아봐야 합니다. 그리고 얼마간의 시간이 지난 후 해당 문제를 풀어 보면서 위 과정이 문제 없이 다시 펼쳐지는지, 개념이 제대로 수정되었는지 확인해야 합니다. 엄청난 양의 문제집을 풀고도 원하지 않는 성적을 받은 학생들은 문제를 풀 때 들인 노력이 개념의 정교화에 연결되지 않았기 때문입니다.

부담스럽지 않은 수준에서 어려운 문제에 도전해 볼 필요는 있습니다. 못 풀더라도 도전하는 과정 자체에서 해당 개념에 대한 새로운 시각을 얻을 수 있기 때문입니다. 또한 기본 문제를 풀면서는 드러나지 않던 세부적인 오류를 잡아 내는 기회를 얻기도 합니다. 하지만 이때도 중요한 것은 아이의 공부몸 상태입니다. 어려움과 쉬움이 교차하며 만들어 내는 적당한 긴장감을 느낄 수 있어야 합니다. 전체적으로는 70점 이상의 점수가 나올 수 있는 수준, 어렵더라도 서너 번의 도전 끝에 맞을 수 있는 정도의 수준이 적당합니다.

또 다른 효율적인 복습 방법 중 하나가 뒤섞어서 공부하기입니다. 예를 들어 영어 단어 30개를 외운다고 하면, 한 번 외우고 점검할 때 외운 순서대로가 아니라 무작위로 섞어서 해 보는 겁니다. 이렇게 하면 학습자 입장에서는 잘 안 되니 일단 괴롭습니다. 시원시원해 보이는 다른 방법에 비해 더딘 느낌도 듭니다.

하지만 인지심리학 연구 결과에 따르면 우리의 직관이나 경험과 다르게 뒤섞어서 공부하는 방식이 학습 효과 면에서 훨씬 효율적이라고 합니다. 앞뒤 맥락을 차단해 버리면 그 단어 자체에 쓰이는 에너지가 그만큼 늘어나게 되는 간단한 원리입니다. 이러한 원리를 차용한 '라이트너 암기법'이라는 게 있고 이 암기법을 실제로 구현한 스마트폰 앱 및 컴퓨터 프로그램도 쉽게 접할 수 있습니다.

하지만 수학 공부할 때 적용하기에는 난감한 면이 있습니다. 실제로 시험을 앞두고 학생이 자주 틀렸거나 힘들어했던 문제들을 무작위로 배열해서 제공해 본 적이 있습니다. 이슈가 되었던 문제들을 모두 복사해서 한 문제씩 자릅니다. 카드 섞듯 뒤적거려서 순서를 완전히 바꿔 버립니다. 그리고 시험지 크기에 해당하는 빈 종이에 한 문제 한 문제를 풀로 붙여서 다시 복사합니다. 조악해 보이긴 하지만 그 학생만을 위한 최적의 모의고사 시험지가 됩니다. 같은 문제를 문제집에서 보면 무의식중에라도 배치 순서나 유형을 의식하게 되고 그 자체가 힌트가 되는 경우가 많습니다. 하지만 이렇게 만든 시험지는 그 어떤 맥락도 배제하기 때문에 문제와 정면 승부를 할 수밖에 없는 환경을 만들어 줍니다.

실제로 이 시험지의 효과는 대단했습니다. 하지만 너무 손이 많이 가는 일이라 대안을 찾아야 했습니다. 먼저 공부할 교재를 한 권 정합니다. 한 단원에는 보통 세 가지 문제 레벨이 있습니다. 편의상 A, B, C라 하겠습니다. 일반적으로 시험공부를 하라고 하면 첫 번째 단원의 A-B-C를 풀고 그다음 단원의 A-B-C를 푸는 방식으로 진행합니다. 대신 이렇게 해 보는 겁니다. 시험 범위 안에 있는 모든 A 문제만 다 풀어 봅니다. 그다음 처음으로 돌아와 B를 풀기 시작합니다. 마지막으로 C를 풀어 봅니다. 이 과정에서 조금이라도 걸리는 부분이 있으면 체크해 둡니다. 같은 A 안에서도 틀렸거나 별표 쳤던 문제, 도움을 받았던 문제를 먼저 점검해 볼 수도 있습니다. 그다음 별 문제 없이 풀었던 나머지 문제에 도전하는 거죠. B를 진행할 때는 A를 진행할 때와 단원 순서를 바꿔서 하는 시도를 해 볼 수도 있습니다.

이 정도만 해도 내용이 상당히 뒤섞이는 경험을 하게 됩니다. 순서대로 진행했더라면 드러나지 않았을 이슈들이 도드라져 보입니다. 시험 준비 외에도 평소 복습에서도 사용할 수 있습니다. 어떠한 분량의 복습을 하더라도 최대한 순서가 섞일 수 있도록 계획을 세우는 겁니다.

• 맞은 문제는 왜 다시 풀어 보라고 할까?

공부가 어려운 점은 해도 해도 완성이 없기 때문입니다. 시간이 지나면서 새롭게 부족한 부분이 보이기도 하고, 됐다 싶었던 부분이 다시 허술해져 있기도 합니다. 학습자의 상황은 시간의 흐름에 따라 달라질 수 있습니다. 그때는 알았지만 지금은 모를 수도 있고, 그때는 할 수 있었지만 지금은 못 할 수도 있습니다. 학습의 과정에서 이런 일이 얼마든지 일어날 수 있다는 가능성을 인정할 수 있어야 합니다. 그래야 복습의 필요성을 절감할 수 있고, 맞은 문제를 다시 보라 할 때 고개를 끄덕일 수 있습니다.

원칙적으로는 틀린 문제에 대해서만 오답 노트를 쓰는 게 규정이긴 하지만 가끔 맞은 문제에 대해 풀이 과정을 적어 보라고 할 때가 있습니다. 정말 소화가 됐는지 확인하기 위해서입니다. 취지를 이해하기 전에는 "이거 맞았는데요."라고 따지는 학생들이 있습니다. 이미 오답 노트를 써서 통과가 된 문제도 비슷한 이유로 풀이 과정을 다시 적어 오라고 시킵니다. 그때는 "이거 고친 건데요?"라는 반응이 많습니다. '처음에는 틀렸지만 고쳐서 정복한 문제인데 이걸 왜 다시 들여다봐야 하냐?'라는 것이죠. 시간 간격을 둔 복습의 중요성을 깨닫기 전에 흔히 볼 수 있는 반응입니다. '답이 맞았으니 내 것이 되었다.'는 학생들의 흔한 착각 중 하나입니다. 하지만 그때는 맞았지만 지금은 틀리는 경우는 생각보다 많습니다.

초등 과정은 수업을 들으면서 혹은 듣고 난 직후에 문제를 풀게 되면 쉽게 답을 낼 수 있습니다. 하지만 이때의 풀이는 선생님이 하라는 대로 따라 해서 된 경우가 섞여 있습니다. 개념의 상태가 그대로이거나 숙달이 되지 않은 채 답만 맞은 거죠. 그래서 알고 있는 개념이 바뀌는지 확인해 보는 후속 작업이 필요합니다. 어느 정도 시간이 지난 후 같거나 비슷한 문제로 점검해 보면 해당 내용에 대한 개념의 상태를 분별할 수 있습니다.

맞은 문제를 기꺼이 다시 풀어 보는 학생들은 복습을 왜 해야 하는지도 잘 받아들입니다. 복습의 목표는 복원이 아닙니다. 복습은 수업과 익히는 과정을 통해 내 공부몸이 어떻게 달라졌는지 확인하는 작업입니다. 배우는 중에는 공부몸을 점검하기 힘들기 때문에 시간이 지나고 나서 체크해 보는 겁니다. '진짜 공부'를 위한 사전 조사에 가깝습니다.

기억이 안 난다고, 잘 안 된다고 괴로워할 필요 없습니다. 그 개념이 아직 정교해지지 않았음을 알아차리면 됩니다. 오히려 여전히 이해가 되지 않지만 선생님이 했던 말을 기계적으로 기억하는 수준이라면 아직 할 일이 남았다고 체크를 해야 맞습니다. 그리고 그 부족한 부분을 채우는 진짜 공부로 나아가면 됩니다.

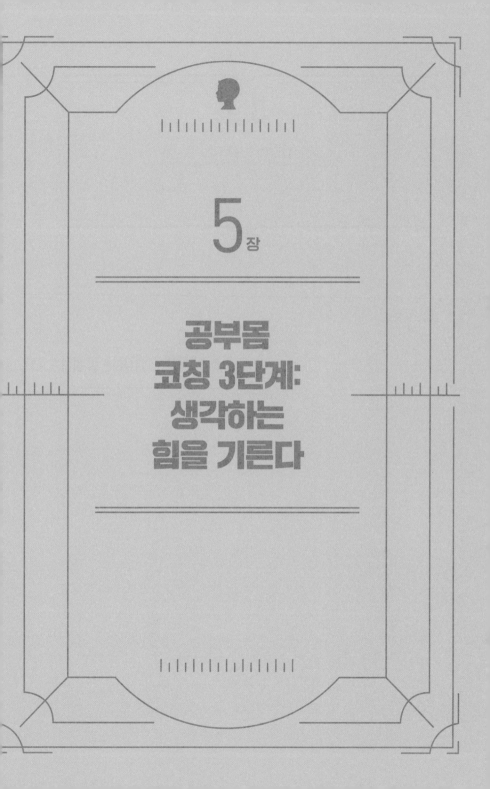

5장

공부몸
코칭 3단계:
생각하는
힘을 기른다

수능은 사고력을 평가하는 시험

사고력이 바로 '생각하는 힘'이다

수능의 속성을 한마디로 정리하자면 '사고력을 평가하는 시험'입니다. 흠, 사고력이라……. 익숙하면서도 익숙하지 않은 해석이지요. 입시에 대해, 수능에 대해 우리가 떠올리는 이미지는 문제집에 코를 박고 수학 공식, 영어 단어를 외우기에 급급한 아이들이 아니던가요? 연관 키워드는 '주입식' '단순 암기'고요. 물론 수능이라고 주입식, 단순 암기와 상관없는 건 아닙니다. 하지만 주입식이 아닌 교육은 애초에 드물고 어떤 공부든 암기는 기본 전제로 따라옵니다. 그렇다고 수능을 주입식 교육과 단순 암기로만 해결하려고 덤볐다가는 필패합니다.

사고력은 결국 생각하는 힘입니다. 생각하는 힘이란 주어진 상황을 있는 그대로 파악하고 그에 도움 될 만한 내용을 떠올려 보고 하나씩 적용해 가는 힘을 말합니다. 잘 떠오르지 않는다고, 뜻대로 안 된다고 좌절하지 않는 꿋꿋함을 포함합니다. 당장은 잘 안되지만 결국은 풀리고 말 거라는 믿음, 설령 문제를 못 풀더라도 고민하는 이 과정이 나에게 도움이 될 거라는 마인드, 그래서 조금씩 내 공부몸이 더 강해질 거라는 확신도 중요한 요소입니다. 수능에서의 4점짜리 문제들은 탄탄한 개념은 물론 이러한 생각하는 힘이 뒷받침되어야 해결할 수 있습니다.

우리가 사고력, 독해력, 논리력을 외치는 이유

〈사교육걱정없는세상〉 게시판에 고등학교 수학 선생님의 한탄이 올라왔습니다. 학생들에게 공식의 유도 과정을 알려 주면 굳이 그런 걸 왜 하냐고 따진답니다. 결론만 알고 쓰면 되지 않느냐는 거죠. 저도 실제로 아이들한테 가끔 듣는 이야기입니다. 문제 풀이에만 도움이 되는 절차적 지식에만 관심 있는 학생들이 있습니다. 하지만 제가 수험생이던 시절, 수학 강사들이 입을 모아 했던 말이 있습니다.

"그러다 망한다."

5장 공부몸 코칭 3단계: 생각하는 힘을 기른다

수능은 공식이 필요하기는 하지만 공식만 외워서 쉽게 접근할 수 있는 시험이 아닙니다. 그 고등학생들도 처음부터 공식에만 관심 있었던 건 아니었을 겁니다. 뒤늦게 잘해 보려는데 굳이 저런 것까지 알아야 하나 싶은 마음이 들었겠지요. 당장 써먹을 것 같지도 않으니 말입니다. 유도 과정이 지난한 이유도 있긴 합니다. 하지만 그 유도 과정에 등장하는 요소요소들이 소위 킬러 문제를 해결할 때 생각의 재료가 되곤 한다는 점을 유념할 필요가 있습니다.

"생각하며 읽어라."

모든 국어 영역 강사가 강조하는 바입니다. 국어 영역 점수가 안 나온다면 글을 제대로 읽지 못한다는 이야기입니다. 글을 읽지 못한다는 건 문해력literacy이 없는 게 아니라 독해력reading comprehension이 부족하다는 뜻입니다. 이 분별은 중요합니다. 즉, 소리 내어 읽을 수는 있지만, 그 글이 말하고자 하는 바가 머릿속에서 펼쳐지지 않는다는 말입니다.

필자가 말하고자 하는 바를 정확히 알아채는 건 국어 영역 문제는 물론 이 세상 모든 텍스트를 대하는 첫걸음입니다. 그런데 소위 공부를 잘한다는 학생도 이게 안 되는 경우가 꽤 있습니다. 우리 때만 해도 영어 영역(당시 외국어 영역)은 영어로 쓰인 쉬운 국어 영역(언어 영역)이라고 했습니다. 한글 해석을 보면 어렵지 않게 답을 맞힐 수 있다는 이야기입니다. 최근엔 그렇지 않습니다. 절대 평가라 조금 덜해졌다지만 빈칸 추론 같은 유형을 해결하려면 여전히 고도로 훈련된 '논리력'이 필요합니다. 아무리 암기력이 좋아도, 영어 회화를 잘해도, '사고력'이 없으면 수능에선 말짱 꽝입니다. 말 그대로 구슬이 서 말인데 보배로 꿰지 못하는 상황이 되는 겁니다.

수능은 정답이 있는 시험이다 보니 이런 비판도 흔히 나오곤 합니다.

'정해진 답만을 좇게 만드는 획일화된 시험이다.'
'창의성과 다양성을 말살시키는 시험이다.'

보통 이러한 주장들은 다음과 같은 말들이 뒷받침합니다.

'답은 하나가 아니다.'
'틀린 게 아니라 다를 뿐이다.'
'21세기는 창의력의 시대다.'

그런데 창의력과 논리적 사고력을 배타적인 관계라고 볼 수 있을까요? 아인슈타인이 그저 창발적인 사람이어서 상대성 이론을 내놓은 건 아닙니다. 그는 수학, 과학을 기본적으로 열심히 공부한 사람입니다. 창의성은 이미 충분히 채워진 내용이 흘러넘치면서 발현된다는 것이 많은 전문가의 의견입니다.

아이들이 앞으로 배울 대상에는 논리성을 강조하는 영역이 있고, 창의성을 강조하는 영역이 있습니다. 전자를 수렴적 영역, 후자를 발산적 영역이라 해 보죠. 우린 발산적 영역이 필요하다는 논리로 수렴적 영역을 무시하곤 하는데, 사는 데는 둘 다 필요합니다. 내 심장 수술을 할 의사가 창의력이 가득한 사람이라면 어떨까요? 10시간을 타고 가야 하는 비행기의 기장이 창의력 끝판왕이어도 괜찮을까요?

사고력은 거침없는 시도와 기발한 아이디어에서 끝나지 않습니다. 문제 상황을 '논리적으로' 해결할 수 있어야 합니다. 주어진 상황을 정확히 파악하고, 내가 아는 것과 주어진 것들을 연결하여 무리 없이 결론으로 갈 수 있어야 합니다. 이 과정이 누가 봐도 매끄럽고 흠잡을 데 없다면 수능이 요구하는 논리적 사고력을 갖춘 것입니다.

수능은 과목마다 다른 재료로 논리적 사고력을 측정할 뿐입니다. 따지고 보면 우리가 학교에서 배우는 내용 중 논리적이지 않은 소재는 없습니다. 수학은 수와 도형을 재료로 하는 논리학이고 국어나 영어는 문장의 흐름 자체가 논리입니다. 과학은 물론 사회 과목의 경우에도 '이래저래서 탕평책이 시행되었다.'라는 설명이 붙습니다.

최승호 시인이 수능 모의고사에 나온 자기 시와 관련된 문제를 모두 틀렸다는 이야기를 한 적이 있습니다. 하지만 수능의 목적은 감상이 아니라 측정입니다. 가족과 교육기관 종사자 등 적어도 수백만 명이 관련이 있으니 엄밀하지 않으면 말이 나올 수밖에 없습니다. 그래서 교수들을 한 달 넘게 가둬 놓고 여러 번 크로스 체크하게 만듭니

초등생을 위한 수학 공부몸 만들기

다. 이 답이 왜 이렇게 나왔는지에 대해 사실상 전 국민을 상대로 납득시켜야 합니다. 논리적이지 않으면 견딜 수 없는 시험입니다.

인생은 정답이 없다지만 살면서 정답이 없는 문제만 만나지는 않습니다. 그래서 오해 없이 텍스트를 파악하고 누구나 납득할 수 있게 설득하는 능력, 논리적으로 문제를 해결하는 능력은 수능이 아니어도 반드시 필요합니다. 그런데 마침 수능은 논리적 사고력을 측정하는 시험입니다.

그렇다면 지금 해야 할 일은 자명합니다. 우선 생각의 재료들을 갈고 닦습니다. 필요할 때 올바른 재료가 탁탁 등장할 수 있도록 신선도와 정확도를 유지해야 합니다. 새로운 내용을 배울 때는 배운 내용과 무리 없이 연결하도록 애써 봅니다. 잘 안되면 잠시 멈춰 부족한 부분을 가다듬고 다시 연결을 시도합니다. 어려운 문제를 만났을 때는 관련된 생각의 재료를 하나씩 떠올려 보면서 주어진 조건과 문제가 요구하는 것에 연결해 봅니다. 아무리 어려워 봤자 내가 배운 내용에서 나왔을 거라는 믿음을 가지고 둥둥 떠다니는 조건 중에 놓친 건 없는지 살펴봅니다.

이렇게 공부몸이 의미 있는 움직임을 만들 때 '생각하고 있다.'라고 말할 수 있습니다.

별을 따려면 하늘을 보자: 마주하는 힘

공부 대상과 맞닿아 있기

    생각하는 힘은 구체적으로 뭘까요? 생각하는 힘이 강한 학생들을 관찰하다 보면 이들에게는 적어도 세 가지의 서로 다른 힘을 발견하게 됩니다. '공부 대상을 직면하는 힘' '이미 알고 있는 것과 연결하는 힘' 그리고 '이 과정에서 깨닫게 된 것들을 돌아보는 힘'이 그 셋입니다.

    이들은 머리가 좋아서가 아니라 이런 힘이 있기 때문에 같은 시간 동안 공부몸을 더 움직일 수 있습니다. 반대로 이야기하면 생각하는 힘이 약한 학생의 경우 이 셋 중 무언가가 부족하다고 볼 수 있습니다. 부모는 아이를 관찰하면서 어떤 힘이 부족한지 파악하고 그 힘을 기를 수 있는 환경을 만들어 줘야 합니다.

> "만약 당신의 사진이 마음에 들지 않는다면, 그것은 당신이 충분히 다가가지 않았기 때문이다."
>
> 로버트 카파Robert Capa

마주하는 힘은 공부할 대상과 맞닿아 있을 수 있는 힘을 말합니다. 학교에 간다고, 학원에 간다고 공부를 하는 게 아니라는 것쯤은 아실 겁니다. 겉으로 보이는 공부행위는 아무것도 일어나고 있지 않은 상태를 가리는 위장막이 될 수도 있습니다. 공부하는 동안 완전히 딴 세상에 가 있는 학생이라면 공부 효율은 언급할 것도 없습니다. 문제를 풀긴 하지만 계속 겉돌기만 하는 학생은 어떨까요? 아예 딴생각하는 학생보다야 낫다고 할 수 있겠지만 이 학생도 아직 공부가 시작되지 않은 건 마찬가지입니다.

공부 대상을 진지하게 마주하고 공부하면서 벌어지는 다양한 상황에도 흐트러지지 않는 힘은 공부 과정 전체를 지탱해 줍니다. 공부를 드릴로 벽을 뚫는 작업에 비유해 보겠습니다. 마주하는 힘은 내가 원하는 곳에 드릴 날을 고정하고 드릴이 격하게 움직일 때도 그 점에서 벗어나지 않게 드릴을 잡고 있는 힘을 의미합니다. 내가 원하는 곳에 구멍을 뚫기 위해서는 우선 벽에 드릴 날을 대야 합니다. 실제로 벽에 구멍을 뚫을 때는 의도가 명확하기 때문에 어렵지 않은 일일 수도 있습니다. 하지만 공부 과정에서는 가장 어려운 단계로 봐야 합니다. 나의 모든 주의력을 공부 대상에 집중하는 일은 생각보다 많은 에너지가 필요합니다.

교실 밖을 떠도는 영혼들

공부를 하기 위해 아이들은 학교에 가고, 학원에 갑니다. 하지만 교실에 있다고 수업에 집중하는 건 아닙니다. 초등학생을 가르치면서 가장 힘든 건 몸은 교실에 있지만 영혼은 다른 곳에 가 있는 아이들을 다시 불러오는 일입니다.

진지하게 약분을 설명하고 있는데 신생아처럼 저를 보며 헤죽거리는 아이들이 종종 있습니다. 칠판을 스크린 삼아 상상의 나래를 펼치는 아이들은 제가 불러도 모릅니다. 유난히 공상을 자주 하는 주영이는 제가 부르면 한 번에 돌아오지도 못합니다. 적어도 3단계로 깨어납니다.

1단계 : 네?
2단계 : 저요?
3단계 : 아~ 저거요?

자기 생각에만 매달려 있어서 정작 들어야 할 이야기를 놓치기도 합니다. 방금 전에 예제를 풀어 보라고 했는데 예제는 언제 푸냐고 질문하는 학생은 귀여운 축에 속합니다. 다른 친구가 열심히 발표하고 있는데 손을 들고 애절하게 저를 부르는 학생이 꽤 많습니다. 자기도 할 이야기가 있다는 거죠. 일단 손을 내리라 하고 방금 친구가 어떤 이야기를 했냐 물으면 '나한테 왜 이러세요?' 하는 표정으로 바뀝니다.

이런 학생들에게는 딱히 묘약이 없다는 게 문제입니다. 그렇다고 그냥 놔둘 수도 없는 게 놔둔다고 저절로 나아지는 경우는 많지 않기 때문입니다. 제가 생각하는 유일한 솔루션은 계속해서 통신을 시도하는 겁니다. 성주한테 하는 것처럼 이름을 부르고 말을 걸고 질문을 합니다. 단, 뉘앙스가 중요합니다. "정신 안 차릴래?" "방금 내가 뭐라 그랬어? 말해 봐!" 이렇게 윽박지르는 건 도움 안 됩니다. 안 그래도 공부 내용과 붙을락말락 하는 아슬아슬한 상태이니까요. 당기는 힘이 약한 자석이라고 생각하셔도 됩니다. 이럴 때일수록 달래야죠. 최대한 민망하지 않게 제정신으로 돌아오도록 말을 고릅니다. "성주는 이다음에 뭐라고 하고 싶니?" 칠판에는 이미 '선분 ㄱㄴ의 길이는' 까지 판서가 되어 있습니다. 재빠르게 문제를 찾아가 선분 ㄱㄴ을 찾아내 뭐라도 이야기를 해 봅니다. 답이 틀리더라도 좋은 시도였다면서 넘어가 줍니다. 성주가 '자연스러웠어!'라고 생각할 수 있게요. 중요한 건 스스로 자기 상태를 알아차리게 하고 자기 발로 돌아오게 만드는 겁니다. 하다 보면 수업에 집중하는 상태가 점점 길어집니다. 수업 내용에 함께 있는 시간이 늘면, 공부 내용에 공부몸이 방향을 맞추면 공부의 재미를 느낄 확률도 그만큼 올라갑니다. 그렇게 생긴 불씨가 불꽃이 되도록 보살펴 줍니다.

한 걸음만 앞으로 가게 도와주기

드릴 날을 힘겹게 원하는 지점에 맞추고 나서도 할 일은 남아 있습니다. 구멍을 뚫기 위해서는 드릴 날을 벽에 밀어 넣어야 합니다. 그런데 드릴은 돌아가는데도 구멍이 시원하게 뚫리지 않는 경우가 있습니다. 벽을 향해 충분한 힘으로 밀지 않기 때문입니다.

공부몸은 자신의 경계에 닿는다는 느낌이 들면 반사적으로 몸을 돌리려고 합니다. 이때 돌아서지 않고 계속 대상에 시선을 고정한 채 온몸으로 조금씩이라도 밀고 들어가려고 해야 합니다. 마주하는 힘은 이처럼 공부할 때 만나게 되는 크고 작은 일들에 상관없이 계속 방향을 유지할 때도 필요합니다.

중학교 1학년 과정에서 방정식을 배우던 서영이가 이런 질문을 한 적이 있습니다.

"방정식 a의 해가 x=-1일 때, 방정식 b의 해를 구하여라'가 문제인데요, 어떤 방정식의 해를 구하라는 건가요?"

방정식 2개가 주어졌고, 그중 한 방정식의 해를 문제에서 줬습니다. 이 상황에서 다른 방정식의 해를 구하라는 문제입니다. 그런데 서영이의 질문이 흥미롭습니다. 두 방정식을 어떻게 연결해야 하는지가 아니라 어떤 방정식의 해를 구하라는 건지 묻고 있습니다. 차라리 '방정식의 해는 어떻게 구하나요?'가 질문이었으면 조금 혼나기는 했겠지만 그 지점부터 다시 시작했을 겁니다. 이 경우에는 서영이가 이미 방정식의 해를 구하는 방법을 알고 있다는 사실이 더 문제입니다. 직면하지 않는다는 뜻이니까요.

서영이는 아마 문제를 슬쩍 읽고 이렇게 생각했을 겁니다. '방정식 2개가 있네. 그런데 방정식의 해를 구하래. 뭐야. 어떤 거?' 처음 생각은 이럴 수 있습니다. 그런데 뭔가 이상하다 싶으면 문제를 다시 읽으면서 자신이 놓친 부분이 없는지 확인해야죠. 그런데 굳이 저한테까지 와서 저런 질문을 했다는 것은 첫 번째 떠오른 생각 이후로 그 어떤 움직임도 없었다는 이야기입니다.

배우는 대상과 내가 단순히 함께 있는 상태를 넘어서 얽히기 시작할 때 학습이 일어납니다. 그런데 어떤 학생들은 얼버무리거나 뭉개고 넘어갑니다. 더 면밀하게 분석하고 더 치열하게 시도해야 하는 상황인데도 이 정도면 충분히 했다고 생각하고 멈춥니다. 한두 번 그럴 수 있고 경우에 따라서는 일단 삼키고 나중에 소화시키는 경우도 있습니다. 하지만 여차하면 제대로 씹지도 않은 채 삼켜 버리는 게 공부 봄의 습관으로 굳어지면 문제가 됩니다. 이 경우 진짜 문제는 능력의 부족함이 아니라 충분히 다가서지 않음입니다.

바로 떠오르지 않아도, 무슨 말인지 모르겠어도 일단 도망가지 않아야 학습이 일어날 가능성이 생깁니다. 이때 교사와 부모가 마주하는 과정을 도와야 합니다. 저의 방법은 '충분히 시간을 주고 기다려 주기'입니다. 우선 서영이에게 그 문제를 고민할 시간을 정해 줬습니다. 앞으로 15분 동안 이 문제만 고민해 볼 것. 시간을 정해 주는 이유는 에너지를 한 곳에 모으기 위해서입니다. 다른 문제도 풀어야 한다는 부담, 일찍 끝내면 집에 갈 수 있다는 기대감을 내려놓아야 서영이와 그 문제만이 오롯이 마주할 수 있는 자리가 마련됩니다.

5분 정도로 할 수도 있었지만 여유 있게 시간을 세팅한 이유는 서영이의 평소 모습 때문입니다. 문제를 푸는 시간에 서영이는 "질문 쿠폰 언제부터 쓸 수 있어요?"라는 질문을 제일 많이 하는 학생이었습니다. 문제마다 툭툭 건드려 보고 자기 할 일을 다 마쳤다고 생각하니 쿠폰을 써서 해결하려고 하는 겁니다.

문제와 마주하는 시간이 충분히 길고 외부의 도움이 없는 상황에 처하면 뭐라도 해 봐야겠다는 생각을 하게 됩니다. 이 상황이 낯설었던 서영이는 처음에는 답답해했습니다. 안 되는 줄 알면서도 언제부터 쿠폰을 쓸 수 있냐고 투정을 부렸습니다. 그러다가 서영이에게도 '그 순간'이 왔습니다. 문제와 나만 남은 상황 속에서 지리한 시간이 흘러가다 결국 하나로 꿰지는 경험을 한 거죠. 동그라미를 받고 자리로 돌아가면서 서영이가 낮은 목소리로 이야기합니다.

"선생님, 신기해요. 질문 시간 기다리고 있었는데 그 전에 풀렸어요."

제가 한 거라고는 시간을 정해 주고 아무 대응도 하지 않은 것뿐입니다. 서영이에게는 혼자 힘으로 문제와 마주할 기회가 없었을 뿐이었고요. 물론 모든 문제를 15분씩 줄 필요는 없습니다. 서영이처럼 '이렇게 하니까 나도 되는구나.'라는 느낌을 받을 수 있으면 됩니다. 서영이는 이 경험을 계기로 조금씩 혼자서 푸는 힘을 길러 갔습니다.

혼자 힘으로 문제와 마주할 기회,
그리고 기다림의 시간이 필요합니다.

초등생을 위한 수학 공부몸 만들기

맞닿음을 넘어 주고받음으로!: 연결하는 힘

조건, 개념, 의도를 연결하라

맞닿지 않으면 아무 일도 일어나지 않습니다. "그럼, 당연하지!" 또는 "응? 뭔 소리지?"는 맞닿아야 나올 수 있는 반응입니다. 그렇다고 맞닿음 자체가 공부는 아닙니다. 무선 충전이 되는 스마트폰을 식탁 위에 올려 둔다고 충전이 될 리 없습니다. '올려 두는 행위'는 충전과 아무런 상관이 없기 때문입니다. 스마트폰과 무선 충전기는 단순히 맞닿아 있는 게 아닙니다. 겉으로 티가 안 날 뿐 열렬한 상호 작용이 벌어지고 있죠. 올려 놔서 충전이 되는 게 아니라 주고받는 과정이 있기 때문에 충전이 되는 겁니다.

공부 또한 주고받음입니다. 대상에 방향을 맞추고 에너지를 모았다면 이제 본격적으로 달려들 차례입니다. 이때 대상과 내가 가진 것들을 연결하는 힘이 필요합니다. 딱 보는 순간 풀이 방법이 보이는 문제 말고, 생각이 필요한 문제라면 차분한 접근이 필요합니다. 우선 문제를 신중히 읽으면서 상황 파악을 합니다. 무엇을 묻고 있는지, 어떤 조건을 줬는지 체크하면서 전략을 세워 봅니다. '이러면 되지 않을까?' '이거 아닐까?' 떠오른 가설대로 움직여 봅니다. 가다가 막히면 다시 문제를 읽으면서 혹시 빠트린 부분은 없는지 확인합니다. 없다면 조건을 하나하나 다시 봅니다. '정삼각형이 왜 주어졌을까?' '정삼각형이면 세 변의 길이와 세 각의 크기가 같을 텐데 그게 이 변의 길이와 무슨 관계가 있을까?' '잠깐, 이거와 저거를 빼서 구할 수도 있지 않을까?'

공부몸이 건강한 학생이라면 머릿속에서 이런 과정들이 벌어지고 있을 겁니다. 한참 충전 중인 스마트폰처럼 이 학생의 머리도 뜨끈하겠죠. 복잡한 문제를 해결하기 위해서는 온 힘을 다해 문제 속으로 파고들어야 합니다. 문제의 상황을 파악하고, 조건을 읽으면서 관련된 정보들을 머릿속에서 떠올려 봅니다. 문제가 구하라고 한 것과 주어진 조건을 같이 보면서 출제자의 의도를 짐작해 봅니다. 마치 땅속에서 나무들의 뿌리가 엉키듯 문제와 내가 얽히기 시작합니다. 이런 주고받음이 일어나면 설령 그 문제의 답을 구하지는 못하더라도 공부몸은 그만큼 성장합니다.

그런데 그렇지 않은 학생의 머리에서는 별다른 일이 벌어지지 않습니다. 연결을 하지 않으니 주고받음이 없습니다. 이 문제를 풀었다/못 풀었다만 있을 뿐, 내가 어디까지 생각을 해 봤고 어디에서 막혔다는 진단도 없습니다. 주고받음이 충분하지 않으니 이 학생의 머리는 미지근합니다. 문제를 풀기 전과 후의 공부몸 상태가 달라지지 않습니다.

민석이는 수업 중에 문제를 풀어 보라고 해도 가만히 있습니다. 물론 연필이 움직여야 문제를 푸는 건 아니지만 민석이의 경우 머릿속에서도 아무런 일이 일어나지 않습니다. "답을 내라는 게 아니야. 충분히 연결을 해 보고 나서 설명을 들어야 학습 효과가 올라가니 시도를 해 봐." 해도 요지부동입니다.

마침 민석이 어머니께서 다른 일로 연락을 주셨습니다. 상황은 이렇습니다. 민석이가 과제를 거의 다 했고 딱 한 문제만 남았습니다. 문제에 대한 풀이를 알려 주지 않는 게 규정인 건 알지만 그렇게 되면 민석이가 '못 푼 문제가 있어도 넘어갈 수 있구나.'라는 잘못된 생각을 품을 수 있지 않겠냐는 요지였습니다. 쉽게 말해 친절하게 알려 달라는 이야기입니다. 민석이 어머니는 평소에도 민석이의 공부몸에 대해서는 별 관심이 없으셨습니다. 그래서 민석이 어머니께서 기대했던 것과는 전혀 다른 답을 드릴 수밖에 없었습니다.

"수업 시간에 어떤 도형의 넓이 구하는 방법을 두 가지로 알려 준

적이 있어요. 그러면 민석이는 그중 한 가지 방법만 씁니다. 상황마다 적절한 방법은 다르다고 이야기했는데도요. 어제 오답을 고치는 과정에서 민석이는 세 번의 시도 끝에 정답을 얻었어요. 다른 학생들은 한 번에 고쳤는데 말이죠. 이게 무엇을 뜻할까요?

아시겠지만 민석이는 성실한 학생이에요. 수업 태도도 좋고 숙제도 잘해 옵니다. 그런데, 교사 입장에서 한 가지 아쉬운 점이 있다면 바로 이겁니다. 생각을 적극적으로 움직이지 않아요. 한 가지 시도를 해 보다가 막히면 잠시 뒤로 물러서서 무엇이 잘못되었는지 곰곰이 살펴보고, 새로운 가정에 따른 새로운 시도를 해 보는 것, 이게 문제를 푸는 바람직한 태도라는 걸 인정하실 거예요. 그런데 민석이는 아직 이런 태도가 갖춰지지 않았어요. 본인의 생각 언저리에서 쉽사리 벗어나지 못하고 비슷한 시도를 반복할 때가 많아요. 그래서 다시 써오는 풀이들도 다 비슷비슷한 거고요.

지금 민석이는 무엇을 위해 이 학원에 다니는 걸까요? 이런 상황에서 민석이에게 필요한 건 뭘까요? 그 문제를 아직 풀지 못했다는 것은 문제에서 주어진 조건과 민석이가 알고 있는 개념, 그리고 출제자의 의도를 연결하지 못하고 있다는 뜻이에요. 떨어져 있는 요소들을 연결하는 힘을 기르는 것이 수학 공부, 더 나아가서는 모든 공부의 목적입니다. 그리고 그 힘은 다양한 시도와 시행착오에서 나와요. 요리사가 되고 싶으면 꾸준히 요리를 해야죠. 요리책을 보고, 요리 동영상을 본다고 요리를 잘하게 될 리 있나요.

초등생을 위한 수학 공부몸 만들기

지금 민석이는 특정한 문제의 풀이법을 배우기 위해서가 아니라 연결의 힘을 기르기 위해 학원에 다니고 있다고, 저는 믿습니다. 그 문제의 솔루션을 얻게 되면 민석이가 해결할 수 있는 유형의 문제가 늘어나는 건 사실이에요. 민석이의 연결하는 힘은 그대로인 채 말이죠. 그런 식의 접근이라면 가급적 많은 문제를 풀고 많은 솔루션을 숙지하는 것이 최선일 테죠. 하지만 시도와 실패를 반복하며 자기 생각을 단련한다면 그래서 생각의 근육이 충분히 커진다면 많은 문제를 풀지 않고도 문제 해결력이 향상되는 걸 경험하게 될 거예요."

연결이 실패하는 이유

"오답 노트 잘 읽어 봤는데 이해가 안 되는 부분이 있네. 여기가 10도라고 했잖아. 잘 이해가 안 되는데 설명 좀 해 줄 수 있어?"

그것도 모르냐는 표정으로 영호의 비장한 설명이 시작됩니다.

"자, 보세요! 여기랑 여기가 맞꼭지각이잖아요. 그럼 여기가 180도겠죠. 그럼 여기는 50도가 되는 거고, 그래서 여기가 10도가 되는 거잖아요~"

막힘없이 술술 나오는 설명 중 납득이 되는 내용은 '맞꼭지각' 하나임에도 영호의 표정에는 자부심이 서려 있습니다. 그걸 그대로 누르는 건 교사의 도리가 아니니 "그럼 여기는 왜 50도일까?"라고 묻지만 영호는 거의 같은 이야기를 반복할 뿐입니다.

연결하려는 시도는 분명 중요합니다. 하지만 그 시도 자체에 만족해서는 곤란합니다. 연결을 격려하고 기다려 주는 이유는 흩어져 있는 조건들이 하나로 꿰지는 과정에 대한 감을 스스로 느껴 보길 바라서입니다. 이런 의도와 상관없이 자기가 보고 싶은 것만 보거나(딱 봐도 직각이잖아요!), 전혀 논리가 없는 이야기를 큰 소리로 반복하는 학생도 있습니다(그러니까 5로 나눠야죠!).

당연히 연결은 실패할 수 있습니다. 주어진 조건과 구하라는 것 그리고 내가 아는 것이 한 번에 연결되지 않는 게 당연합니다. 여러 개념이 엉켜 있는 문제라면 어디에서 시작을 해야 할지부터 다양한 해석이 가능합니다. 당연히 연결하는 방법의 수도 많고 그만큼 실패할 가능성도 높습니다. 연결이 실패하는 이유는 다양하지만 '해석의 방향이 잘못된 경우' '개념이 부실한 경우' 그리고 '생각의 범위가 좁혀지지 않은 경우'로 나눠 볼 수 있습니다.

① 해석의 방향이 잘못된 경우

먼저 살펴봐야 할 것은 해석의 방향입니다. 효율이 떨어지는 학생들의 공부를 지켜보면 일단 들입다 판다는 느낌이 들 때가 많습니다.

별생각 없이 땅만 보고 달리는 물소 같습니다. 출제자의 의도를 파악하려고 하지도 않은 채 그저 주어진 한 단어, 한 문장을 읽어 갑니다. 그러다 문득 떠오른 생각을 따라가지만 이내 길을 잃습니다.

도형 문제의 경우 문제를 읽지도 않고 바로 그림에 이것저것 표시부터 합니다. 몇 번을 틀려도 문제를 다시 읽고 자기 생각을 점검할 생각은 하지 않습니다. 이런 낮은 수준의 반응을 고집하면 문제 풀이는 도박에 가까워집니다. 어려운 문제를 안정적으로 풀 수 있는 실력이 쌓이기 힘듭니다.

연결을 위해 공부몸이 움직여야 하는 건 분명하지만 '방향'이 필요합니다. 문제를 읽으면서 내 생각이 아니라 문제가 이야기하는 상황을 있는 그대로 받아들이려고 노력해야 합니다. 그래야 출제자의 의도가 보이고, 의도가 보여야 내가 뭘 해야 할지 알 수 있습니다.

문제 해석이 안되어서 오답이 나오는 경우가 생각보다 많습니다. '아예 무슨 말인지 모르겠어요.'인 경우도 있지만 문제와 상관없이 자기만의 시나리오를 만들고 그 안에서 벗어나지 못하는 경우도 많습니다. 문제가 원하는 바와 내가 하려는 작업이 평행선을 그리면 답과도 멀어집니다. 시야가 좁기 때문입니다. 서둘러 답을 내는 게 목적이 되어 버리면 보이는 조건들만 주물럭거리게 됩니다. 위에서 내려다본 큰 그림이 보이지 않습니다. 위에서 내려다보는 넓은 시야가 필요합니다. 출제자의 의도를 의식하면서 계속 질문을 던지고 스스로 답을 하려고 노력해야 합니다.

'20보다 큰'이라는 조건이 왜 주어졌을까? 이 조건이 없을 때와 뭐가 다르지?'

'분수끼리 곱했는데 자연수가 되었다는 건 무슨 뜻일까?'

'나무를 '양쪽에' 심었다면 그동안 내가 다룬 문제랑 어떤 점에서 다른 걸까?'

이런 주고받음이 머릿속에서 이어지는 과정에서 '아, 이 이야기인가 보다. 이렇게 해 보면 되겠네.' 하는 근거 있는 확신이 떠오릅니다.

② 개념이 부실한 경우

전체적인 시나리오가 잡히면 생각의 재료들을 그 흐름 위에서 논리적으로 연결해 갑니다. 여기에서 논리란 근거를 가지고 납득시킨다는 뜻입니다. 합동으로 보이는 두 삼각형을 발견하면 스스로 물어야 합니다. '좋아. 그런데 왜 합동이지?' 나는 물론이고 누군가 왜 이렇게 했냐고 물었을 때 답할 수 있는 '근거'를 마련해야 합니다. 당연히 그 근거는 내가 배운 내용, '개념'에서 찾아야 합니다.

문제에 평행사변형이 등장했다는 이야기는 평행사변형과 관련된 내용을 조건으로 논리를 만들어 보란 뜻입니다. 그런데 평행사변형의 세 가지 성질이 가물가물하거나 심지어 평행사변형의 뜻을 정확히 알지 못하면 연결은 부실해지거나 실패할 가능성이 높습니다. 근거들을 발판 삼아 도움닫기하면서 구하라는 것을 향해 가야 하는데

발판이 부서졌거나 아예 없어진 것이죠. 차라리 문제를 잘못 읽었다면 다시 읽으면서 상황 파악을 해 볼 수 있겠지만 생각의 재료가 부실하다면 이러지도 저러지도 못하는 난감한 상황에 빠지게 됩니다.

그래서 탄탄한 개념이 필요합니다. 5학년 1학기 과정을 배웠다면 최대공약수와 최소공배수를 구할 수 있습니다. 하지만 그렇다고 해서 누구나 다음과 같이 생각을 연결시킬 수 있는 건 아닙니다.

'문제를 읽어 보니 이 세 수의 공약수를 구해야겠네. 잠깐. 그냥 공약수만 구하면 되나? 혹시 최대공약수가 필요한 건 아닐까? 아, 문제 조건을 보니 '기둥 사이의 거리가 가장 길 때의'라는 표현이 있네. 최대공약수를 구해야겠다.'

약수와 배수에 대해 기계적으로 내뱉는 수준으로는 이런 흐름을 만들기 어렵습니다. 약수, 배수라는 말이 전혀 등장하지 않아도 '공약수 구하라는 이야기네!'라고 알아차릴 정도가 되어야 약수와 배수에 대해 알고 있다고 이야기할 수 있습니다. 상황에 맞는 올바른 생각의 재료를 찾아 바르게 연결하는 작업이 공부입니다. 배웠다는 사실보다 '얼마나 개념이 정교하냐'가 연결의 질을 좌우합니다. 따라서 연결하는 힘은 생각하는 힘은 물론 개념의 정교성과도 깊은 관련이 있습니다.

5장 공부몸 코칭 3단계: 생각하는 힘을 기른다

③ 생각의 범위가 좁혀지지 않는 경우

정교한 개념과 더불어 또 하나 중요한 것은 '개념의 경계'입니다. 생각의 범위를 좁히지 못해 괴로워하는 학생들이 있습니다. 다행히 우리 아이들이 해야 하는 공부는 어느 정도의 울타리가 있어서 막막하지만은 않습니다.

한 인강 강사는 "수학이라는 학문과 수능 수학 영역은 다르다."라고 말했습니다. 수학은 끝이 없는 학문이지만 수학 영역은 도달해야 할 끝, 즉 '개념의 분명한 경계'가 있다는 뜻입니다. 그러니 수학은 원래 천재들이나 하는 거라는 등의 헛소리는 집어치우고 생각의 재료를 다듬을 생각이나 하라는 이야기지요.

끝이 있다는 사실은 우리에게 희망을 줍니다. 아무리 어려운 문제라 하더라도 그 상황에 쓸 수 있는 재료는 교과 과정을 넘어설 수 없기 때문에 그 안에서만 탐색을 해도 충분하다는 이야기니까요. 학교에서 배우는 내용은 인류의 거대한 발견 중 일부를 정제한 내용입니다. 따라서 일차함수 관련 문제를 만났을 때, 'x절편, y절편, 기울기, 좌표평면, 함숫값 그래프 위의 한 점, 직선, 평행' 이 정도의 개념만 떠올려도 충분합니다. '이건가?' 하고 고민해 보고 아니다 싶으면 빠져나와 다음 걸 적용해 보는 겁니다. 천재적인 아이디어가 필요한 게 아니라 내가 아는 걸 논리적으로 늘어놓으면 충분하다는 배짱이 필요합니다.

진짜 공부는 채점이 끝나고 시작된다: 성찰하는 힘

성찰은 우리를 진화시킨다

고슴도치를 키운 적이 있습니다. 본능 때문인지 뭔가 마음에 안 들어서인지, 이 녀석은 밤마다 우리 밖으로 탈출을 시도했습니다. 어느 날 실제로 탈출에 성공하는 모습을 직접 목격했습니다. 자기 몸의 대여섯 배 높이에서 수직 낙하한 후 몸을 말고 한참을 쉭쉭거리더니 주변의 낌새가 없자 이내 몸을 다시 풀고 터덜터덜 갈 길을 가더군요. 그걸 보고 있는데 허무했습니다. 응? 허무했다니. 고슴도치가 〈쇼생크 탈출〉의 팀 로빈스Tim Robbins처럼 포효라도 하길 바랐던 걸까요? 대체 탈출한 고슴도치한테 어떤 행동을 기대했던 걸까요?

아무래도 저는 이 아이가 자신의 탈출 과정을 복기하길 바랐던 것 같습니다. 성공해도 어차피 다시 잡아넣을 테지만 그래도 성공한 이후의 고슴도치가 그 전과는 다른 고슴도치가 되길 원했습니다. 자신의 탈출 과정을 곱씹으면서 다음 시도에는 조금이라도 더 능숙한 모습으로 탈출하는 매력적인 고슴도치를 상상하는 건 많이 이상하긴 합니다. 어쩌면 이러한 과한 몰입은 일부 학생들에게 느낀 아쉬움 때문일지도 모르겠습니다.

고슴도치 같은 아이들이 있습니다. 문제를 풀다가 '여기가 아닌데.' 싶은 마음이 들어도 멈추지 않고 계속 갑니다. 막다른 골목을 만나면 처음으로 돌아와서 새로운 시도를 하는 대신 자리에 주저앉아 근거 없는 공상을 시작합니다. '어쩌면 이 두 변의 길이의 비가 3대 5일지도 몰라. 이건 아무도 생각 못 했겠지. 어쩜 내가 위대한 발견을 한 건지도 모르겠어!' 이런 식으로 논리도 없고 방향도 없이 터덜거리고 있는데 어느 순간 덜컥 답이 나옵니다. 답지와 맞춰 보니 정답입니다. 어떻게 답이 나왔는지는 모르겠습니다. 그런데 그냥 넘어갑니다. 그리고 거의 같은 유형의 문제에서 이 행동을 반복합니다.

힘들게 어떤 일을 해내고 나면 기쁘죠. 하지만 한 번의 성취가 아닌 긴 안목에서의 성장을 원한다면 기쁨이 끝이어서는 안 됩니다. 들뜬 마음은 잠시 가라앉히고 무슨 일이 있었는지 복기해 볼 필요가 있습니다. 잘되지 않았을 때도 마찬가지입니다. 아쉽긴 하겠지만 방금 벌어진 일을 돌아보면서 어느 포인트에서 문제가 있었는지, 다음에

초등생을 위한 수학 공부몸 만들기

비슷한 상황을 만나면 어떤 시도를 하면 좋을지 구상해 봅니다.

연결 과정에서 벌어진 일들을 돌아보며 평가하는 작업이 성찰입니다. 성찰은 단순히 방금 시도한 연결의 결과를 확인하는 작업이 아니라 생각의 과정을 하나하나 톺아 보는 매우 능동적인 작업입니다. 잠깐이라도 이걸 하고 안 하고의 차이는 큽니다.

기보(바둑이나 장기 두는 법을 적은 책)를 학습하여 매 순간 발전된 수를 두는 알파고와 상대의 수를 보고 기계적으로 대응만 하는 바둑 프로그램을 비교해 볼까요. 시간이 지날수록 경험이 쌓일수록 알파고는 진화합니다. 그 결과는 우리 모두가 알고 있죠. 일반 바둑 프로그램은 어떨까요? 프로그램된 대로 계속 비슷한 수준의 대응을 할 수밖에 없습니다. 방금 시도한 연결이 어떤 결과를 낳았는지 곱씹어 보는 작업은 새로운 직면을 위한 시금석이 됩니다. 성찰을 통해 다음번에는 업그레이드된 직면을 할 수 있겠죠. 반면에 의식적으로 돌아보지 않으면 직면-연결-성찰의 선순환 고리가 끊깁니다. 계속 비슷한 수준에서 학습이 일어나니 발전이 더딜 수밖에 없습니다.

돌아봐야 내 것이 된다

5명 중에 반장과 부반장을 뽑는 방법의 수를 구하는 문제가 있습니다. 연결하는 힘이 있는 학생이라면 5명을 '가, 나, 다, 라, 마'라고 이름 붙이고 실제로 모든 경우를 써서 뭐라도 해 보려고 하겠죠. 그렇게 답을 맞힐 수 있습니다.

하지만 이 학생이 성찰하는 힘까지 있다면 자신의 풀이를 돌아 보며 패턴을 발견하려고 할 겁니다. '아, 이거 어디서 해 본거랑 비슷한데?' 곰곰이 생각해 보니 5개의 수 카드로 두 자리 수를 만드는 방법의 수랑 같습니다. '둘 다 서로 다른 5개 중에 순서를 고려해서 뽑는 방법의 수를 구하는 상황이네.' 이런 깨달음이 일어난 학생이라면 5개의 기차역으로 출발역과 도착역이 표시된 승차권을 만드는 방법을 묻는 문제를 만나도 당황하지 않게 됩니다.

이처럼 문제의 구조를 파악하면 전혀 비슷해 보이지 않는 문제에서도 그 구조를 발견할 수 있습니다. 훨씬 에너지를 적게 들이고도 빠르게 출제 의도에 접근할 수 있습니다. 풀이를 마친 후 다시 돌아 보면 이런 효과를 얻을 수 있습니다.

이러한 성찰의 과정이 있다면 오답이냐 정답이냐는 중요하지 않습니다. 오답이면 자신이 놓친 부분이나 오해하고 있는 부분을 찾기 위해 생각의 과정을 더듬어 갑니다. 정답이라면 문제의 의도대로 적절한 흐름을 만들어 왔는지, 불필요하거나 비효율적인 움직임은 없었는지, 조금 더 효율적인 방법은 없었는지 고민합니다. 둘 다 훌륭한 성찰입니다.

특히 정답일 때 풀이 과정을 돌아보는 작업을 강조하고 싶습니다.

초등의 경우 얼렁뚱땅 답이 나오는 경우가 생각보다 많습니다. 생각하는 힘을 동원하지 않고도 눈치와 잔머리를 이용해 답을 맞히기도 하죠. 그래서 이렇게 말씀하시는 부모님들이 간혹 계십니다.

"수학 문제를 푸는 건 보물찾기 같은 거 아닌가요? 문제를 맞힌다는 건 어쨌거나 실력이 있다는 뜻일 텐데요. 과정이 그렇게까지 중요할까요?"

바위 밑, 꽃나무 사이 등 있음직한 곳에 보물이 숨겨져 있는 것처럼 조금만 들썩거려도 답이 발견되는 문제들에게 먹히는 이야기입니다. 이런 문제들은 논리적인 접근이 필요 없습니다. 주어진 조건을 바탕으로 답까지 연결되는 흐름을 만들려 하지 않아도 됩니다. 하지만 우리의 관심사는 그런 문제가 아니라 '생각하는 힘이 필요한 문제'입니다. 이런 문제를 풀 때도 보물을 찾듯 접근하면 연결의 힘은 물론 성찰의 힘도 자라지 않습니다. 그런데 많은 학생들이 답이 맞으면 자기 실력으로 문제를 풀었다고 착각하고 뒤도 돌아보지 않고 넘어갑니다. 답을 맞힌 걸로 내 실력이 이미 증명되었으니 돌아볼 이유가 없다고 생각하는 겁니다.

문제를 풀기 전과 후가 달라지지 않은 채로, 원래 있던 이슈를 그대로 품은 채로 넘어가니 비슷한 상황에서 다시 걸려 넘어집니다. 문제의 구조도 파악을 못 했으니 풀어 봤던 유형에서 조금만 벗어나도

풀이 과정을 돌아보면서
제일 핵심이 되는 단 하나의 식을 골라 봅니다.

초등생을 위한 수학 공부몸 만들기

완전히 다른 문제로 여기기도 합니다.

맞은 문제를 돌아보는 방법은 여러 가지가 있습니다. 그중 추천하고 싶은 방법은 '한 줄 식 쓰기'입니다. 자기가 쓴 풀이 과정을 돌아보면서 제일 핵심이 되는 식 하나를 추리는 겁니다. 그리고 그 식이 필기 노트나 해설지에 있는지 확인합니다. 이렇게 하면 자기 풀이를 알아보기 위해서라도 풀이 과정을 단정히 쓰는 습관이 길러집니다. 여기저기에 조금씩 끄적거리며 답을 구하는 방식으로는 한 줄 식을 쓸 수 없다는 걸 본인이 깨닫게 됩니다.

그리고 단 하나의 식을 골라야 하기 때문에 전체 풀이 과정을 조망하게 됩니다. 그 과정에서 문제의 조건들이 하나의 흐름으로 모이는 걸 관찰하게 됩니다. 수업 시간에도 '이런 게 한 줄 식이 되겠군.' 하면서 따로 체크해 두는 습관이 생기기도 합니다.

상자 밖으로 나가야 상자 안이 보인다

규원이는 성찰하는 힘이 부족한 학생입니다. 수업 시간에 문제를 풀어 보라고 시간을 주면 얼마 되지 않아 칠판을 보고 있습니다. "뭐 하니?"라고 물으면 다 풀었다고 당당히 대답합니다. "그래도 다시 풀이 과정을 점검해 보고, 다른 방법이 없는지 고민해 보자."라고 해도 뭔가 하는 시늉은 30초를 넘지 않습니다. 답은 꽤 맞히는 편입니다. 하지만 조금 더 깊게 들어가는 질문을 하면 답을 못 합니다.

문제를 푸는 시간도 마찬가지입니다. "계속 같은 답이 나와요."한 문제를 다섯 번 연속으로 틀리고 나서야 규원이가 말합니다. "아, 그래? 그럼 연습장에 풀이 과정을 써서 가져와 볼래?" 대충 어떤 오류인지는 알고 있었습니다. 그럼에도 풀이 과정을 써 보라는 건 쓰는 행위 자체가 자신의 사고를 내려다보게 해 주기 때문입니다.

규원이에게 필요한 것은 자기 생각과 거리를 두는 태도입니다. 일반적으로 사람들은 자신을 객관적인 편이라고 여기며 자기가 무얼 하고 있는지 잘 안다고 생각합니다. 하지만 자신의 상태를 있는 그대로 파악하기란 누구에게나 쉽지 않은 일입니다. 자신의 생각과 거리를 두는 태도가 있어야 제대로 성찰할 수 있습니다.

'아, 내가 지금 책을 보면서 영희를 생각하고 있구나.'라는 관찰은 영희 생각에만 빠져 있는 상황에서는 할 수 없습니다. 조금이라도 그 생각과의 간극이 생겨야 그 생각을 볼 수 있고, 말할 수 있습니다. 하지만 대부분의 경우 생각과 하나가 되어 흘러갑니다.

가끔 학생들이 써온 풀이 과정을 한 줄씩 검토하다가 제가 말리는 경우가 있습니다. "그러게. 맞는데? 뭐가 문제지?" 이러면서 답을 확인해 보기도 합니다. 나중에 "아~ 아~" 하면서 깨달음의 순간을 맞이한 후 돌이켜 보면 학생의 논리에 제가 아무 생각 없이 따라간 경우가 대부분입니다. 다른 일을 하다가 잠깐 짬을 내서 질문을 받다 보니 생기는 일입니다. 만약 제가 문제를 먼저 풀어 본 후 질문에 대응했더라면 바로 학생의 오류가 보였을 겁니다. 학생의 논리만 따라가다 보니 저 역시 학생의 생각에 말려든 것이죠. 주변의 방해를 뚫고 자기 생각을 의심해 보면서 오류를 알아차리기란 교사에게도 쉽지 않은 일입니다. 공부를 잘하고 싶으면 장기적으로 이 태도를 키워야 합니다.

문제가 풀리지 않는 경우, 개념에 문제가 없다면 80퍼센트 이상은 지금 하고 있는 생각의 늪에서 벗어나지 못해서 그렇습니다. 시험을 보다가 풀 수 있겠다고 생각했던 문제에서 턱 막히는 이유 역시 사소한 생각의 오류를 스스로 잡아내지 못해서입니다. 이럴 때는 두어 번 다시 도전해 보고 그래도 풀리지 않으면 과감히 별표 치고 일단 그 문제를 떠나야 합니다. 같은 방식으로 재도전하는 과정에서 생각의 오류가 오히려 더 단단해지는 부작용이 생길 수 있기 때문입니다. 다른 문제를 풀고 돌아와서 다시 들여다보면 그 오류가 보이는 경우가 있습니다.

거리를 두는 습관

〈우리 아이가 달라졌어요〉 같은 TV 프로그램을 보다 보면 부모와 아이의 태도가 완전히 바뀌어서 신기할 때가 많습니다. 서천식 소아

청소년정신과 전문의는 《하루 10분, 내 아이를 생각하다》(BBbooks(서울문화사) | 2011년)에서 "비밀은 카메라에 있다."라고 말합니다. 카메라가 계속 자신을 비추고 있으니 창피해도 실천할 수밖에 없다는 것이죠. 흥미로운 분석입니다. 극적으로 아이가 바뀌는 원인은 부모가 바뀌었기 때문이고, 부모가 바뀐 이유는 전문가의 조언 때문이 아니라 카메라를 의식했기 때문이라는 겁니다.

사실 이 관찰 효과는 성찰하는 힘과 관련이 있습니다. 생각들 사이에 틈을 만들기 위해서는 힘을 줘야 합니다. 직면, 연결과 마찬가지로 성찰은 의도적으로 일으켜야 하는 과정입니다. '아, 방금 내가 이런 생각을 했구나. 이런 시도를 했더니 이런 일이 벌어지는구나.'는 자연스러운 생각은 아닙니다. 거리를 두려 하고 적극적으로 의심해야 합니다.

잘 안 풀리는 문제에 대해 풀이 과정을 써 보는 건 머릿속에 카메라를 켜는 행위입니다. 배웠다면 아무것도 모를 리 없습니다. 뭐라도 자기의 생각이 있을 수밖에 없습니다. 그 생각을 밖으로 끄집어내 보는 겁니다. 어차피 머릿속에서 했던 생각인데 굳이 다시 써야 하냐고 되묻는 학생도 있습니다. 하지만 머릿속과 밖은 엄연히 다릅니다. 내 생각을 종이 위에 글씨로 표현하는 과정에서는 생각보다 많은 일이 일어납니다. 그리고 그렇게 쓰인 내용을 다시 내 눈을 보는 행위는 새로운 관점을 제공할 때가 많습니다.

쓰는 과정에서 전혀 느껴지는 바가 없었다면 자신의 풀이를 다시

초등생을 위한 수학 공부몸 만들기

읽어 봅니다. 줄거리를 파악하듯 후루룩 읽는 게 아니라 단어 하나하나를 철저히 따져 가며 읽어야 합니다. "삼각형 ㄱㄴㄷ은 이등변삼각형이므로"를 보면서 '정말? 왜 이등변삼각형이지? 내가 무슨 근거로 그렇게 생각했지?'라고 되물으며 그 질문에 답을 하려고 노력해야 합니다. "2층에는 모든 면이 둘러싸인 쌓기나무의 개수가 4개다."를 보면서는 '정말일까? 6개의 방향이 모두 둘러싸여 있을까? 직접 그려 봐야겠다.'라고 생각하고 실제로 그렇게 해 보는 겁니다.

이러한 시도가 항상 성공하는 것은 아닙니다. 결국 내 생각의 오류를 스스로 잡아내지 못하는 경우가 부지기수죠. 시험지에 별표를 10개 치고 나중에 다시 봐도 그중에 한두 개만 다르게 보일 수 있습니다. 안 풀리는 문제의 풀이 과정을 쓰고 한 단어씩 곱씹어 봐도 낯설게 보이지 않을 수도 있습니다. 그럼에도 이런 연습이 중요한 이유는 자기 생각을 객관화해서 바라보는 습관을 들일 수 있기 때문입니다.

직관적으로 파악된 내용을 사실이라고 믿는 습관에 빠진 학생들이 쉽게 고치지 못하는 이유는 의심해 본 적이 없기 때문입니다. 반면에 계속 자기 생각을 의심하며 거리를 두고, 낯설게 보려고 하는 습관이 잡혀 있는 학생은 더디더라도 공부의 정도를 걸어갑니다. 성찰하는 힘이 강해질수록 공부몸은 빠르게 성장합니다.

• 아이 공부에 적절한 피드백은 어떤 게 있을까?

적절한 피드백은 표현하기의 효과를 극대화합니다. 일방적으로 이야기하는 것보다는 표현하는 과정에 긴장감을 더할 수 있습니다. 또한 자신이 놓친 오류를 부드럽게 되돌아볼 수 있는 자극제가 되기도 합니다. 그런데 어떻게 피드백을 해야 할지 모르겠다는 부모님의 하소연을 종종 듣습니다. 이때 문제 풀이 과정과 연결되는 다음 세 가지를 점검한다고 생각하면 큰 틀에서 벗어나지 않는 무난한 피드백을 할 수 있습니다.

① 상황 파악을 했는가

말 그대로 상황 자체에 대해 오해하고 있는 경우가 없는지 체크하는 겁니다. 특히 문장제라면 엉뚱한 상황에 빠져 허우적거리는 경우가 많습니다. 해석의 오류에 빠지기 쉬운 예를 들어 보겠습니다.

"두 사람이 서로를 향해 걸어가고 있을 때……"
"철수는 민수보다 20분 늦게 집에서 출발했고……"
"처음 높이의 80%만큼 튀어 오른다면……"

"3L의 휘발유로 14km를 가는 자동차가 있다……"

어른의 관점에서는 명확해도 학생의 관점에서는 아닌 경우가 많습니다. 이런 식으로 약간의 해석이 필요한 상황이라면 간단한 질문을 통해 제대로 파악했는지 확인해 봅니다.

② 생각의 재료는 쓸 만한가

문제를 제대로 파악했어도 동원해야 하는 생각의 재료가 신선하지 않으면 논리적 연결은 불가능합니다. 앞선 공부가 탄탄하게 이뤄져 있어야 온전한 생각의 재료를 필요할 때마다 꺼낼 수 있습니다. 선뜻 다음으로 연결되지 않을 때 문제에 등장한 개념의 뜻과 성질을 확인하는 질문을 해 보면 재료의 신선도를 파악할 수 있습니다.

'이 도형의 종류가 뭐죠? 사각기둥인가요, 삼각뿔인가요?'
'비와 비율은 어떻게 다르죠?'
'이 삼각형이 정삼각형의 절반인 이유는 뭐죠?'
'두 수의 공약수는 어떻게 구해요?'
'대각선이 수직으로 만나는 사각형은 뭔가요?

③ 답을 향해 가고 있는가

야심차게 시작은 했지만 조건들과 씨름하느라 문제가 원하는 것과 멀어지는 경우도 흔합니다. 결국 향해야 하는 곳은 문제에서 묻는 답입니다. 때로는 구해야 하는 것을 유심히 보다 보면 해결의 실마리가 떠오르기도 합니다.

'두 변의 길이의 곱을 구하라고 한 이유가 뭘까요?'

'직사각형의 둘레를 구하기 위해 무엇을 구해야 할까요?'

'나눗셈의 몫이 두 자리 수라는 건 무슨 뜻일까요?'

'전체 귤을 판 돈은 어떻게 구하나요?'

기본적인 피드백을 무난히 받아들인다면 다음 단계의 피드백을 시도해 봅니다.

① 전체를 돌아보기

문제 풀이 및 돌아보기가 마무리된 상황에서 전체 과정을 아우를 수 있는 질문을 해보는 겁니다. 전체 상황을 위에서 내려다보는 기회를 통해 성찰하는 힘을 기를 수 있습니다.

"방금 말한 것(쓴 것) 중에서 제일 중요한 한 줄을 꼽는다면 어디일까요?"

"지금 돌아봤을 때 어느 지점에서 시작하는 게 제일 적당해 보이나요?"

"전체 풀이 과정을 간단하게 요약해 줄 수 있나요? 식은 빼고요."

"처음 배우는 학생에게 이 문제를 설명해 준다면 어떤 부분을 강조하고 싶나요?"

② 다른 풀이법은 없을까?

주요 문제나 자기가 걸려 넘어졌던 문제를 두고 여러 갈래의 길을 생각해 보는 건 엄청난 효과가 있습니다. 문제를 입체적으로 볼 수 있을 뿐 아니라 식 세우는 능력도 늘어납니다. 설령 다른 마땅한 방법이 없다 하더라도 다른 길을 모색해 보는 것 자체가 개념을 강하게 자극합니다. 이미 답이 나와 있는 상황에서 학생 스스로 이렇게 하기란 쉽지 않기에 적극적인 격려가 필요합니다. 우리 반에서는 제 설명 후에 "저는 이렇게 했는데요."라고 손을 드는 누군가가 있으면 아무리 바빠도 '경청 모드'로 이야기를 듣고 격하게 칭찬해 줍니다. 다음과 같은 질문으로 새로운 관점을 자극할 수도 있습니다.

"작년 여학생 수를 네모로 잡을 수는 없을까요?"

"다각형의 내각의 합으로 접근한다면 보조선을 어떻게 그어야 할까요?"

"물의 양이 변하지 않았으니까 물의 부피 관점에서 식을 세울 수 있지 않을까요?"

"여사건으로 접근할 수도 있나요?"

에필로그

부모의 3구 전략

탁구에서 서브는 크게 두 가지 의도를 갖습니다. 첫째, 서브 자체를 공격으로 삼는 경우. 둘째, 상대방의 리시브 후 돌아오는 공을 공략하려는 경우. 두 번째 의도를 활용할 때는 강하고 날카로운 서브를 구사하기보다 상대의 리시브가 내가 원하는 코스와 높이로 넘어오도록 공을 조절하여 주는 게 중요합니다. 이와 같이 서브(1구)와 리시브 (2구)에 이은 세 번째 터치에서 강한 공격으로 마무리하는 전략을 '3구 전략'이라고 합니다.

탁구뿐일까요? 상대와 상호 작용을 하는 모든 관계에서 3구 전략은 유효합니다. '기브 앤 테이크' '가는 정이 있어야 오는 정이 있다.' 정도는 전략이라기보다는 상식에 가깝습니다. "류유님 맞으시죠?" 내가 류유인데 저보고 류유냐고 물으면 상대가 누구든 맞다고 할 수밖에 없습니다.

일단 '예스'라고 대답하는 순간 두 번째 질문에서도 '예스'라고 대답할 확률이 올라갑니다. 그래서 텔레마케터는 초반 '예스'를 얻어 내기 위해 그렇게 뻔하면서도 빠져나가기 힘든 질문을 합니다. 그들의 진짜 공격은 3구째 나오고, 3구 공격의 성공률을 높이기 위해 잔잔한 1구 공격을 까는 거죠.

원하는 바를 얻고자 할 때 3구 전략을 활용하는 건 현명합니다. 그렇다면 부모들의 3구 전략은 무엇이어야 할까요? 시작은 자녀 교육에도 전략이 필요함을 인정하는 것부터입니다. 아무것도 하지 않으면서, 혹은 도움 안 되는 경험만 쌓게 하면서 "우리 애가 나중에 공부는 잘했으면 좋겠어."라고 욕망하는 경우를 많이 봅니다. 고등학생이 되어 좋은 성적을 내길 바란다면 중학교 시절을 돌아봐야 하고 더 나아가 초등 시절은 어땠는지를 떠올려 볼 필요가 있습니다. 어린 나이라고 해서 시간이 공부와 상관없이 흐르지는 않습니다. 무심코 보낸 시간과 무심코 했던 행동들이 수많은 1구가 될 수 있습니다.

부모의 결정적 의도(3구)가 무엇인지는 가정마다 조금씩 다를 수 있겠죠. 하지만 부모들과 상담을 하면서 그리고 교실에서 아이들을 바라보면서 내린 결론은 분명합니다. 공부의 방향에 대한 고민이 없으면 부모와 아이 모두 헛심만 쓰기 쉽습니다.

무엇이 옳은 공부인지에 대한 고민이 빠진 채 '시킨다'와 '내버려 둔다' 사이를 오가다 보면 부모도 아이도 쉽게 지칩니다. 최소한 배운다

에필로그 부모의 3구 전략

는 건 뭔지, 학습자에 대해 고려할 요소는 뭔지, 어떤 개입이 적절한지에 대해서는 방향을 잡고 있어야 제대로 1구를 보낼 수 있습니다.

작금의 트렌드를 보고 있자면 요즘 아이들은 '고3'을 12년 동안 겪는 게 아닐까 싶습니다. 하지만 아무리 입시를 넓게 잡아도 초등이 입시의 일부여서는 안 됩니다. 초등은 입시를 확장할 수 있는 절호의 기회가 아니라 제대로 공부할 수 있는 기반을 만드는 시간이어야 합니다. 지금은 옆에 끼고 봐줄 수 있다 하더라도 결국은 아이가 혼자 공부해야 하는 시기가 옵니다. 그 시기에 어떤 공부를 하느냐를 결정하는 건 지금의 공부몸입니다. 그러니 나중의 성적을 위해서라도 초등 과정에서 신경 써야 할 것은 건강한 공부몸을 만드는 일입니다. 공부몸이 건강할수록 부모의 의도가 먹힐 가능성은 커집니다.

마지막으로 전략은 전략일 뿐이라는 점을 강조하고 싶습니다. 하회전 서브를 넣고 3구를 드라이브로 넘기려고 기다리고 있는데 상대가 그걸 간파하거나 혹은 빗맞아서 엉뚱한 쪽으로 공이 넘어올 가능성은 얼마든지 있습니다. 서브가 아무리 좋아도 내가 의도한 곳으로 공이 오지 않을 수 있음을 인정하는 태도는 생각보다 중요합니다. 그래야 게임을 즐길 수 있거든요.

자녀 교육 역시 사람이 하는 일이어서 의도에서 벗어나는 일이 비일비재합니다. 내 여건에서 할 수 있는 것을 하고 하지 말아야 할 것은 하지 않으면서, 결과를 겸허히 받아들이겠다는 마인드는 부모를 여유롭게 합니다. 그리고 그 여유가 자녀 교육이라는 긴 게임을 즐길 수 있게 해 줍니다. 초등은 막다른 승부처가 아니라 긴 여정의 출발점이라는 점을 잊지 않으셨으면 합니다.

긴 글 끝까지 읽어 주신 모든 분께 감사드립니다. 모쪼록 부모와 아이 모두에게 행복한 기억으로 남는 초등 시절 만들어 가시길 진심으로 기원하겠습니다.

수학 잘하는 아이로 키우는 3단계 코칭 전략

초등생을 위한 수학 공부몸 만들기

초판 1쇄 발행 2021년 11월 26일
초판 4쇄 발행 2023년 5월 30일

지은이 류유

대표 장선희 **총괄** 이영철
책임편집 정시아 **기획편집** 현미나, 한이슬
마케팅 최의범, 임지윤, 김현진, 이동희
디자인 김효숙, 최아영 **외주 디자인** 프롬디자인(@fromdesign_studio)
일러스트 신수철 **교정교열** 정지혜
경영지원 이지현

펴낸곳 서사원 **출판등록** 제2018-000296호
주소 서울시 영등포구 당산로54길 11, 상가 301호
전화 02-898-8778 **팩스** 02-6008-1673
이메일 cr@seosawon.com
네이버 포스트 post.naver.com/seosawon
페이스북 www.facebook.com/seosawon
인스타그램 www.instagram.com/seosawon

ⓒ 류유, 2021

ISBN 979-11-6822-021-8 03370

서사원은 독자 여러분의 책에 관한 아이디어와 원고 투고를 설레는 마음으로 기다리고 있습니다.
책으로 엮기를 원하는 아이디어가 있는 분은 이메일 cr@seosawon.com으로 간단한 개요와 취지,
연락처 등을 보내주세요. 고민을 멈추고 실행해보세요. 꿈이 이루어집니다.